ESSAI

SUR

LES PRINCIPES RÉGISSANT L'ADMINISTRATION DE LA JUSTICE

AUX

INDES ORIENTALES HOLLANDAISES

SURTOUT

dans les îles de JAVA et de MADOURA

ET LEUR APPLICATION.

PAR

C. P. K. WINCKEL,

Docteur en droit, avocat au Conseil de justice de Samarang (Java), ancien membre de ce Conseil, Commandeur de l'ordre de la Branche Ernestine de Saxe ducale, Chevalier de ceux d'Albert le Valeureux de Saxe royale et du Mérite d'Oldenbourg, décoré de l'ordre impérial du Medjidié de Turquie.

Avec une planche et une carte.

SAMARANG, G. C. T. VAN DORP & Co. | AMSTERDAM, SCHELTEMA & HOLKEMA.

1880

SÉANCE D'UN TRIBUNAL INDIGÈNE A JAVA.

PAG. 302.

ESSAI

SUR

LES PRINCIPES RÉGISSANT L'ADMINISTRATION DE LA JUSTICE

AUX

INDES ORIENTALES HOLLANDAISES

SURTOUT

dans les îles de JAVA et de MADOURA

ET LEUR APPLICATION.

PAR

C. P. K. WINCKEL,

Docteur en droit, avocat au Conseil de justice de Samarang (Java), ancien membre de ce Conseil, Commandeur de l'ordre de la Branche Ernestine de Saxe ducale, Chevalier de ceux d'Albert le Valeureux de Saxe royale et du Mérite d'Oldenbourg, décoré de l'ordre impérial du Medjidié de Turquie.

Avec une planche et une carte.

SAMARANG, G. C. T. VAN DORP & Co. | AMSTERDAM, SCHELTEMA & HOLKEMA.

1880.

L'attention des ethnologues est appelée sur ce qui est dit aux pages 44-46; 63; 65-83; 101; 106; 110; 112; 114; 118-121; 141-143; 148-159; 166; 168; 169-172; 189-191; 197-200; 203; 204; 215-217; 228; 278; 287; 288; 292-294; 297; 298; 301-313.

PRÉFACE.

Peu de pays sont moins connus, sous le rapport des institutions, que les possessions hollandaises dans l'archipel Malais. Si mes compatriotes ont déjà raison de se plaindre de l'inexactitude des versions ayant cours parmi le public européen, au sujet de la Hollande elle-même, c'est bien pis dès qu'il s'agit de ses possessions d'outre-mer.

Mais il y a de leur faute. Peu d'entre eux ont des connaissances sérieuses et *de visu*, même à l'égard de l'île la plus importante, celle de Java. Les savants mêmes, auxquels est confiée l'instruction professionnelle des futurs fonctionnaires et des officiers destinés aux colonies, n'ont presque jamais visité les Indes. Il est vrai que les ouvrages d'enseignement sont assez complets et nombreux. Mais le meilleur livre ne vaut pas l'expérience personnelle.

Qu'on ne se figure point cependant, que les colonies ne préoccupent point le public hollandais. Au contraire, pendant bien longtemps, la discussion entre les conservateurs et les libéraux a roulé sur la question de savoir si l'Inde continuerait, ou non, à être exploitée au profit du fisc hollandais.

Les fractions cléricales, s'occupant de choses plus importantes que l'argent, avaient laissé à leurs membres pleine liberté de penser et de voter, au sujet des colonies. Cette circonstance a été cause qu'en matière coloniale, plusieurs mesures ont été chaudement appuyées par des hommes d'Etat [1] qu'on s'étonne de voir soutenir les libéraux.

Affranchies du joug de parti, de généreuses natures ont senti ce qu'avait d'avilissant pour l'exploiteur le système d'après lequel les grands travaux publics dont s'enorgueillit la Hollande, ont été payés par le Javanais.

Mais en dehors des cléricaux, le monde politique hollandais s'est partagé depuis longtemps, d'après les opinions au sujet des possessions d'outremer. La politique coloniale a divisé des hommes dont les principes sont si voisins, qu'ils auraient pu parfaitement se rattacher à un grand et unique parti. La question des colonies a été comparée, avec raison, au cheval de Troie. Sans elle, il aurait pu se former à temps un parti libéral-conservateur qui eût été une barrière suffisante aux ambitions cléricales, celles du socialisme ne s'étant point encore fait jour en Hollande.

A quoi tient, actuellement, le peu de connaissances exactes quant aux colonies, qu'on trouve chez nos hommes d'état?

Le fait est qu'ils se trouvent dans une position assez désagréable. La nation, habituée à voir défrayer par ses possessions d'outre-mer une partie du budget national, ne peut se faire à l'idée d'y renoncer, et recule, par conséquent, devant les grandes mesures qu'on voudrait bien prendre pour le bonheur des colonies, mais qui coûteraient de fortes sommes.

Dès lors, on n'aime pas trop à approfondir l'administration des colonies. Elle n'apprendrait que des choses hu-

---

[1] Feu M. Koorders, du parti protestant, a été pendant quelque temps l'orateur colonial des conservateurs. Sa mort prématurée a laissé un grand vide dans les débats de politique coloniale.

Dernièrement, M. des Amorie van der Hoeven, protestant converti, et chef de la fraction ultramontaine, a étonné la Chambre, peu habituée à une éloquence fougueuse, par des vues originales en matière coloniale, et par les plus nobles sentiments envers l'indigène, exprimés de façon à soulever les applaudissements de ses adversaires habituels.

miliantes, mais irrémédiables à moins de grands sacrifices pécuniaires.

Voici une autre raison :

Les Hollandais qui entrent au service des Indes, le font généralement à un âge où leurs affections de famille, de société, ne sont point encore consolidées. Arrivés à vingt ans, à vingtcinq tout au plus à Java, ils s'attachent à ce beau pays, et la générosité de la jeunesse ne tarde point à s'indigner de l'immoralité profonde du système colonial. Même ceux qui dans une école trop spéciale, celle de *Delft*, ont été le mieux endoctrinés au sujet des intérêts de la métropole, en viennent promptement, en jugeant par leur propres yeux, à passer à l'ennemi.

Même chose arrive aux publicistes. Chaque fois qu'un journaliste hollandais vient à Java, on sent à chaque ligne que les intérêts de la métropole sont pour lui le principal. Si même l'ère des *excédants coloniaux* est irrévocablement fermée, la Hollande, c'est pour lui un point sans conteste, doit toujours exercer sa tutelle étroite et soupçonneuse.

La société aux Indes ne sait point ce qu'il lui faut, etc., etc.

A peine une année s'écoule-t-elle, et déjà notre homme abandonne sa bannière, pour tourner ses armes contre la mère patrie. Souvent il n'a que trop raison. Son journal devient donc pénible à lire, et on ne le lit point, en Hollande du moins.

Il s'ensuit que la petite classe qui pourrait le mieux renseigner le public, est considérée en Hollande avec défiance.

Ceux qui, selon l'usage, ont passé un congé de deux ans en Europe (la plupart des Hollandais aux Indes sont fonctionnaires ou soldats), reviennent dégoûtés. L'impression, lorsqu'on a revu ses compatriotes, a été de part et d'autre l'étonnement ; le résultat, une froide réserve.

Mis à la retraite après vingt ans de services, fonctionnaires et officiers reviennent mourir au gîte, mais complètement étrangers à leur pays.

Bien souvent j'ai entendu le public s'étonner de ce qu'un tel, dont l'expérience coloniale était bien connue, ne se servit pas de la presse pour propager ses convictions, connues par cette vie de club, si chère aux Hollandais. Celà arrive rarement. D'abord, l'Indo-Hollandais a plutôt le goût du pouvoir, que le talent de la persuasion. Ensuite, la presse, en Hollande, a moins d'influence et d'originalité qu'en d'autres pays, en Angleterre, par exemple [1].

En voilà bien assez sur les causes de l'ignorance générale, en Hollande, sur les sujets ayant rapport aux colonies.

Que dire des autres peuples de l'Europe? On ferait un répertoire amusant en collectionnant ce qu'on entend colporter au sujet de Java. Tel tribunal étranger [2] prétend que c'est encore le domaine d'une compagnie marchande, tandis que la «Noble Compagnie" (le nom sert encore à l'indigène pour désigner le pouvoir central) a été dissoute il y a trois quarts de siècle. Tel Allemand parle de la vente des nids d'oiseaux marins (produisant au plus 150.000 florins par an) comme du plus fort revenu de Java.

J'en passe et des meilleurs. Il n'y a pas, d'ailleurs, de quoi rougir pour les étrangers. En 1866, le ministre des colonies annonça aux Etats-Généraux, qu'il venait de recevoir la nouvelle d'une guerre déclarée par le gouverneur général; c'était dans le Pasoumah, disait-il, mais ni lui ni personne dans l'assemblée ne savaient où était situé ce pays.

Et le 9 novembre 1874 le ministre avoua en pleine Chambre, que, questionné pour savoir quels peuples indigènes jouissaient, sous la suzeraineté hollandaise, de leur autonomie, le gouvernement des Indes n'avait pas su répondre.

A la Chambre, à peine deux ou trois députés peuvent être considérés comme compétents.

---

1 La profession de journaliste est obscure; il est sans exemple, d'en voir un arriver au pouvoir, et extrêmement rare, qu'il soit envoyé aux Etats-Généraux.

2 Celui de Luxembourg, affaire HARTMAN contre l'Etat.

Les vues exposées sont, du reste, exactes, en ceci que l'armée des I. H. n'a rien de commun avec celle de la Hollande.

En général, le Hollandais est résigné à ce qu'on s'intéresse peu à lui. Son frère des Indes sait fort bien que ce qu'il en dira, sera écouté, par les plus polis, avec distraction; à moins de recourir aux grands moyens, en prenant *les Milles et une nuits* pour modèle.

Cependant, depuis quelques années, l'envie m'était venue de parler de ce beau pays, auquel je suis attaché par tant de liens.

Il me semblait que de notre temps, où le droit international, la législation comparée, sont devenus les études de prédilection des gens de ma profession, on devait au moins tenter d'intéresser *le public jurisconsulte* à ce qu'ont fait mes concitoyens aux Indes orientales.

Il y avait plus d'un point de vue nouveau à indiquer, et, qui sait? peut-être la sympathie d'un public plus nombreux, dans lequel figureraient aussi des ethnologues, aurait-elle pour résultat d'exciter à des recherches dans un champ de connaissances inexploré jusqu'ici.

Ce fut surtout un séjour que je fis en Egypte, ce microcosme politique et judiciaire, qui me donna du courage.

Je remarquai que les communications détaillées sur la manière dont un petit peuple, industriel et habile, mais âpre au gain, administrait un empire de 22 millions d'âmes, en grande partie des mulsulmans, au moins de nom, en en tirant (jusque-là) de grands profits, et en lui faisant faire des progrès véritables quoique non satisfaisants, — que ces communications frappaient les esprits cultivés, par la comparaison avec ce qu'on avait sous les yeux. Là, le souverain était musulman, et tâchait de gouverner à l'européenne; à Java, c'était le contraire.

Ce fut donc en Egypte que mûrit le plan d'un travail comme celui que j'offre au lecteur [1].

Quelle base donner à ce travail?

Ailleurs, du moins sur le continent européen, on prend la constitution d'un Etat, d'où découlent les lois organiques et autres; en les y ramenant à propos, on arrive à un systême parfaitement coördonné.

---

[1] Je lui ai supposé la connaissance des cinq Codes de Napoléon I.

Ici, rien de pareil.

Le «Règlement sur la conduite du gouvernement» de 1854, actuellement en vigueur, arrêté alors pour la première fois par le parlement hollandais, n'est qu'une modification de ceux qui l'ont précédé, depuis 1819, et qui n'étaient que des instructions pour l'homme qui, à lui seul, représente l'autorité de la race dominante, le gouverneur général.

Encore aujourd'hui, c'est moins une constitution, qu'une suite d'instructions pour le premier des Européens.

La ressemblance p. e. avec la L. F. est minime, quoique bien souvent un doctrinarisme trompeur ait fait concorder *les mots.*

Ainsi, le grand principe sur lequel est fondée la société aux Indes hollandaises ne s'y trouve point exprimé.

Ce principe, le voici:

Le premier en rang est l'Européen; ensuite viennent le métis, le noble indigène, le Chinois, l'Arabe et enfin l'indigène.

On n'en dit mot. A peine si, dans un article intercalé en 1854, et qui, d'après la phrase de la Constitution hollandaise, constate la protection due aux personnes et aux biens, on remarque que *l'égalité* de la protection a été biffée. Cette égalité était une plaisanterie un peu forte, dans un pays où s'habiller autrement que selon sa caste, constitue une contravention.

Cependant, comme, à mon sens, il faut un texte sur lequel s'appuyer, j'ai pris les 30 paragraphes formant dans le Règlement de 1854 le chapitre «de la justice.»

On verra par la suite, que ce cadre est un peu étroit, et que j'ai dû faire des digressions allant peut-être trop loin, pour y faire tenir tous les renseignements que je tenais à fournir.

A première vue, ce texte n'a rien de bien frappant. Il ressemble beaucoup à ce qu'on trouve dans toutes les constitutions.

Mais, ici surtout, la phrase n'a pas grande valeur; c'est l'application qu'il faut voir. Et celle-ci a rendu nécessaire cette foule de remarques, de notes d'excursions, qui attirera à mon travail le reproche de manquer de système. Mais j'espère que l'on se rendra compte des difficultés que j'ai éprouvé, en sachant qu'un ouvrage de ce genre, *même en langue hollandaise,* reste encore à faire.

En avançant, je me suis aperçu, ce que j'aurais dû comprendre tout d'abord, ne pouvoir m'en tenir au seul chapitre de la justice; qu'il fallait au lecteur, pour l'entente de cette partie, tout le texte du règlement; d'autant plus que maintes dispositions, se rattachant sans aucun doute à mon sujet, celle p. e. qui traite du droit de grâce, figurent dans d'autres chapitres.

La traduction du Règlement gouvernemental, que j'ai faite aussi servilement exacte que j'ai pu, n'a pas été la partie la moins ardue de ma tâche. Rédigé dans un style dont la plupart des Hollandais non jurisconsultes ne comprennent point la phraséologie barbare, le texte est absolument rebelle à la version dans un langage aussi clair et aussi précis que le français.

Mais j'ai été récompensé de mes ennuis. Si aride qu'il fût, ce travail m'a souvent éclairé; et, si j'avais un conseil à donner aux législateurs de la Hollande, ce serait celui-ci: avant de mettre votre sceau à une proposition quelconque, tâchez d'en traduire le texte en français: la difficulté que vous éprouverez peut-être à traduire, sera la même qu'aura la nation à comprendre.

ABRÉVIATIONS.

A. L.	Acte législatif.
A. L. G.	» » général
B. d. L.	Bulletin des lois.
C. C.	Code civil.
C. Co.	» de commerce.
C. C. H.	» civil hollandais.
C. N.	» Napoléon.
C. P.	» pénal.
C. P. M.	» » militaire.
C. P. E.	» » européen.
C. P. I.	» » indigène.
C. P. C. Hollandais.	» de Procédure civile hollandais.
C. P. Cr. »	» » » criminelle »
C. d. I. ou C. de l'I. H.	Conseil de l'Inde hollandaise.
C. d. J.	» » justice.
C. d. G.	» » guerre.
C. du P.	» du pays.
D. G.	Dispositions générales de législation.
D. T.	» transitoires.
f. e.	Fiat Executio.
G. G.	Gouverneur général.
H. C.	Haute Cour.
H. C. M.	» » militaire.
I H., I. O. ou I. O. H.	Indes orientales hollandaises.
I. W. R. ou W. R. I.	Indisch Weekblad van het Regt (Hebdomadaire judiciaire des Indes).

K.	Mr. L. W. C. KEUCHENIUS. Handelingen der Regering en der Staten-Generaal betreffende het Reglement op het beleid der Regering van Nederlandsch Indië (Actes du gouvernement et des Etats-Généraux, concernant le Règlement sur la conduite du gouvernement de l'Inde hollandaise (édition de M. L. W. C. KEUCHENIUS); Utrecht, Kemink et fils, 1857.
L. F.	Loi fondamentale du royaume.
M. ou Myer.	Mr. P. MYER. Verzameling van Instructien, Ordonnancien en Reglementen voor de Regering van Nederlandsch Indië, vastgesteld in de jaren 1609, 1617, 1632, 1650, 1807, 1815, 1818, 1827, 1830 en 1836, met de ontwerpen der Staats-Commissie van 1803 en Historische aanteekeningen, Batavia, ter Landsdrukkerij, 1848. (Collection d'Instrucions, d'Ordonnances et de Règlements pour le gouvernement de l'Inde hollandaise, *donnés dans les années* 1609, 1617, 1632, 1650, 1807, 1815, 1818, 1827, 1830 et 1836, avec les projets de la Commission de 1803, et des annotations historiques, publiée par le docteur P. MYER, vice-président de la Haute Cour et de la Haute Cour *militaire* de l'Inde hollandaise. Batavia, imprimerie de l'Etat, 1848).
M. P.	Ministère public.
R.	Règlement.
R. C.	Rapport colonial.
R. G.	Règlement sur la conduite du gouvernement
R. N. I.	Regt in Neerlandsch Indië (Revue de droit colonial).

R. O. J.	Règlement d'organisation judiciaire.
R. P. C. E.	Règlement de Procédure civile européenne.
R. P. P. E.	Règlement de Procédure pénale européenne.
R. P. I. ou R. I.	Règlement de Procédure indigène.
S. B. d. L.	Supplément (non officiel) au Bulletin des lois.

RÈGLEMENT SUR LA CONDUITE DU GOUVERNEMENT DE L'INDE HOLLANDAISE.

CHAPITRE PREMIER.

DE LA COMPOSITION DU GOUVERNEMENT DE L'INDE HOLLANDAISE.

1. Le gouvernement des colonies et possessions de l'empire en Asie, formant le territoire de l'Inde Hollandaise, est exercé au nom du Roi par un Gouverneur Général, sur le pied et selon les dispositions du présent règlement.

Chacun qui se trouve dans l'I. H., est obligé de reconnaître le G. G. comme représentant du Roi, de le respecter et de lui obéir comme tel.

2. Le G. G. doit être Hollandais et avoir accompli l'âge de 30 ans

Il est nommé et révoqué par le Roi; il ne lui est point permis de se démettre de sa dignité, ni de quitter l'I. H., sans autorisation du Roi.

3. Il est interdit au G. G., de participer directement ou indirectement, à une entreprise quelconque, basée sur un contrat conclu pour gain ou profit avec le Gouvernement des Indes, ou d'en être caution.

Il lui est interdit d'acheter des créances sur l'I. H.

Il lui est interdit de participer, directement ni indirectement, à des entreprises de commerce ou de navigation, établies dans l'I. H., ni d'y être propriétaire de terres ou d'en tenir à bail.

4. Le Roi peut adjoindre au G. G. un Lieutenant G. G, destiné à lui succéder provisoirement, et à être employé, en attendant, de telle manière qui sera prescrite par le Roi ou par le G. G.

Ce qui est prescrit à l'al. 1 art. 2 et à l'art. 3 est applicable au Lieutenant G. G.

5. Le G. G. prête le serment (déclaration et promesse) suivant, entre les mains du Roi, ou, sur l'autorisation du Roi, dans une assemblée composée selon l'art. 15:

«Je jure (déclare) que, pour être nommé G. G. de l'I. H., je «n'ai donné ni promis aucuns dons ni donations, à aucune person-«ne, ni dans le Gouvernement ni en dehors, sous quelque pré-«texte que ce soit, directement ni indirectement, et n'en pro-«mettrai ni en donnerai.

«Je jure (promets) que pour faire ou omettre quelque chose «dans cette charge, je n'accepterai de personne promesses ni «présents, ni directement ni indirectement.

Je jure (promets) d'être obéissant et fidèle au Roi.

«Je jure (promets) de favoriser la prospérité de l'I. H. selon «mes facultés.

«Je jure (promets) fidélité à la loi fondamentale; que je main-«tiendrai toujours et ferai maintenir le Règlement sur la conduite «du Gouvernement, et toutes autres ordonnances ayant force de «loi pour l'I. H., et qu'en tout je me conduirai comme il convient à un G. G. honnête et loyal.

«Qu'ainsi Dieu tout puissant me soit en aide.» («Je le déclare «et le promets.»)

6. Le Lieutenant G. G. prête le serment suivant (déclaration et promesse) entre les mains du Roi ou du G. G.

a. } u. s.
b. }

c. «Je jure (promets) obéissance et fidélité au Roi et au G. G «comme représentant du Roi.

d. u. s.

e «Je jure (promets) de m'acquitter avec ponctuatité et zèle de «toutes fonctions dont me chargera le Roi ou le G. G.; que (u. s)

«Qu'ainsi Dieu tout puissant me soit en aide ». («C'est ce que «je déclare et promets».)

7. Il y a un Conseil [1] de l'I. H., se composant d'un vice-président et de quatre membres.

Il est assisté d'un secrétaire.

Le G. G. peut charger le Lieutenant G. G. de la présidence du Conseil, et peut l'exercer lui-même, aussi souvent qu'il le juge nécessaire. Ils n'ont que voix délibérative.

Le G. G. peut, dans des cas spéciaux, ordonner à d'autres fonctionnaires, ainsi qu'à des officiers de la marine ou de l'armée de terre, d'assister aux assemblées du Conseil, afin de donner des renseignements de vive voix.

Le Règlement d'ordre pour les assemblées du Conseil, est fixé par le Roi. Il contient l'obligation du secret, en tant que l'intérêt public l'exige.

8. Le vice-président et les membres du Conseil de l'I. H. doivent être Hollandais, et avoir trente ans révolus.

Ils sont nommés et révoqués par le Roi.

La parenté ou l'affinité, jusqu'au 4ème degré inclusivement, ne doit point exister entre le G. G., le Lieutenant G. G. et le vice-président ou les membres du Conseil, ni entre le vice-président et les membres entre eux.

Celui qui, après sa nomination, devient allié au degré interdit, ne peut garder ses fonctions sans la permission du Roi.

L'affinité cesse par la mort de la femme qui la causait.

9. Le vice-président et les membres du Conseil de l'I. H. ne peuvent occuper d'autres fonctions dans l'Etat.

L'art. 3 leur est applicable.

10. A l'effet de remplir une place devenue vacante dans le C. d. I., le G. G. envoye au Ministre des Colonies, dans les 30 jours, après s'être concerté avec le Conseil, une recommandation motivée d'au moins deux personnes.

Si les intérêts du service de l'Etat exigent que la place vacante soit remplie dans l'intervalle, le G. G. charge l'une des personnes recommandées des fonctions de membre du Conseil, ad intérim.

Cette mesure temporaire se prend toujours, lorsque sans celà le

---

1 Sujet de notre thèse pour le doctorat en droit, Utrecht, 1863.

nombre des membres du Conseil exercant leurs fonctions, y compris le vice-président, serait de moins de trois.

11. Le vice-président et les membres du C. d. I., prêtent le serment suivant (déclaration et promesse) entre les mains du Roi ou du G. G.:

a. | u. s.
b. |

»Je jure (promets) fidélité au Roi, respect et obéissance au »G. G. comme représentant du Roi.

»Je jure (promets) que par mes actions et conseils, je contribuerai selon mes facultés à favoriser la prospérité de l'I. H.

u. s.

Ce serment est aussi prêté par le vice-président par intérim et les membres intérimaires du C. d. I.

12. Lorsque, la charge de vice-président du C. d. I. venant à vaquer, la nomination du successeur n'a pas encore eu lieu, ou n'est pas encore connue dans l'I. H., ou bien que la personne nommée est empêchée de se revêtir promptement de sa dignité, le G. G. en charge par intérim le plus ancien des membres du Conseil.

13. Lorsque la maladie ou l'absence du G. G. rendent nécessaire d'y pourvoir, il peut charger le Lieutenant G. G. de la conduite journalière des affaires; à défaut de celui-ci, le vice-président; et à défaut de celui-ci, le plus ancien des membres du C. d. I; le tout sur tel pied que le G. G. jugera nécessaire.

14. Si la dignité de G. G. vient à vaquer et que la nomination du successeur définitif ou temporaire n'a pas encore eu lieu, ou n'est pas connue dans l'I. H., et, de même, lorsque la personne nommée est empêchée d'entrer immédiatement en fonctions, le vice-président du C. d. I. nommé par le Roi, entre en fonctions comme G. G. par intérim.

15. [1]. Lorsque, dans l'espèce prévue par l'article précédent, le

---

1 On dirait un conclave. Ces précautions ne servent pas à grand' chose, d'après l'histoire. Les hauts fonctionnaires ayant passé leur vie aux Colonies dans des débauches de pouvoir, ont souvent le sentiment de la responsabilité morale fort affaibli. Au siècle dernier, tel G. G., (Camphuis, l'un des meilleurs cependant), a été nommé par hasard, chacun le considérant comme un candidat trop peu sérieux, et croyant „noyer" sa voix en votant pour lui. Du reste, les communications sont devenues si rapides, qu'il est peu probable que l'espèce prévue par l'art. 15 se produise jamais.

vice-président du C. d. I., nommé par le Roi, n'est point présent, l'un des membres du Conseil est investi par intérim de la dignité de G. G., dans une assemblée à laquelle sont convoqués:

les membres du Conseil présents;

le commandant de la marine;

le commandant de l'armée de terre;

le président de la Haute Cour;

le procureur-général près la Haute Cour;

les directeurs de départements de gouvernement général, et

le président de la Chambre Générale des Comptes.

L'assemblée est convoquée dans les 48 heures et présidée par le plus ancien des membres du Conseil présents.

Le président et les membres de l'assemblée prêtent serment (promettent): «qu'ils donneront leur voix au membre du Conseil de l'I. H., qu'ils jugent en conscience le plus capable de remplir par intérim la dignité de G. G.»

Le secrétaire général et les secrétaires du Gouvernement assistent à l'assemblée. L'un deux tient la plume, les autres reçoivent les bulletins de vote.

La nomination a lieu à la majorité absolue, au moyen de bulletins non-signés.

Les bulletins, après avoir été déposés par les votants dans une urne, sont lus à haute voix par les secrétaires ayant reçu les votes.

Les bulletins non ou non dûment remplis, sont défalqués du nombre des membres présents de l'assemblée.

Si au premier tour du scrutin, il n'y a pas de majorité absolue, on passe à un second scrutin libre.

Si de même à ce second scrutin personne n'a obtenu la majorité absolue, un troisième tour de scrutin a lieu sur les deux personnes qui au second tour ont réunies le plus de voix; elles ne participent plus au vote.

Si au second scrutin, plus de deux personnes réunissent un nombre égal de votes, il est décidé par un scrutin préalable, lesquelles de ces personnes ne seront point parmi les deux dont il est question au précédent alinéa.

A voix égales, le plus ancien est élu. Les travaux finis, les bulletins sont brûlés en présence des membres.

Il est dressé un procès-verbal exact et en double des actes de l'assemblée, signé par tous les membres et les secrétaires. L'un des doubles est envoyé au Ministre des Colonies.

16. Ce qui est dit à l'art. 15 est aussi applicable au cas où le vice-président du C. d. I., nommé par le Roi, quoique se trouvant aux Indes, n'est cependant pas en état de se revêtir immédiatement de la dignité de G. G. Dès que l'empêchement cesse, il est de droit G. G. par intérim.

17. S'il y a présomption que le G. G., par aliénation mentale, est incapable de continuer à exercer sa dignité, celui qui devrait le remplacer, ou bien, celui-ci étant inconnu ou absent, le plus ancien des membres présents du C. d. I. convoque une assemblée de ce Conseil, afin de rechercher s'il y a lieu de tenir comme vraie la présomption existante.

Les fonctionnaires qui sont en contact journalier avec le G. G. sont appelés dans cette assemblée, afin de donner des renseignements.

S'il y a lieu, il est nommé ensuite une commission, afin d'informer le Conseil de l'état du G. G.

Cette commission se compose du chef du service sanitaire, du plus ancien en grade des médecins militaires présents, et du médecin de la ville de Batavia.

Elle a la faculté d'appeler dans son sein le médecin ordinaire du G. G

Si cette nouvelle enquête confirme la présomption existante, l'assemblée dont il est question à l'art. 15 est convoquée.

Cette assemblée appelle comme témoins ceux qui peuvent rendre la chose claire, et décide ensuite à la majorité des voix, s'il y a lieu de dispenser, sauf approbation du Roi, le G. G. de l'exercice de sa dignité.

Si l'assemblée se résout à cette dispense, le G. G., en vertu de cette déclaration, est dispensé de l'exercice de sa dignité, et il est pourvu, selon les circonstances, à son remplacement provisoire, d'après les dispositions des articles 14 ou 15.

De chaque partie de l'enquête, il est dressé un procès-verbal exact en double, signé par tous les membres et par les secrétaires.

L'un des doubles est envoyé au Ministre des Colonies.

18 La parenté ni l'affinité, jusqu'au 4ème degré inclusivement;

ne sont permises entre le G. G. et les secrétaires du Gouvernement, ni à ces secrétaires entre eux.

Les dispositions des deux derniers alinéas de l'art. 8 sont applicables ici.

19. Tout ce qui est statué dans ce Règlement au sujet du G. G est applicable à celui qui en exerce la dignité par intérim, excepté ce qui est dit à l'art. 18.

CHAPITRE SECOND.

Des Attributs et des Devoirs du Gouvernement de l'I. H.

20. Le G G. a la faculté, en observant les dispositions de ce Règlement et les ordres du Roi, d'édicter des mesures législatives générales sur tous sujets, non réglés ou á régler par la loi, auxquels il n'a point été pourvu par un arrêté royal, ou dont le règlement n'a pas été réservé au Roi

21. En dehors du cas prévu par l'art. 43, le G. G. a la faculté, dans des circonstances pressantes, de prendre, sauf approbation du Roi ou ratification ultérieure par la loi, des mesures législatives générales sur des sujets à régler par la loi ou réservés au Roi, tant que cette réglementation n'a point eu lieu.

Pareille mesure, quand il s'agit d'un sujet à régler par la loi, est portée immédiatement par le Roi à la connaissance des Etats-Généraux

22. Pour raisons majeures, le G. G. peut, sous approbation du Roi ou ratification ultérieure par la loi, remettre la promulgation ou l'exécution de lois ou d'arrêtés et d'ordres royaux.

Quand ces actes concernent une loi, il en est donné connaissance immédiatement aux Etats-Généraux.

23. En dehors du cas, prévu par l'art. 43, et sauf les dispositions de ce Règlement, le G. G. a la faculté, sauf ratification ultérieure par la loi, et par acte législatif général, de suspendre des lois, dans des circonstances pressantes, en tout ou en partie, pour toute l'I. H. ou pour telles de ses parties.

Cet acte est porté immédiatement à la connaissance des Etats-Généraux par le Roi.

24 Sauf approbation ultérieure du Roi, le G. G. a la même faculté que celle, à lui octroyée par l'art. 23, à l'égard de mesures législatives prises ou approuvées par le Roi, ou par des Commissaires-Généraux [1] en son nom.

Pour l'application de cet article sont considérées comme établies par le Roi les organisations existantes des différentes branches de gouvernement, et les principes importants de gouvernement, ainsi que ceux concernant le système d'impôts, quoique non ratifiés expressément par le Roi.

25. Lorsque le G. G. fait usage du pouvoir, à lui octroyé par l'art. 22, et que sa mesure est désapprouvée, il est tenu à la promulgation et à l'exécution des ordres du Roi à cet effet, immédiatement après réception.

26. Lorsque les A. L. G. promulgués par le G. G., dans les cas prévus par les artt. 21, 23 et 24, ne sont point ratifiés par la loi ou par le Roi, ou lorsque, dans le cas prévu par l'art. 20, la chose a été réglementée entretemps en Hollande, ces A. L. gardent néanmoins force de loi, jusqu'à ce que leur retrait soit promulgué par le G. G.

27. Le G. G. a soin de l'exécution des A. L. G. et donne les ordres, à ce nécessaires.

Les A. L. G. ne sont applicables à ces parties de l'I. H., où l'autonomie est laissée aux princes et peuples Indiens, qu'en tant que compatible avec cette autonomie.

28. Le G. G. demande l'avis du C. d. I. sur toutes affaires d'intérêt général ou particulier, pour lesquelles il le juge nécessaire.

Il est tenu de le consulter au sujet de:

a. toutes instructions et règlements, concernant le gouvernement général ou territorial, conçus sur son ordre;

b. l'application de l'art. 44 de ce Règlement, et, en général, de chaque régulation des relations politiques avec des princes et des peuples Indiens;

c. le budget général des recettes et des dépenses;

---

[1] Institution tombée sous les coups de l'opposition libérale en 1854, ce qui fait que notre texte y fait seulement allusion. Les Commissaires-Généraux étaient des délégués du Roi, tout-puissant en matière coloniale avant 1854.

d. la portée générale des mesures prises ou à prendre par l'autorité civile en cas de guerre ou de révolte;

e. mesures exceptionnelles de nature grave;

f. nominations à des fonctions importantes, à indiquer par le Roi.

Le G. G. décide seul, et informe le Conseil de sa décision.

Le Conseil ayant été consulté par le G. G., il en est fait mention en tête des arrêtés.

29. L'accord avec le C. d. I. est de rigueur, sans compter les espèces expressément prévues dans ce Règlement, pour l'établissement, la modification, l'explication, la suspension et le retrait par le G. G. de tous A. L. G., ainsi que pour en remettre la promulgation.

30. Si le G. G., dans les espèces où l'accord est de rigueur, ne se conforme point à l'avis du C. d. I., la décision du Roi est invoquée par lui.

Le G. G. peut, sans attendre cette décision, prendre de sa propre autorité et sous sa responsabilité les mesures qu'il juge nécessaires, quand il est d'opinion, qu'une attente plus longue mettrait en péril le repos ou la sûreté de l'I. H. ou d'autres intérêts graves.

Avant que ces mesures soient prises, le G. G., le vice-président et les membres du Conseil se communiquent leurs opinions par écrit. Ensuite, la matière est soumise à une délibération en Conseil, présidé par le G. G. Le G. G., en ce cas, prend part au vote et, en cas d'égalité de voix, son vote est décisif.

Afin de prendre part à cette délibération, les membres du Conseil, absents par application de l'art. 36, et se trouvant dans les îles de Java et de Madoura, sont appelés. Ils sont tenus d'obtempérer sans délai à cet appel.

31. Les A. L. G., arrêtés, soit par le pouvoir législatif en Hollande (lois), soit par le Roi seul (arrêtés royaux), soit par le G. G. (ordonnances), sont promulgués par le G. G. et légalisés par le secrétaire général, ou par l'un des secrétaires du gouvernement.

La promulgation est présumée avoir eu lieu par l'insertion dans le Bulletin des Lois de l'I. H.

Faite dans la forme valable, elle est la seule condition de leur force obligatoire.

Les A. L. G. entrent en vigueur dès que leur promulgation peut être connue.

---

(1) Traduction littérale du pléonasme original.

Lorsqu'une autre époque n'est point fixée, la promulgation est réputée être connue, à Java et Madoura le 30ème, et dans les autres colonies et possessions le 100ème jour après la date du B. d. L. de l'I. H. dans lequel l'A. L. est inséré.

32. Le G. G. ayant reçu l'ordre de promulguer une loi ou un arrêté royal, le fait insérer dans le B. d. L. et le fait suivre de la formule suivante:

«Et afin que personne n'en prétexte ignorance, le G. G. «de l'I. H., le C. de l'I. H. entendu, ordonne, que la présente «loi (arrèté royal) soit insérée dans le B. de L. de l'I. H. et «qu'il en soit fait et affiché des traductions dans les langues «indigènes et chinoise, en tant que de besoin. Ordonne ensuite «à tous collèges et fonctionnaires, supérieurs et inférieurs, «officiers et justiciers, chacun en tant que la chose le regarde, «de tenir la main à la stricte observation de la loi (arrèté royal) «ci-dessus, sans connivence ou acception de personnes.

«Fait à . . . . le . . . . »

(signatures du G. G. et du secrétaire général ou de l'un des secrétaires du gouvernement.)

33. La formule de promulgation des ordonnances est la suivante:

«Au nom du Roi!

«Le G. G. de l'I. H.,

«Le Conseil de l'I. H. entendu,

A tous qui verront ou entendront lire celles-ci, Salut! fait savoir.»

(Ici suivent les motifs et le texte de l'ordonnance, et puis les mots:)

«Et afin que personne n'en prétexte ignorance, celle-ci sera «insérée au B. d. L. de l'I. H., et affichée dans les langues «indigènes et chinoise, en tant que de besoin

«Ordonne ensuite, que tous collèges supérieurs et inféri«eurs, fonctionnaires, officiers et justiciers, chacun en tant «que la chose le regarde, tiendront la main à la stricte «observation, sans connivence ou acception de personnes.

«Fait à . . . . le . . . . »

(signatures du G. G. et du secrétaire général ou de l'un des secrétaires du gouvernement.)

34. Tous collèges et serviteurs de l'Etat, sans exception, sont tenus de renseigner le C. d. I., sur sa réquisition, sur les faits, dont la connaissance est exigée pour les avis, demandés au Conseil par le G. G.

35. Le C. d I. a le droit de faire des propositions au G. G. Si le G. G., après enquête, juge devoir laisser sans effet une proposition du Conseil, il en donne connaissance au Ministre des Colonies, en énonçant ses objections.

En même temps, il porte sa décision à la connaissance du Conseil.

36. Le G. G. peut confier aux membres du C. d. I. des commissions spéciales et les charger de missions dans l'I. H., pourvu que, sans compter le vice-président, deux membres restent dans la capitale.

37. Le G. G., quant à l'exercice de sa dignité, est responsable au Roi, sauf le droit de poursuite, accordé à la Seconde Chambre des Etats-Généraux par l'art. 159 de la Loi Fondamentale.

38. Le G. G. est punissable:

a. lorsqu'il exécute ou fait exécuter:

1o. des arrêtés ou des ordonnances royales, non pourvues du contre-seing de rigueur de l'un des Ministres [1];

2o. des arrêtés ou ordonnances royales, dont l'exécution ne lui a point été déférée par le Ministre des Colonies;

b. lorsqu'il omet de propos délibéré ou néglige gravement d'exécuter ou de faire exécuter les préceptes de ce Règlement ou d'autres lois et ordonnances ayant force de loi dans l'I. H., des arrêtés ou dispositions royales, ainsi que des traités conclus, en tant que cette exécution lui a été déférée par le Ministre des Colonies;

c. lorsqu'il prend des dispositions ou qu'il donne des ordres par lesquels il sait ou doit savoir, que des articles de ce Règlement, d'autres lois et ordonnances ayant force de loi dans l'I. H., ou des traités conclus, sont violés.

39. Les peines édictées par la loi, réglant la responsabilité ministérielle [2], contre les crimes qualifiés par elle, sont appli-

---

[1] Littéralement: Chefs de départements ministériels.

[2] Au moment où le R. G. fut promulgué, cette loi, devant découler de l'art 73 de la L. F. de 1848, n'existait pas encore. C'est celle du 22 avril 1855, B. d. L. Hollandais no. 33. Elle n'a pas été insérée au B. d. L. des Indes.

cables au G. G. dans les espéces mentionnées à l'article précédent.

40. En-cas de poursuite, soit d'après l'art. 159 de la L. F. soit pour autres crimes ou délits, le G. G., sur l'ordre de la part du Roi, se démet de sa dignité en faveur du successeur désigné à cet effet par le Roi ou par ce Règlement.

41. Le G. G. commande en chef la marine dans l'I. H., sauf ses relations administratives avec le ministère de la Marine. Il dispose des vaisseaux et navires et de leurs équipages, conformément aux ordres donnés par le Roi, comme il le juge le plus à propos pour les intérêts de l'I. H.

42. Le G. G. est général en chef des forces de terre se trouvant dans l'I. H.

Dans l'I. H. les officiers sont nommés par le G. G.

Ils sont avancés et destitués sur le pied fixé par A. L. G.

Les principes quant aux pensions et *secours* [1] sont fixés par A.L.G.

43. En cas de guerre ou de révolte, le G. G. prend les mesures qu'il juge nécessaires dans l'intérêt de l'Empire et de l'I. H., même celles pour lesquelles autrement il faut l'autorisation du Roi.

Il a nommément alors le droit de déclarer l'I. H., en tout ou en partie, en état de guerre ou de siège, de suspendre des lois ou des dispositions de ce Règlement, et de supprimer pour un temps des autorités.

Dans les possessions hors de Java et de Madoura, le G. G. peut autoriser les commandants civils ou militaires à prendre des mesures provisoires de la nature indiquée dans cet article.

44. Le G. G. déclare la guerre et conclut des traités de paix ou autres avec des princes et peuples indiens, le tout en observant les ordres du Roi.

La teneur de ces traités est communiquée aux deux Chambres

Ce qui est assez curieux, c'est que l'un des cas prévus par l'art. 38 R. G. n'est point mentionné dans cette loi à l'eau de rose. Le cas échéant, on devrait donc avoir recours à la loi commune. Telle n'était pas l'intention du législateur.

Ainsi, une année après avoir obtenu force de loi, notre art. 38 était oublié.

1 Le texte porte „gagements", mot usité en Hollande pour les pensions des sous-officiers et soldats.

des Etats-Généraux par le Roi, dès qu'il juge que l'intérêt et la sécurité de l'Empire et de l'I. H. le permettent.

45. Le G. G., d'accord avec le C. d. I., peut interdire le séjour de l'I. H., à des personnes, qui n'y sont point nées, et qui sont considérées comme dangereuses pour la tranquillité et l'ordre publics.

Le décret de cette tendance énonce les motifs, quand il s'agit de Hollandais.

Le décret fixe un temps raisonnable, qui est laissé á la personne en cause, pour mettre ordre à ses affaires.

Le G. G. peut ordonner, par ordre signé de sa main, que la personne en cause soit arrêtée, en attendant une occasion de l'éloigner.

Le décret d'expulsion et l'ordre d'arrestation sont notifiés à la personne en cause par acte judiciaire.

Sans délai, le G. G. porte le décret, avec les autres pièces, à la connaissance du Ministre des Colonies.

S'il s'agit de Hollandais, le décret est porté par le Roi à la connaissance des Etats-Généraux.

46. D'accord avec le C. d. I., dans l'intérêt de la tranquillité et de l'ordre publics, le G. G. peut interdire le séjour dans certaines parties de l'I. H. à des personnes qui ne sont point nées dans l'I. H.

Si la mesure concerne une personne, n'appartenant point aux indigènes, le décret et les autres pièces sont portés sans délai à la connaissance du Ministre des Colonies.

Quand il s'agit de Hollandais, la mesure est portée par le Roi à la connaissance des Etats-Généraux.

47. D'accord avec le C. d I., le G. G. peut, dans l'intérêt de la tranquillité et de l'ordre publics, indiquer à des personnes nées dans l'I. H,, certaine localité pour y séjourner, ou leur interdire le séjour dans certaines localités.

Par un ordre signé de sa main, le G. G. peut ordonner que la personne en cause, en attendant une occasion de l'éloigner, soit arrêtée.

Le décret d'éloignement et l'ordre d'arrestation sont notifiés à la personne en cause par acte judiciaire.

Lorsque les mesures, dont il est question dans cet article, concernent une personne n'appertenant point aux indigènes, il est agi conformément à l'alinéa avant-dernier du précédent article.

Le dernier alinéa du précédent article est aussi applicable lorsqu'il s'agit de Hollandais.

48. Dans les cas, prévus par les artt. 45, 46 et 47, le G. G. ne décide que la personne en cause entendue dans sa défense, ou appelée comme de droit. Il est dressé procés-verbal de l'interrogatoire.

49. Sauf les exceptions statuées par ce Règlement, les fonctionnaires sont nommés, révoqués et pensionnés par le G. G. d'après des règles établies par A. L. G

50. Le G. G. fixe le montant des soldes et traitements, en tant qu'il n'est pas fixé par le Roi. Les soldes et traitements fixés par arrêté royal, ou faisant partie d'un budget approuvé, ne peuvent étre augmentés par le G. G. sans l'autorisation du Roi.

51. Les fonctionnaires sont rétribués d'après le principe, que, en dehors du traitement à affecter, il ne peut être tiré des fonctions d'autres profits que ceux expressément accordés.

Le fonctionnaire ne jouit de ces profits que lorsque la jouissance lui en a été expressément permise à sa nomination.

Des excédants ou tolérances de poids ne sont jamais considérés comme profits attachés aux fonctions, mais seulement comme moyens de parer á des pertes occasionnées sans la faute des fonctionnaires.

L'art. 3 de ce Règlement peut ètre étendu par A. L. G. à des fonctionnaires, en tout ou en partie.

52. Entendu l'avis de la H. C., le G. G. a le droit de faire grâce des peines infligées par jugements rendus dans l'I. H., tant que les condamnés y séjournent.

En tant qu'il s'agit de princes ou de chefs indigènes, il a aussi, d'accord avec le C. d. I., le droit d'amnistie et d'abolition.

53. Le G. G. a le pouvoir d'octroyer des dispenses, dans les cas énoncés par les A. L. G; en tant qu'il s'agit d'affaires judiciaires, l'avis de la H. C. entendu.

D'accord avec le C. d. I., et la H. C entendue, le G. G. peut aussi dispenser des dispositions d'une ordonnance coloniale, dans les cas non énoncés par celle-ci.

54. Au nom du Roi, le G. G. octroie des actes de hollandisation [1] à des vaisseaux et navires, gréés à l'européenne. Les navires gréés à l'indigène sont pourvus de passeports annuels; le tout d'après des A. L. G. déjà édictés ou à édicter ultérieurement.

55. Protéger la population indigène contre l'arbitraire de qui que ce soit, est l'un des devoirs les plus graves du G. G.

Il veille à ce que les fonctionnaires de l'administration observent strictement les A. L. existants ou à édicter sur ce sujet, et qu'il soit donné partout aux indigènes l'occasion de déposer librement des plaintes.

56. Le G. G. maintient, autant que faire se peut, les cultures introduites par ordre supérieur, et a soin, d'accord avec les ordres du Roi:

1o que ces cultures n'empêchent point la production de moyens d'alimentation suffisants;

2o. que, en tant que ces cultures ont lieu sur des terrains, défrichés par la population indigène pour son usage particulier, la disposition de ces terrains ait lieu équitablement et en respectant les coutumes et droits existants;

3o. que les mêmes règles soient observées pour la distribution du travail;

4o tout en évitant une marche ascendante pernicieuse, que la rémunération des indigènes en cause soit telle, que les cultures gouvernementales leur produisent, á travail égal, des profits au moins égaux à ceux de la culture libre;

5o que les inconvénients qui, après enquête spéciale, seraient trouvés exister pour ces cultures, soient supprimés autant que faire se peut; et

6o. qu'ainsi soit préparée une régulation, basée sur des contrats libres avec les communes et personnes en cause, comme transition à un état de choses, dans lequel on puisse se passer de l'intervention du gouvernement [2].

---

[1] Nous avons forgé ce mot d'après le terme francais; le texte porte *„zeebrieven"*, lettres de mer ou maritimes.

[2] Par l'art. 1 de la loi du 21 juillet 1870, B. d. L. 1870 no. 117, ces dispositions de l'art. 56 ont été changées. Voicí le texte de la loi:

art. 1. Quant à la culture du sucre, introduite par ordre supérieur, l'art. 56

Dans le rapport, dont il est question à l'al. 1 de l'art. 60 de la Loi Fondamentale, il est dit tous les ans, quelles mesures ont été prises par le G. G. en conséquence de cet article.

57. Dans chaque province, la nature et la durée des services personnels (corvées), auxquels sont astreints les indigènes, les cas dans lesquels, ainsi que la manière dont et les conditions auxquelles ils peuvent être exigés, sont réglés par le G. G., selon les coutumes, institutions et besoins existants.

Dans chaque province, les A. L., ayant trait à ces services personnels, sont révisés tous les 5 ans par le G. G., le but étant d'y apporter peu à peu les diminutions, pouvant s'accorder avec l'intérêt général.

---

du Règlement sur la Conduite du Gouvernement de l'I. H., le dernier alinéa excepté est remplacé par les dispositions suivantes:

1o. La culture du sucre n'est point introduite à nouveau par ordre supérieur.

2o. Là où elle existe, la disposition des terrains, défrichés par la population indigène pour son propre usage, finit avec la plantation de l'année 1890. Après la plantation de l'année 1878, sauf les droits acquis lors de l'entrée en vigueur de cette loi, cette disposition est diminuée graduellement pour chaque entreprise.

3o. Dans les règlements et les conventions y ayant trait, le G. G. a soin :

a. que nulle entreprise par ordre supérieur ne soit continuée, où la charge pour la population, considérée en rapport avec les dispositions de cette loi, dépasse ce que l'intérêt financier de l'Etat peut exiger équitablement ;

b. qu'en même temps il ne soit point disposé de plus d'un cinquième des champs de chaque village en cause, à moins que la population ne désire une dérogation à ce précepte.

c. que la population soit convenablement dédommagée pour la cession du terrain et soit convenablement payée pour son travail ;

d. que, de concert avec le fabricant, l'intervention de l'administration à l'effet de faire planter de la canne à sucre sur les terrains, dont il est question au 2o, cesse au plus tôt ;

e. que les établissements servant à préparer la canne soient proportionnés à l'étendue des plantations ;

f. que pour faire aller des moulins ou autres machines il ne soit point disposé de l'eau, nécessaire à l'agriculture particulière de la population ;

g. qu'afin d'obtenir des travailleurs et autres auxiliaires [p. e. des chariots] tant pour couper et transporter la canne, pour des travaux dans la manufacture et au dehors, qu'autrement, l'intervention de l'administration ne soit point accordée au fabricant, sans nécessité absolue, à prouver chaque fois ;

h. qu'il soit assuré à l'Etat une redevance équitable, tant du produit du travail libre que de celui de la plantation obligatoire,

i. que chaque convention et chaque modification soient publiées dans le journal officiel.

Dans le rapport, dont il est question à l'al. 1 art. 60 de la Loi Fondamentale, il est dit tous les ans l'état dans lequel se trouve la dite réglementation de ces services.

58. Le G. G. a soin que dans l'I. H. il ne soit levé d'impôts que ceux assis par A. L. G.

59. Le G. G. a soin que, partout, où la *rente de la terre* [1] est levée d'après l'admodiation communale ou par village, il soit provisoirement continué de même.

Les bases pour l'assiette de la *rente de la terre* sont établies par A. L. G.

Dans le rapport, dont il est question à l'al. 1 art. 60 de la Loi Fondamentale, il est dit tous les ans quelles mesures ont été prises en conséquence de cet article.

60. Le G. G. encourage le commerce, l'industrie et l'agriculture, et a soin aussi que pour les faire prospérer, il soit établi ou maintenu des marchés (pasar).

Il veille, tout en respectant les droits acquis, à ce qu'il ne soit point perçu d'impôts sur ces marchés [2].

61. Le G. G. fixe son attention spéciale sur les forêts de *djati* [3]. Il a soin, que les droits de propriété de l'Etat sur toutes ces forêts, non cédées par vente ou d'une autre manière quelconque à des particuliers, soient maintenus, et que la tenue en état ou l'extension de ces forêts et la coupe soient réglées par des mesures efficaces.

62. Il n'est point permis au G. G. de vendre des terrains.

Dans cette défense ne sont point comprises les parcelles de terrain, destinées à agrandir des villes ou villages et à fonder des établissements industriels.

Le G. G. peut donner à bail des terrains, d'après des principes, à fixer par A. L. G. Dans ces terrains ne sont point compris ceux,

---

1 *Landrente*. Nous avons préféré cette traduction, peut-être un peu trop littérale de peur de confusion avec un autre impôt foncier.

2 L'art 60, d'après l'art 2 de la loi du 29 juillet 1870, B. d. L. no. 117, doit être lu dorénavant comme suit:

Le G. G. a soin qu'il ne soit point mis ou laissé d'entraves à des industries utiles. Sauf les droits acquis, il n'est point levé d'impôts sur les marchés (pasar).

3 Bois de teak.

défrichés par les indigènes, ou qui appartiennent aux villages ou *dessa* [1] comme pâturage commun ou de tout autre chef [2].

63. Dans les îles de l'Archipel Indo-Oriental, le gouvernement ne crée pas d'établissements nouveaux sans autorisation du Roi.

CHAPITRE TROISIÈME.

De l'Administration générale.

64. Les différentes branches de l'administration civile générale sont dirigées, sous les ordres et le contrôle suprême du G. G, par des directeurs, dont le nombre, le ressort et les attributions sont fixés par le Roi.

65. Les chefs des départements ainsi institués se réunissent en un Conseil de Directeurs, chaque fois que le G. G. ordonne leur coopération.

---

1 Le mot *dessa* en malais, *désa* en bas, *dousoun* en haut javanais, veut simplement dire village.

2 Par la loi du 9 avril 1870, B. d. L. 1870 no. 55, cet article est complété par ce qui suit:

D'après des principes, à poser par A. L. G., il est cédé des terrains en emphytéose pour un temps n'excédant point 75 ans.

Le G. G. a soin qu'aucune cession de terrain ne constitue une infraction aux droits de la population indigène.

Des terrains, défrichés par les indigènes pour leur usage personnel ou tenant aux villages comme pâturage commun ou de tout autre chef, il n'est disposé par le G. G. que dans l'intérêt général, sur le pied de l'art 77, et en faveur des cultures introduites sur ordre supérieur, d'après les A. L. y ayant trait, contre indemnité convenable.

Le terrain, possédé par des indigènes en usage héréditaire et individuel, est cédé en propriété au possesseur légitime sur sa demande, sauf les restrictions nécessaires, à poser par A. L. G. et à énoncer dans le titre de propriété, quant aux obligations envers l'Etat et la commune et quant à la faculté de vendre à des non-indigènes.

Les terrains sont donnés à bail ou en usage par des indigènes à des non-indigènes d'après des principes, à définir par A. L. G.

66. Il y a une Chambre Générale des Comptes, chargée de contrôler l'administration des finances coloniales et la justification des comptables.

La composition de la Chambre et ses instructions sont fixées par le Roi, d'accord avec la loi sur la méthode d'administration et de comptabilité des finances coloniales.

CHAPITRE QUATRIÈME.

De l'Administration provinciale et locale.

67. Pour autant que le permettent les circonstances, la population indigène est laissée sous la conduite immédiate de ses propres chefs, nommés ou reconnus par le gouvernement, assujettis à tel contrôle supérieur qui est ou sera établi par le G. G., par des préceptes généraux ou spéciaux.

68. La division du territoire de l'I. H. en provinces a lieu par le Roi.

Dans les provinces, l'administration a lieu au nom du G. G. par des fonctionnaires supérieurs, sous des titres hiérarchiques fixés ou à fixer.

Le G. G. arrête les instructions de ces fonctionnaires supérieurs et règle leurs relations avec les différents collèges et fonctionnaires, avec les commandants militaires et avec les commandants des vaisseaux de guerre de l'Etat.

Tant qu'il n'en est pas disposé autrement, l'autorité civile est la plus élevée.

69. Le G. G. divise les provinces en régences.

Dans chaque régence il est nommé, avec le titre hiérarchique que comportent les usages indigènes, un régent, choisi par le G. G. parmi la population indigène.

Les instructions des régents et leur position vis-à-vis des fonctionnaires européens sont fixées par le G G.

La charge de régent à Java venant à vaquer, il est choisi pour successeur, autant que faire se peut, l'un des fils ou parents du dernier régent, sauf les conditions de capacité, de zêle, d'honnêteté et de fidélité.

70. Là où il le juge nécessaire, le G. G. divise les régences en districts.

Chaque district est administré par un chef indigène avec tel titre hiérarchique que comportent les usages indigènes.

Les instructions des chefs de districts et leurs rapports avec les fonctionnaires européens sont fixés par le G. G.

71. Sauf l'approbation de l'autorité provinciale, les communes indigènes élisent leurs chefs et leurs administrateurs. Le G. G. maintient ce droit contre toute infraction.

A ces communes est laissé l'arrangement de leurs intérêts locaux comme elles l'entendent, en observant les régulations émanant du G. G. ou de l'autorité provinciale.

Là où les dispositions des al. 1 et 2 de cet article ne concordent pas avec les institutions du peuple ou avec des droits acquis, elles ne sont point introduites.

72. Les fonctionnaires, revêtus du pouvoir provincial suprême, sont compétents pour faire des règlements et ordonnances de police. Ils peuvent établir des peines contre leur contravention, d'après des règles à fixer par A. L. G.

73. Les étrangers Orientaux établis dans l'I. H. sont réunis dans des quartiers séparés, autant que faire se peut, sous la conduite de leurs propres chefs.

Le G. G. a soin ce que ces chefs soient pourvus des instructions nécessaires.

CHAPITRE CINQUIÈME.

De la Justice.

74. Partout où la population indigène n'est point laissée en jouissance de ses propres institutions judiciaires, la justice aux I H. est rendue au nom du Roi.

75 Quant aux Européens, l'administration de la justice en matière civile et commerciale, ainsi qu'en matière pénale, est fondée

sur des A. L. G., concordant autant que faire se peut avec les lois existant en Hollande.

Le G. G., d'accord avec le C. d. I., est compétent pour déclarer applicables à la population indigène ou bien à une partie de cette population, les dispositions de ces A. L, à ce susceptibles, et modifiées s'il y a lieu.

Sauf les cas dans lesquels pareille déclaration a eu lieu, ou dans lesquels des indigènes se sont assujettis de plein gré au droit civil et commercial établi pour les Européens, le juge indigène applique les lois religieuses, institutions et coutumes des indigènes, en tant qu'elles ne sont point en opposition avec des principes d'équité et de justice généralement reconnus.

Sous la même réserve, le juge européen juge aussi d'après ces lois, institutions et coutumes, les affaires des chefs indigènes soumis à sa juridiction, et en connaissant, en appel, des jugements portés par le juge indigène, en matière civile et commerciale.

Autant que faire se peut, ces lois, institutions et coutumes, sont prises en considération par le juge Européen, jugeant d'après la législation établie pour les européens, lorsque des indigènes sont justiciables de lui comme défendeurs en matière civile ou commerciale, hors le cas où la déclaration prévue au second alinéa de cet article a eu lieu, et hors celui d'assujettissement volontaire à la dite législation dans les cas énoncés par les A. L.

En jugeant les indigènes, dans les cas prévus par les alinéas 3 et 4 du présent article, le juge se guide d'après les principes généraux du droit civil et commercial pour les Européens, quand il s'agit de statuer sur des matières, non réglées par les lois religieuses, institutions et coutumes dont il est parlé ci-dessus

76. La juridiction pénale militaire est fondée sur des A. L. G. concordant autant que possible avec les lois existant en Hollande.

77. Personne ne peut être dépossédé de sa propriété que dans l'intérêt général, de la manière précisée par A. L. G. et contre indemnisation préalable.

La déclaration que l'intérêt général exige l'expropriation est faite par le G. G., d'accord avec le C. d. I.

Les conditions d'accord avec le C. d. I. et d'indemnisation préalable, ne peuvent être invoquées lorsque par suite de guerre, incendie, inondation, tremblement de terre, éruption volcanique ou autres circonstances pressantes, une prise de possession immédiate est nécessaire.

Le droit de l'exproprié à une indemnisation n'en souffre point.

78. Toutes contestations sur la propriété ou les droits en dérivant, sur créances ou autres droits civils, sont exclusivement de la compétence du pouvoir judiciaire.

Cependant, entre indigènes ou personnes qui leur sont assimilées, de même nationalité, les litiges civils qui d'après leurs lois religieuses ou vieilles coutumes sont de la compétence de leurs prêtres ou chefs, y restent soumis.

79. Le pouvoir judiciaire n'est exercé que par des juges, désignés par A. L. G.

80. Nul ne peut être distrait contre son gré du juge qui lui est assigné par A. L. G.

81. Toute immixtion du Gouvernement dans les affaires judiciaires, non accordée par ce règlement-ci, est interdite.

82. Les matières sur lesquelles, de par leur nature, ou en vertu d'A. L. G., le pouvoir administratif statue, restent soummises à ce pouvoir.

Les conflits de compétence entre les pouvoirs judiciaire et administratif, sont vidés par le G. G., d'accord avec le C. d. I., et d'après des règles, à poser par A. L G.

83. Les conflits de conpétence [1] entre les tribunaux et les prêtres et chefs indigènes, ainsi qu'entre le juge civil et le juge militaire, sont vidés par le G. G., de la manière et sur le pied indiqués au précédent article.

84. Pour intenter des actions civiles ou des poursuites pénales contre des princes ou chefs indigènes, indiqués par A. L G., il faut l'autorisation du G. G., ou, hors de Java et de Madoura, de l'autorité provinciale la plus élevée.

85. Hors les cas, prévus aux articles 43, 45, 47 et 86 il n'est permis d'arrêter personne que sur l'ordre de l'autorité à ce compétente,

---

[1] Nous avons préféré cette expression à celle de conflits *d'attribution*, usitée en Hollande, comme la traduction la plus littérale et comme embrassant tous ceux dont il est question ici.

d'après les A. L. G sur la procédure pénale, et de la manière et sur le pied y indiqués.

86. Lorsque dans des circonstances extraordinaires une personne, n'appartenant point à la population indigène, a été arrêtée par l'autorité politique, hors le cas prévu aux artt. 45 et 47, celui sur l'ordre duquel l'arrestation a eu lieu, est tenu d'en donner avis tout de suite au ministère public du tribunal européen dans le ressort duquel l'arrestation a eu lieu.

87. Le secret des lettres confiées à la poste ou toute autre agence de transports est inviolable, excepté sur l'ordre du juge, dans les cas énoncés par A. L. G.

88. Nul ne peut être pouruivi au pénal ni condamné à une peine, que de la manière et dans les cas prévus par A. L. G.

89. Aucune peine n'entraîne la mort civile ni la perte de tous les droits civils.

90. Aucun crime ni contravention ne peut être passible de la confiscation des biens du coupable.

91. Tous jugements exposent les motifs sur lesquels ils se basent et, en matière pénale, outre le crime ou la contravention, les lois positives sur lesquelles ils se fondent.

Des A. L. G. règlent, pour les juges indigènes, les modifications nécessaires de la règle que les jugements doivent être motivés.

Les séances sont publiques, sauf les exceptions indiquées par A. L. G.

Les jugements sont prononcés en audience [1] publique, sauf les exceptions indiquées par A. L. G.

92. Excepté en état de guerre ou de siége déclarés, nulle part où la justice est rendue au nom du Roi, une condamnation à mort ne peut être exécutée sans autorisation du G. G., le juge suprême civil ou militaire entendu.

Le décret, refusant l'exécution, est porté à la connaissance du Ministre des Colonies par le G. G.

Les autorités suprêmes dans les possessions hors de Java et de Madoura ont la faculté d'ordonner l'exécution immédiate d'une

[1] Nous avons ajouté le mot *audience*.

condamnation à mort, si elle est d'impérieuse nécessité, entendu l'avis du juge qui a prononcé le jugement.

Ils portent leur décret à la connaissance immédiate du G. G.

93. Le collège judiciaire suprême de l'I. H. est établi à Batavia, et porte le nom de Haute Cour de l'Inde Hollandaise

94. Le président de la H. C. de l'I. H. est nommé et révoqué par le Roi.

Il ne peut être placé par le Roi dans un autre poste que de son assentiment.

Le vice-président et les membres de la H. C. ne peuvent être placés par le G. G. dans un autre poste que de leur assentiment.

95. Sauf les déplacements indiqués au précédent article, et leur démission sur leur propre demande, le président, le vice-président et les membres de la H. C. ne peuvent être révoqués, que lorsqu'ils sont condamnés à la peine de l'emprisonnement pour crime, déclarés en état d'insolvabilité notoire, écroués pour dettes, placés sous curatelle ou lorsqu'ils perdent de vue la dignité de leurs fonctions, ainsi que pour inconduite reconnue, immoralité, insouciance notable, incapacité par vieillesse ou maladie continue du corps ou de l'âme.

Lorsque le G. G., le C. d. I. entendu, juge que pour l'une des causes indiquées au précédent alinéa, il y a lieu à révocation, il envoie sa proposition à cet effet, avec tous les actes relatifs à l'affaire, au Ministre des Colonies, avec une justification écrite du fonctionnaire en cause, à qui les griefs existants contre lui sont communiqués à cet effet.

Le G. G. a la faculté, en attendant la décision du Roi, de suspendre de ses fonctions le fonctionnaire en cause, en lui allouant un traitement d'attente et de pourvoir provisoirement à son remplacement.

Si le fonctionnaire en cause le désire, il lui est fourni l'occasion d'aller se justifier en Hollande, en lui allouant un traitement de congé et des frais de voyage. [1]

Le Roi accorde ou refuse la révocation. [2]

96. Sauf la disposition de l'art. 100, la délivrance d'un mandat

---

[1] Littéralement: passage libre.

[2] A la suite de la démission donnée à un Conseiller, M. VAN ANGELBEEK, pendant qu'il était en congé, et de ses réclamations, l'art. 95 R. G. vient d'être **complété par les dispositions suivantes:**

de dépôt contre un fonctionnaire judiciaire emporte de droit la suspension de ses fonctions.

97. Le jugement condamnant un fonctionnaire judiciaire à une peine afflictive ou infamante, prononce en même temps sa destitution.

98. La H. C. juge, en matière civile, en première instance:

1o. toutes actions intentées au G. G.

2o toutes actions intentées à l'Etat, sauf celles ayant trait aux impôts et aux fermes.

Cependant, toutes actions réelles doivent être portées devant le juge ordinaire.

99. Le vice-président et les membres du C. d. I. et les autres fonctionnaires qu'indiquent des A. L. G., sont justiciables de la H. C. pour crimes ou contraventions, commis pendant le temps d'exercice de leurs fonctions.

100. Le cas d'arrestation provisoire en flagrant délit excepté, aucun mandat de dépòt [1] ne peut être exécuté, et en cas de forfaiture, aucune poursuite ne peut être dirigée contre les fonctionnaires dont il est question au précédent article, qu'après autorisation du G. G., donnée de la manière et sur le pied indiqués par A. L. G.

101. Pour crimes et contraventions le G. G. et son Lieutenant sont justiciables en Hollande, savoir: pour forfaiture, du Haut Conseil des Pays-Bas; pour autres crimes ou contraventions au

---

La demande d'un congé hors de l'I. H. par le président, les vice-présidents et les membres de la H. C., est censée, sauf ce qui est dit à l'avant-dernier alinéa de l'article précédent, contenir en même temps la demande de démission de leurs fonctions.

Pendant leur congé et aussi après, tant qu'ils ne sont pas nommés à des fonctions quelconques d'après la disposition de l'alinéa suivant de cet article, ils ne peuvent être renvoyés du service de l'Etat, que sur leur propre demande ou pour l'une des raisons mentionnées dans les artt. 95 et 97.

De retour aux I. H., ils sont réintégrés dans leur grade, en observant l'époque de leur retour, et en cas de retour simultané, d'après la date de leur première nomination à la H. C., à la première place vacante, si, avant que cette place vienne à vaquer, ils n'ont pas été nommés, de leur assentiment, à d'autres fonctions.

Entretemps, ils jouissent du traitement d'attente ordinaire. (B. d. L. 1878 no. 83).

[1] Littéralement: ordre d'emprisonnement.

lieu de la résidence du Gouvernement en Hollande, du juge compétent selon la législation hollandaise.

102. La H. C. contrôle la marche régulière et la terminaison des procès, ainsi que l'observation des lois et autres A. L. G. par tous juges et tribunaux.

Elle peut annuler et priver d'effet des actes judiciaires, dispositions et jugements, quand ils contreviennent aux lois ou autres A. L G., d'après les règles établies à ce sujet.

103. Des A. L. G. indiquent les cas où les arrêts de la H. C. en matière civile sont sujets à appel par devant le Haut Conseil de Pays-Bas, et la procédure à suivre à l'égard de cet appel

104. Les jugements, portés par le juge en Hollande et les mandats délivrés par lui, ainsi que les grosses d'actes authentiques y passés, peuvent être mis à exécution dans l'I. H.

De même, les jugements ou mandats donnés ou délivrés par le juge dans l'I. H., ainsi que les grosses d'actes authentiques, y passés par devant des officiers publics européens, auxquels est attribuée même autorité qu'aux jugements, peuvent être exécutés en Hollande.

CHAPITRE SIXIÈME.

Des Habitants.

105. A l'exception des personnes envoyées de la part de l'Etat aux I. H., personne, venant d'ailleurs, ne peut s'y établir sans permission écrite, dans Java et Madoura, du G. G.; ailleurs, de l'autorité provinciale suprême.

Les conditions d'admission des Hollandais et des étrangers sont réglées par A. L. G.

A des Hollandais, ayant obtenu la permission susdite, le séjour dans l'I. H. ne peut être interdit que dans le cas et de la manière mentionnés à l'art. 45.

106. Sont habitants de l'I. H., outre les indigènes, tous ceux qui, sur le pied indiqué par l'article précédent, ont établi leur séjour dans l'I. H.

107. Sont compris sous [la dénomination de [1]] Hollandais dans ce règlement, ceux qui le sont d'après les lois du Royaume.

108. Tous ceux qui se trouvent sur le territoire Indo-Hollandais, peuvent prétendre à la protection de leurs personnes et de leurs biens.

109. Les dispositions de ce règlement et de tous autres A. L. G., dans lesquels il est parlé d'Européens et d'indigènes, sont applicables aux personnes qui leur sont assimilées, lorsque le contraire n'est pas exprimé.

Aux Européens sont assimilés tous chrétiens et toutes personnes, non comprises dans les termes de l'alinéa suivant.

Sont assimilés aux indigènes: tous Arabes, Maures [2], Chinois et tous les musulmans ou païens.

Les chrétiens indigènes restent soumis à l'autorité des chefs indigènes, et, quant aux droits, charges et obligations, aux mêmes A. L. et institutions générales, provinciales et communales que les indigènes ne professant point le christianisme.

D'accord avec le C. d. I., le G. G. peut faire des exceptions à l'application des règles posées dans cet article.

110 Le contrôle du Gouvernement sur la presse est réglé par A. L G., d'après le principe que la publication par la presse de pensées ou d'opinions, et l'admission de publications imprimées ailleurs qu'en Hollande, ne doivent être exposées à d'autres entraves que celles exigées pour assurer l'ordre public.

Les publications imprimées en Hollande sont admises sans entraves, sauf la responsabilité de chacun, d'après des règles à poser par A. L. G.

111. Des réunions et assemblées de nature politique ou mettant en péril l'ordre public sont défendues dans l'I H. Il est pris contre la violation de cette défense telles mesures qu'exigent les circonstances.

112 Chaque habitant a le droit de présenter par écrit des requêtes à l'autorité compétente, tant aux Indes qu'en Hollande, à condition qu'elles soient signées personnellement et non au nom de plusieurs, ce qui ne peut avoir lieu que par ou au nom de

---

[1] Nous ajoutons les trois mots qui se trouvent entre parenthèses.

[2] A Java, on nomme ainsi les Bengalais, les indigènes des Indes Anglaises.

corporations composées légalement ou reconnues comme telles, et dans ce cas seulement pour des matières, du ressort de leurs attributions spéciales.

113. Les habitants sont tenus de participer, sur le pied établi ou à établir, aux gardes bourgeoises[1] ou autres corps armés, que le G. G. juge nécessaires au maintien de l'ordre et de la tranquillité. Des A. L. G. précisent quels habitants, incorporés à la garde bourgeoise, peuvent être appelés à concourir au maintien du pouvoir hollandais dans l'Inde.

114. Dans l'I. H. il n'est reconnu de titres de noblesse européens, que ceux conférés par le Roi.

Des décorations, titres, grades ou dignités étrangères ne peuvent être acceptés par les habitants de l'I. H. sans l'autorisation spéciale du Roi.

115. Le 1 janvier 1860, au plus tard, l'esclavage est aboli dans toute l'I. H.

Les mesures, servant à préparer graduellement et à mettre à exécution par degrés et peu à peu cette abolition, ainsi que les indemnisations qui peuvent en découler, sont prises par A. L. G.

Dans le rapport dont il est question à l'art. 60 al. 1. L. F., il est dit tous les ans ce qui a été fait en exécution du présent article.

116. La traite, l'importation et la vente publique d'esclaves sont interdites.

Les personnes amenées d'ailleurs comme esclaves, sont libres dès qu'elles se trouvent sur le territoire de l'I. H.

117. Les droits et les obligations des maîtres vis-à-vis des esclaves se trouvant dans l'I. H. sont réglés par A. L. G.

118. Dans Java et Madoura il reste défendu de prendre des gens en gage [2] comme sûreté pour dettes.

Cette prohibition est appliquée par le G. G. à telles parties des possessions hors de Java et de Madoura, où l'état social le permet.

---

[1] „Schutterij"

[2] „Pandelingen."

Les A. L. G., réglant la captivité pour dettes [1], là où il ne peut encore être aboli, tendent à en favoriser l'abolition.

La condition de captif pour dettes ne passe point aux enfants du débiteur.

Il est défendu de transporter outre-mer des captifs pour dettes.

CHAPITRE SEPTIÈME.

De la Religion.

119. Chacun professe ses opinions religieuses avec liberté complète, sauf la protection de la société et de ses membres contre la transgression des A. L. G. sur le droit pénal.

120. Tout exercice public d'un culte dans l'intérieur de bâtiments et d'enclos est permis, en tant qu'il ne trouble point l'ordre public.

Pour l'exercice du culte public en dehors d'édifices et d'enclos, il faut la permission de l'autorité.

121. Le G. G. a soin que toutes les confessions religieuses restent dans les limites de l'obéissance aux A. L. G.

122. Dans l'organisation existante et dans le gouvernement des communautés chrétiennes il n'est porté de changement qu'avec l'assentiment respectif du Roi et du gouvernement de la communauté en cause.

123. Les instituteurs, [2] prêtres et missionnaires chrétiens doivent être munis d'une admission spéciale, à accorder par le

---

[1] „*Pandelingschap.*" Cette forme malaise de l'esclavage pour dettes, avec obligation de travail dans la maison du créancier, n'existe plus maintenant qu'en quelques provinces. Par ordonnance de 1872 (B. d. L 114), il a été défendu de prendre de nouveaux prisonniers pour dettes. L'institution s'éteindra donc, *dans les pays administrés directement par le pouvoir Hollandais* (B. d. L. 1859 no. 43, IV, b) avec la mort ou la libération des malheureux qui en 1872 subissaient encore ce triste sort.

[2] Le mot *leeraar* (instituteur) est aussi en usage pour les ministres protestants. Notre traduction est peut-être trop rigoureuse.

G. G. ou de sa part, pour exercer leur ministère dans telle partie déterminée de l'I. H

Lorsque cette admission est trouvée nuisible ou que les conditions n'en sont point observées, elle peut être retirée par le G. G.

124. Les prêtres des indigènes, ne professant point le christianisme, sont placés sous le contrôle supérieur des princes, régents et chefs, en tant que la religion professée par chacun d'eux.

Ceux-ci ont soin, que les prètres n'entreprennent rien de contraire à ce règlement ni aux ordonnances édictées par le G. G. ou en son nom.

CHAPITRE HUITIÈME.

De l'Instruction.

125. L'instruction publique est un objet des soins incessants du G. G.

L'organisation en est réglée par A. L. G., en respectant les opinions religieuses de chacun.

Le rapport, dont il est question à l'al 1 art 60 L. F., fait connaître tous les ans l'état de l'instruction publique, y compris celui des écoles destinées à la population indigène

126. L'instruction donnée aux Européens ou aux personnes assimilées est libre, sauf le contrôle de l'autorité, et l'enquête sur la capacité et la moralité des instructeurs.

127 D'après des règles à établir par A. L. G., une instruction primaire publique suffisante est donnée partout où les besoins de la population européenne l'exigent et les circonstances le permettent.

128. Le G. G. a soin de fonder des écoles pour la population indigène.

CHAPITRE NEUVIÈME.

Du Commerce et de la Navigation.

129 Les tarifs d'entrée, de transit et de sortie sont fixés par la loi. Seulement en des circonstances pressantes, le G. G est compétent pour modifier pour un temps ces tarifs, sous ratification ultérieure par la loi.

Pareille modification est portée à la connaissance des deux Chambres des Etats-Généraux sans désemparer.

130. Les ports de l'I. H., ouverts au commerce général, sont accessibles aux navires de tous les peuples amis du Royaume des Pays-Bas, sauf l'observation des A. L. généraux et locaux

Dans d'autres ports il n'est admis que des navires indigènes et ceux auxquels le cabotage est permis.

Dispositions transitoires.

131. Le présent règlement est promulgué dans l'I. H. de la manière établie par l'art. 31.

L'époque à laquelle il y entre en vigueur est fixée par le Roi [1].

132. Tous les A. L , règlements et arrêtés, en vigueur à l'époque indiquée à l'article précédent, sont maintenus jusqu'à ce qu'ils soient remplacés par d'autres.

Les dispositions des ordonnances, dont il est fait mention à l'al. 1 de l'art. 82, qui ne concordent point avec l'art. 78 al 2, ne gardent force de loi que pendant deux ans après l'entrée en vigueur du présent Règlement.

---

[1] Le Roi a fixé comme telle le 1r mai 1855.

CHAPITRE V.

DE LA JUSTICE.

Article 74.

Partout où la population indigène n'est point laissée en jouissance de ses propres institutions judiciaires, la justice aux I. H. est rendue au nom du Roi.

Jusqu'en 1854, la restriction par laquelle commence cet article fondamental n'était point exprimée.

L'article lui même n'apparaît qu'en 1815

Le R. G. de cette année copie la L. F. de 1814, qui, sauf les expressions de République et de peuple Batave, est identique sur ce point avec la Constitution de 1798. Celle-ci, à son tour, a puisé la maxime »toute justice émane du Roi» dans l'ancien droit français.

Cependant, cette restriction, quoique non exprimée, n'en existait pas moins virtuellement.

L'affirmation que toute justice aux I. H. émanait du Roi, quoique répétée chaque fois, avait toujours été parfaitement inexacte.

Comme de raison, dans des possessions dont seulement une partie est complètement subjuguée, entièrement et directement administrée par les Hollandais, les princes et les peuples restés plus ou moins indépendants, ont conservé leur propre juridiction en tout ou en partie.

On comprend, qu'il y a des degrés dans l'autonomie, laissée jusqu'à présent à plusieurs de ces Etats.

Ainsi, pour ne parler que de Java, il en existe quatre plus ou moins indépendants; celui du Sousouhounan de Sourakarta, avec le prince Mangkou Negârâ attaché à ses flancs comme voisin puissant et riche, ami officiel du pouvoir Hollandais; celui du Sulthan de Jogjokarta, avec un prince Pakou Alam dans une position analogue, quoique moins brillante.

Les trois premiers de ces princes ont leurs propres tribunaux (les sujets du quatrième étant justiciables des tribunaux du Sulthan), mais cette autonomie judiciaire est plus ou moins restreinte. D'après les traités actuellement en vigueur, l'Européen, le Chinois, l'Arabe, le Bengalais, tous les étrangers en un mot, sont justiciables des tribunaux du pouvoir hollandais; en outre, les indigènes des territoires adjacents, directement administrés par le gouvernement hollandais, même quand ils se trouvent sur territoire princier, restent soumis aux tribunaux rendant la justice au nom du Roi des Pays-Bas. Au contraire, les sujets de l'un de ces princes sont soumis aux tribunaux établis par le gouvernement hollandais, dès qu'ils se trouvent sur le territoire d'un autre. Enfin, dans les cas de complicité, ces mêmes tribunaux évoquent l'affaire.

Il ne leur est donc laissé que la juridiction sur leurs propres sujets, quand il n'y a pas d'étrangers à leurs Etats d'impliqués dans l'affaire, et tant que ces sujets se trouvent sur leur territoire; — encore, relèvent-ils des tribunaux hollandais pour les contraventions ayant trait aux fermes, (exploitées par le gouvernement hollandais.)

On est même allé plus loin, car le pouvoir de ces princes (à Java) est assez illusoire: le seul qui leur soit resté est de faire encore beaucoup de mal à leurs sujets.

A Jogjokarta, d'après le dernier traité, toutes les affaires pénales sont soustraites aux tribunaux du Sulthan.

Les affaires criminelles [1] des indigènes sont jugées par un tribunal présidé par le Résident européen et composé de grands indigènes.

Le Résident juge les contraventions, après avoir entendu l'avis du Gouverneur d'Empire [2].

---

[1] Le criminel consiste, aux I. H., en ce qui peut être puni (art. 1 et 2 C. P. E. et C. P. I.) de plus de 3 mois de prison pour les Européens, de travaux forcés pour les indigènes, avec ou sans amende, sauf les condamnations pour contraventions aux lois sur les fermes, qui, quoique pouvant s'élever à 5 ans, sont toujours classées parmi les contraventions. Nous ne nous sommes donc point servis dans ce travail, de l'expression de délit, qui pourrait donner lieu à des malentendus.

[2] Voyez sur ce personnage, notre commentaire sur l'art. 84 R. G.

A Madoura, les panembahan de Bangkallan et de Soumenep, d'après les conditions d'investiture des titulaires actuels (années 1854 et 1863), n'ont plus aucune juridiction pénale; au civil, ils jugent souverainement jusqu'à 20 florins [1]; passé cette limite, il leur faut l'assentiment du fonctionnaire hollandais, un Assistent Résident.

On peut donc dire, que l'autonomie de tous ces princes, au lieu d'être la règle, est devenue l'exception.

La même tendance existe hors de Java et de Madoura [2] et elle a été réalisée dernièrement pour la Côte Ouest de Sumatra.

Cependant, dans les possessions du dehors l'autonomie judiciaire est d'ordinaire plus sérieuse qu'à Java et à Madoura.

Quoi qu'il en soit, jusqu'en 1854 on s'était contenté d'inscrire en tête du chapitre de la justice la maxime, »toute justice émane «du Roi», cédant en cela à la manie du siècle, d'énoncer des principes, de faire des phrases dans les constitutions.

Mais la première fois que les Etats-Généraux durent concourir à fixer le R. G. des possessions dans l'archipel Malais, la fausseté de cette maxime fut remarquée. On voulut donc faire une restriction, afin de ne dire que la vérité.

Avouons-le, c'était assez inutile, puisque à l'article 27:

«Le G. G. a soin de l'exécution des A. L. G. et donne les or- «dres, à ce nécessaires», on ajoutait, précisément en 1854, cet «alinéa important: les A. L. G. ne sont applicables à ces parties «de l'I. H., où l'autonomie est laissée aux princes et peuples «indigènes, qu'en tant que compatible avec ce droit.»

Loin de comprendre que ce second alinéa de l'article 27, dominant tout le Règlement, le subordonnait comme loi spéciale hollandaise aux traités, restreignant ainsi suffisamment la maxime fondamentale énoncée à l'article 74, on voulut établir une concordance entre ces deux principes.

---

[1] Le florin vaut 2 francs 11 $^{64}/_{100}$ centimes.

[2] On s'est habitué à considérer l'île de Madoura comme faisant un tout avec Java. A notre point de vue, cependant, la différence est assez sensible, comme nous aurons l'occasion de le démontrer dans le cours de cet ouvrage.

On s'y prit maladroitement.

Dans tous les traités avec les princes indigènes, même ceux dont la dépendance est la moins lourde, dont l'autonomie est la plus complète, le gouvernement hollandais a depuis longtemps stipulé ceci: quiconque n'est pas absolument indigène, qu'il soit Européen, Arabe ou Chinois, sera soumis à l'autorité, aux tribunaux hollandais.

Aucun prince indigène n'a juridiction sur d'autres que les indigènes, et encore . . . .

Puisqu'on désirait faire concorder l'article 74 avec la réalité (ce qui était, du reste, assez inutile, comme nous l'avons fait remarquer) on n'avait qu'à excepter des justiciables de la justice du Roi la population indigène dans les pays autonomes.

La justice royale pouvait rester la règle.

Au lieu de celà, on a trouvé moyen de tourner la phrase de manière que 1°. elle enseigne une distinction géographique (faute qu'on retrouve à l'art. 92), au lieu de distinguer les personnes ou les races; 2°. elle fait dépendre l'exercice de la justice de par le Roi, de la position des *indigènes*.

On aurait dû s'exprimer ainsi, ou à peu près:

«Toute justice émane du Roi; exception faite des populations «indigènes ayant conservé leur autonomie judiciaire, et pour autant qu'elles l'ont conservée.»

Telle était l'intention.

Malheureusement, l'article 74 dit tout autre chose.

Il emploie un adverbe de lieu: « partout. »

Donc, au dire de notre texte, la justice royale n'existe que dans les territoires où il n'y a point d'autonomie judiciaire indigène.

Rien de plus faux. La plupart du temps, le territoire n'a rien à voir dans l'affaire. Il faut commencer par s'enquérir, pour établir la compétence, si l'on a affaire à un indigène ou non; ce n'est que dans le premier cas que la question du territoire a quelque importance. Elle n'est jamais que secondaire.

L'art. 74 montre assez, combien il est difficile de légiférer à 4000 lieues de distance.

Notre interprétation [1], nous devons l'avouer, a été peu goûtée

[1] Insérée dans la Revue Coloniale de 1871, elle n'a point été réfutée.

des tribunaux. Deux ou trois fois, nous avons été à même de la leur soumettre. Voici comment:

Nous fondant sur le texte de l'article, d'une interprétation stricte par cela seul déjà, qu'il est attributif de pouvoir, de juridiction, nous avons conclu à l'incompétence du tribunal européen (Conseil de Justice) de Samarang, dans deux espèces.

Dans l'une, un Européen résidant dans les terres du Sousouhounan de Sourakarta, excipait, de ce que le Conseil, administrant la justice au nom du Roi, n'avait point pouvoir, du moment que lui, défendeur, demeurait dans une contrée où «la population indigène était laissée en jouissance de son autonomie judiciaire.» Là, point de justice royale.

L'exception fut rejetée [1] attendu A. que l'art. 74 n'aurait en vue que la population indigène, qui est le sujet de la phrase; [Interprétation dont la fausseté ressort: 1o. de ce qu'un adverbe de lieu, et non p. e. un pronom démonstratif, commence la phrase; 2o. de l'histoire du texte, prouvant que l'article (ce qui était parfaitement exact avant 1854) parle de la Justice en général (comme de raison dans un premier article, un précepte fondamental, servant de base à tout ce qui va être dit sur l'administration de la justice); 3o. de ce que l'art. suivant parle des Européens, ce qui prouve que dans l'art. 74 il s'agit encore de la justice en général;] B. les traités conclus en 1833 et 1847 avec les tuteurs du Sulthan et avec le Sousouhounan; (traités antérieurs au R. G. actuel); C. que jamais un autre juge n'a été mis à la place du C. d. J. de Samarang, depuis que l'art. 118 al. 2 R. O. J. lui donne pouvoir dans les terres princières. (Le R. O. J. est antérieur au R. G. que nous commentons; il découle d'un R. G. qui ne distinguait pas entre les pays de justice autonome et ceux où elle s'administre au nom du Roi.)

Dans la seconde espèce, en matière criminelle, l'exception fut rejetée [2], parce qu'il s'agissait d'un crime (fabrication de faux billets de banque) punissable d'après l'art. 32 des D. G. de

---

[1] C. d. J. Samarang 20 septembre 1876, affaire DEKENS.-BEYAERT.

[2] Même C. d. J. 12 août 1875, affaire ABELS c. s.

1847 [1], même commis hors du territoire des I. H.

C'était porter le litige sur un autre terrain. Personne ne prétendait, comme on affectait de le croire, que les terres du Sousouhounan de Sourakarta ne fissent point partie du territoire des I. H. [2]

Dans une troisième espèce, on arguait de ce que par le traité de 1847 (B. d. L. no. 30) le gouvernement hollandais s'était *réservé* (expression peu exacte; c'était le prince indigène qui se réservait quelque chose, en cédant au dernier venu, au conquérant européen, tel ou tel droit) la juridiction sur tous les non-indigènes dans le territoire du Sousouhounan.

Cette argumentation porte encore à faux. De ce qu'en droit international on stipule une faculté quelconque, s'ensuit-il qu'en droit public on ait fait usage de cette faculté? L'histoire de notre juridiction consulaire p. e. est là pour prouver le contraire.

Du reste, si même on pouvait dire qu'un traité fait partie du droit public interne d'une puissance, si le traité de 1847 pouvait découler de la maxime se trouvant dans le R. G. alors en vigueur, celui de 1836 [3], il ne pourrait en être ainsi, depuis que celui de 1854 a posé une restriction, plus importante que le législateur lui-même ne le croyait.

Dans une autre partie des Indes, la même question s'est présentée, mais un peu compliquée.

Depuis la conquête de Palembang en 1821 et par ordonnance

---

[1] Du titre préliminaire du C. C. français on a fait en Hollande une „loi contenant des dispositions générales pour la législation du Royaume", de 14 articles. Aux Indes, on a porté à 37 le nombre de ces articles, en y intercalant des principes d'organisation judiciaire, de droit politique et pénal et de procédure. Nous avions pensé un moment prendre ces 37 articles, dont quelques uns sont très caractéristiques, pour base du présent travail. Nous avons abandonné cette idée, parce que plusieurs de ces articles ont été transplantés dans le R. G. actuel, que celui-ci en a aboli tacitement plusieurs autres; enfin, parce que nous préférions la base la plus large.

[2] Le R. G. ne dit nulle part, quels pays constituent les I. H. On a trouvé un énoncé pareil trop difficile. Du reste, le domaine du Sousouhounan étant sous la suzeraineté du Roi des Pays Bas, le doute n'est pas possible.

[3] Qui s'en tient à l'ancienne maxime, que *toute justice émane du Roi*; sans formuler d'exception.

de 1825, il y a été créé (par un personnage incompétent du reste, à ce qu'il nous semble), un banc de justice, jugeant au criminel et au civil, le tout au nom du Roi. Ce tribunal, assez important, ne fut érigé que pour la capitale. Depuis, la domination hollandaise s'est étendue, mais personne n'avait songé à étendre aussi la juridiction royale [1].

Plus tard, le gouvernement hollandais conclut avec le Sulthan de Djambi, dont les Etats sont censés depuis faire partie de la province de Palembang, un traité, par lequel, comme d'ordinaire, il stipula la juridiction sur les étrangers, c'est-à-dire, ses propres soldats et les forçats qu'il y envoie.

Depuis, le capitaine commandant du fort de Djambi, agent politique près du Sulthan, s'arrogea la compétence de juge de police (c'est-à-dire qu'il allait jusqu'à 3 mois de travaux forcés) sur les forçats, seuls sujets hollandais, avec une poignée de soldats [2], sur cette terre d'ennui. Personne n'y prit garde, comme de coutume.

Mais il advint qu'un forçat, sujet hollandais, assassina sa femme et son amant. Le commandant, brave militaire, peu fort en droit, envoya la cause à Palembang, la capitale. Le banc de Justice, présidé par un de ces fonctionnaires administratifs d'autrefois, qui considéraient leur devoir de juges comme découlant de leurs fonctions de police, condamna l'assassin à mort, mais le procureur-général prés la H. C., raisonnant dans notre sens, conclut à ce que le Banc de Justice fût déclaré incompétent, et l'accusé relâché. La H. C. ne goûta point ce réquisitoire; la majorité confirma la condamnation, mais (par un biais assez étrange quoique commun), on appuya chaudement le recours en grâce.

Depuis on a (ordonnance de 1872, B. d. L. 105) formellement octroyé à l'agent politique [3] à Djambi la juridiction de police sur les indigènes et ceux qui leur sont assimilés, non sujets du Sulthan

[1] Le Rapport Colonial de 1854, édition Kemink, page 37 dit: „L'instalation de la justice pour l'intérieur n'a pas encore eu lieu. On a donc été obligé de porter plusieurs crimes qui ne pouvaient être „*terminés*" par des amendes, devant le tribunal de la capitale, ou de soumettre les personnes qui les avaient commis, au gouvernement, afin de les „*évacuer*" politiquement."

[2] Ressortissant du Conseil de guerre qui, comme nous le verrons plus tard, procède d'une loi hollandaise, et non du R. G. des Indes.

[3] Qui est maintenant un fonctionnaire civil.

Enfin, le traité du 28 mars 1876 stipule, que les non indigènes seront justiciables des juges Indo-Hollandais, et seront livrés, lorsque le Résident de Palembang le demande.

Le lecteur a dû s'apercevoir de ceci: dès le premier mot, il y a bifurcation dans l'administration de la justice aux I. H. D'un côté, la justice royale; de l'autre, l'autonomie indigène.

Comme nous l'avons démontré, il ne devrait point être question de cette seconde branche dans le Règlement, auquel l'art. 27 al. 2 rend cette matière parfaitement étrangère.

Qu'il en soit question, cela tient aux promesses, faites en 1833 par les Commissaires RIESZ et VAN SEVENHOVEN, au nom du Commissaire Général VAN DEN BOSCH, aux populations de la Côte Occidentale de Sumatra.

En voici la traduction:

2°. «Le Résident ni aucun fonctionnaire du gouvernement «sur cette côte ne pourra s'immiscer dans l'administration inté«rieure du pays, ni dans l'autorité de vos chefs principaux et de «vos panghoulou [1]; le choix de vos chefs aura lieu par vous«mêmes, d'après vos lois et coutumes; et toutes affaires concer«nant créances, contraventions, mariages, divorces, le droit de «succession et autres seront jugés par vos propres chefs, d'après «vos lois et coutumes."

«Aussi personne ne pourra-t-il s'immiscer dans votre justice et «vos affaires criminelles; celles-ci seront traitées par vos propres «chefs, d'après vos lois et coutumes; sont seuls exceptés les «crimes commis contre le gouvernement, comme rébellion, ré«volte, assassinat ou mauvais traitements envers des fonctionnaires «ou des militaires du gouvernement, vol ou rapine de propriétés «du gouvernement. Ceux qui s'en rendent coupables, seront jugés «par un Conseil de Justice à Padang."

Le gouvernement hollandais est partout plus ou moins lié á

---

[1] Ce mot signifie *chef* dans cette contrée. Ailleurs, notamment à Java, il veut dire *prêtre*.

cet égard par des promesses semblables ou des traités explicites. Dans les négociations parlèmentaires [1] il a avoué que cet état de choses existait aussi dans le pays de Ternate et de Tidore, dans les royaumes confédérés de Célèbes, enfin dans les îles de Bouton, de Soumbawa, de Bali et de Lombok.

Et nous croyons qu'il ne les a pas tous nommés.

Heureusement, il s'est établi de longue date une ingérence réformatrice; surtout là où l'on n'on point affaire à des princes, mais seulement à des populations. Avec de l'adresse et beaucoup de ménagements, il a déjà été fait beaucoup.

Car, ne le dissimulons pas, il n'y a rien de plus détestable que cette autonomie judiciaire indigène.

Un peuple conquérant fait oeuvre immorale s'il n'assume le premier devoir d'un gouvernement, l'administration de la justice. Les peuples asservis n'ont plus les qualités requises pour être des juges intègres. Rester dans la légalité est impossible à un homme de cœur, et le fonctionnaire qui renvoie aux institutions autonomes indigènes tel ou tel accusé fait absolument la même chose que Pilate. Bien souvent on a suivi cet exemple néfaste; et même, parmi les personnes qui n'en ont point de notions *de visu* et qui cependant décident des lois à Batavia et en Hollande, il y en a qui osent prétendre que toute ingérence est fâcheuse.

Heureusement, nous l'avons déjà dit, le gouvernement hollandais a toujours pris les coudées assez franches à cet égard.

Il a commencé par s'arroger partout le droit de grâce [2]. C'est une hérésie: étant dévolu au G. G. par un article [52] du R. G., il ne peut être exercé qu'ayant égard au § 2 de l'art. 27, cité ci-dessus, qui limite l'application du Règlement tout entier. Les traités, du moins ceux conclus avec les princes indigènes de Java, sont muets à cet égard.

---

[1] K. II, 271.

[2] Le R. C. de 1853, édition Kemink, page 67, parle d'une grâce accordée à une femme condamnée à mort par un tribunal autonome pour empoisonnement dans le Grand Mandheling (Sumatra) en 1852.

Les rigueurs de l'autonomie indigène sont donc tempérées en premier lieu par des grâces. Les Gouverneurs des possessions du dehors sont invités à prêter leur concours pour faire disparaître ces peines qui sont une honte pour un gouvernement civilisé, et dont le lecteur rencontrera des échantillons dans le cours de ce travail.

Il est vrai que cette immixtion humanitaire a son côté fâcheux. Elle dissimule l'atrocité du système. Nous en traitons plus amplement à l'art. 81 R. G. [1].

D'une autre façon encore et assez singulière, les autorités et le gouvernement hollandais prouvent combien peu la bifurcation constatée par l'art. 74 leur semble respectable.

Lorsque la peine infligée par les tribunaux autonomes, sous la pression de l'administrateur hollandais, est celle des travaux forcés, le directeur de la justice [2] indique la province où la peine sera subie. C'est donc une mise à exécution du jugement, mesure en contradiction avec le principe d'autonomie. Voir à l'art. 75 R. G.

Une troisième infraction au principe, est la coutume de faire présider les tribunaux autonomes indigènes par les assistents-Résidents ou les «contrôleurs» gouvernant les arrondissements [3].

---

[1] C'est surtout par les documents attestant l'exercice du droit de grâce (jadis cependant plutôt que dans ces dernières années) que l'on parvient à se rendre compte de l'autonomie indigène. Tous les ans, à l'anniversaire de la naissance du Roi, le gouvernement p. e. accorde des grâces plus ou moins étendues à quelques centaines de malheureux, (excepté aux gens condamnés à des amendes. Ce sont la plupart du temps des fraudeurs de la ferme de l'opium, condamnés parfois à des dizaines de milliers de florins. Pour tout ce qui touche à la ferme de l'opium, le gouvernement hollandais est sans pitié; nous en verrons encore plus d'un exemple.) Cet arrêté monstre est imprimé, et il est assez facile de s'en procurer des exemplaires. On parvient ainsi à connaître des tribunaux dont personne n'aura jamais entendu parler.

[2] Autrefois, le G. G. désignait la province, mais on a décentralisé un peu.

[3] Dernièrement, dans le gouvernement de la côte occidentale de Sumatra, cet usage a été constitué en loi.

D'accord avec les chefs indigènes, l'autonomie indigène, déjà fort règlementée par les représentants du gouvernement hollandais, y a été changée en juridiction au nom du Roi.

Sous l'influence de la domination hollandaise, cet usage s'est établi partout. Dans la résidence de Palembang p. e. les rappat, composés d'une dizaine de chefs de district (marga) sont présidés par le fonctionnaire (contrôleur, aspirant-contrôleur, assistent-Résident) qui exerce le pouvoir européen.

La plupart du temps, sa volonté fait loi. Bien plus, quelques Résidents [1] se sont mis à approuver ces sentences ou bien à les renvoyer, le cas échéant, au tribunal *autonome*, en indiquant les changements désirés.

Ni la présidence du contrôleur, ni le visa du Résident, ne sont autorisés par une loi. C'est simplement un usage illégal, salutaire en bien des cas, nuisible en ceci, qu'il dissimule toujours un peu le véritable état des choses et retarde l'aveu que la position n'est plus tenable. Mais les gouvernements n'aiment pas y voir trop clair.

Par nature, ils sont portés à faire des replâtrages.

Par la grande diversité d'organisation, ce qui a été dit n'est que plus ou moins applicable aux diverses possessions au dehors de Java, à l'exception de la côte occidentale de Sumatra.

Depuis nombre d'années, il y a eu, quand on trouvait un personnage capable, un Commissaire pour la législation des possessions du dehors. Parmi les travaux complétés par cette institution, fondée dans le département de la justice, à son installation en 1870 (B. d. L. no. 42), on peut ranger ce qui a été fait pour ce gouvernement, le plus important hors de Java.

La nouvelle organisation a été promulgueé et mise en vigueur en 1875 par M. DER KINDEREN, qui a fait le plus fort de la besogne législative. Si jamais personne a su à quoi s'en tenir quant au

---

[1] Le R. C. de 1852, p. 43 raconte „un évènement qui eut lieu en 1842, porta le Gouverneur de la côte occidentale de Sumatra à décréter que dorénavant les jugements des tribunaux indigènes, avant d'être exécutés, devraient avoir son approbation." Les promesses des Commissaires étaient déjà vieilles de 9 ans. Si l'indigène était aussi doctrinaire que nous! Mais il a laissé faire. „On a toujours agi en conséquence", continue le R. C., „et le gouvernement approuve cette mesure, mais a cru nécessaire de la décréter officiellement, ce qui a eu lieu en 1852.".

Nous n'avons pu trouver ce décret dans le B. d. L.

véritable état des choses, c'est lui à coup sûr: Greffier, Conseiller, Procureur-Général, Président de la Haute Cour, Directeur de la Justice, Commissaire pour la législation des possessions du dehors, ce haut fonctionnaire, maintenant Conseiller des Indes, a eu les renseignements les plus complets à sa disposition.

Peut-être qu'il n'a vu les choses que d'un peu haut, partant en rose; qu'il s'est toujours cru à Java, et n'ayant pas *assez* de notions *de visu*, a-t-il dû s'en tenir souvent à la vérité officielle.

Quoi qu'il en soit, le G. G. l'a chargé de mettre en vigueur la nouvelle organisation. Plus tard, M. DER KINDEREN, dans une publication officielle [1], a exposé la marche suivie.

Disons d'abord que cette organisation nouvelle allait beaucoup plus loin qu'une simple réforme judiciaire. C'était une révolution sociale, qui a été suivie de l'abolition de l'esclavage pur (B. d. L. 1876 no. 35; voyez à l'art. 115 R. G.). L'emprisonnement pour dettes dans sa forme polynésienne (« pandelingschap »), assez douce, espèce d'esclavage domestique, avec obligation de travailler pour l'extinction de la dette, avait été abolie depuis 1859 (B. d. L. no. 43), mais l'autonomie indigène avait empêché alors l'application générale de ce décret.

Il ne peut entrer dans notre plan de retracer ici toutes les réformes qui ont eu lieu alors dans le gouvernement de la côte occidentale de Sumatra. Disons seulement que par la persuasion, peut-être par une pression douce sur les chefs, la justice au nom du Roi a été introduite d'un commun accord.

Les Règlements sont la plupart du temps des éditions corrigées de ceux en vigueur à Java; mais le droit de famille étant très différent, on a dû p. e. consacrer des exceptions assez curieuses au principe que les biens sont la garantie des créanciers.

---

[1] Algemeene verordeningen tot regeling van het Rechtswezen in het Gouvernement Sumatra's Westkust, toegelicht uit officiele bescheiden, door Mr. T. H. DER KINDEREN, Lid in den Raad van Nederlandsch-Indië. Uitgegeven ingevolge machtiging van Z. E. den Gouverneur-Generaal van Nederlandsch-Indië. Batavia 1875.

(A. L. G. réglant les institutions judiciaires dans le gouvernement de la côte occidentale de Sumatra; élucidés par des documents officiels, par M. DER KINDEREN, conseiller des Indes, avec l'autorisation de S. E. le G. G.)

Qu'il nous soit permis de puiser à la publication de M. DER KINDEREN quelques échantillons de la juridiction autonome des indigènes. Ces faits ont eu lieu à Sumatra avant 1875; mais, mutatis mutandis, le même état de choses existe partout où la justice n'est pas administrée au nom du Roi.

Ayant l'embarras du choix, nous ne prenons que les cas les plus saillants.

Commençons par la pureté des institutions malaises, avant toute intervention ou influence hollandaise.

Le prix du sang, pour chaque meurtre ou assassinat, a été fixé d'un commun accord, en 1842, à 960 florins de cuivre [1], dont les deux tiers aux parents de la victime, l'autre tiers aux juges

La famille payait, si le criminel n'était pas à même. A défaut, elle était réduite en esclavage; mais dans certains cas, elle pouvait abandonner celui qui occasionnait des dépenses trop fortes, à peu près comme des armateurs un navire qui coûte trop.

Chez les Battak, le coupable était condamné à mort et mangé solennellement.

Au civil, le droit des Malais de cette contrée se distinguait de tous les droits connus, en ceci, qu'il n'avait pas de moyens d'exécution.

L'adultère et la fornication étaient punis, la première fois par une amende, ensuite en frottant la femme coupable de miel, et en lui posant des fourmis méchantes; les parties sexuelles étaient frottées de poivre et d'autres substances irritantes.

La tribu est responsable; trouve-t-on un cadavre, un Européen est-il volé sur son territoire, elle a à payer, si le coupable n'est point découvert [2].

Tout en ayant l'air de n'y pas toucher, les fonctionnaires hol-

---

1 6 florins de cuivre étaient comptés pour 5 florins réels, d'argent; c'était donc 1700 francs à peu près; les Malais de ces contrées sont riches; l'aisance y est générale.

2 Sur les abus que ce système a entraîné de la part des fonctionnaires hollandais, on peut consulter une série d'articles sur les Institutions judiciaires de la côte occidentale de Sumatra, par un anonyme, articles paraissant maintenant (septembre-octobre 1878) dans le journal *La Locomotive*. C'est une étude on ne peut plus consciencieuse, dont nous aurions tiré un grand parti, si dans notre travail, l'île de Sumatra n'était pas reléguée au second plan.

landais ont beaucoup humanisé cette législation. On commença p. e. à trouver 3 mois de travaux forcés une peine suffisante pour la pécheresse.

Mais cette intervention humanitaire, abandonnée d'ailleurs! au caprice des juges, avait donné lieu à un gâchis judiciaire épouvantable dont il est impossible de donner une idée aux jurisconsultes d'Europe, sinon par des anecdotes; elles ont été communiquées au G. G. par M. le Conseiller des Indes DER KINDEREN [1]:

1o. Deux chefs de soukou se disputaient un territoire. Le rapat, tribunal indigène, présidé (illégalement) par l'asistent-Résident de Priaman, en connut. La partie perdante ne voulait point se soumettre. Par deux fois, le Gouverneur lui répondit qu'il ne pouvait se mêler de cette affaire, purement judiciaire. Enfin, la cause fut portée derechef devant le tribunal; le frondeur déclara n'être pas encore content, et quoiqu'il ne fût aucunement question de résistance avec voies de fait, on le condamna, le 26 août 1860, à 5 ans de travaux forcés.

Le Gouverneur refusa d'approuver le jugement; il se borna à destituer et à interner le coupable.

2o. Un tribunal dans le pays de Mandheling condamna, en 1860, un aliéné à mort. Le Gouverneur cassa le jugement, mais le tribunal refusa de le changer, disant avoir suivi la coutume de tous points. Le Gouverneur, pour ménager les idées indigénes, *commua* alors la peine de sa propre autorité (toujours illégalement) en quelques années de travaux forcés, avec l'intention, [2] du reste, de ne pas faire exécuter cette peine. Entre-temps, le malheureux mourut.

3o. Dans le Tanah-Datar, un Malais assassina sa mère. Le tribunal, présidé encore par l'assistent-Résident, le condamna, mais seulement à la moitié de l'amende, la victime n'ayant été qu'une femme.

4o En 1862 environ, le tribunal de Pajakombo siégeait lorsqu'un

---

[1] Second volume du travail cité, page 49. Du reste, elles montrent soigneusement l'excellence des administrateurs hollandais.

Fonctionnaire avant tout, l'auteur aime à relever ce que leurs actes ont eu de louable.

[2] C'est ainsi que l'affaire est expliquée dans le journal *la Locomotive*, numéro du 10 octobre 1878.

Malais en tua un autre, *coram judice*, et mit l'argent sur table. Le tribunal le lui rendit et le condamna à mort.

5o. Dans le Tanah-Datar, trois Malais ayant violé dans un lieu désert une jeune fille, et l'ayant tuée après, furent condamnés à payer chacun le tiers du prix du sang.

Finissons-en de ces horreurs. Espérons que sous l'influence de l'autorité hollandaise, l'autonomie judiciaire indigène cessera partout complètement; que le législateur comprendra enfin, que ce qui justifie l'asservissement de l'indigène, c'est que l'Européen remplit partout le premier devoir d'un peuple conquérant, et qu'à la fin la vérité soit d'accord avec la fière maxime: toute justice émane du Roi.

ARTICLE 75.

INTRODUCTION [1].

De tout temps, sous la domination hollandaise, les lois de Java et les personnes chargées de les appliquer ont laissé énormément à désirer [2]. Après qu'en 1642, 23 ans après la fondation de Batavia, furent promulgués les statuts de cette ville, qu'on a appliqués depuis, d'un accord tacite, à tout le territoire de la

[1] Pour l'introduction à cet article nous avons souvent eu recours à la thèse pour le doctorat, soutenue en 1853 à Utrecht par M. J. G. ROCHUSSEN, de causis cur in nonnullis capitibus praecipuis differat codex civilis Indo-Neerlandicus a codice civili nostro, et à celle, présentée en 1855 à Leyde dans ce même but par M. J. P. METMAN, de nonnullis locis in quibus differat methodus procedendi in foro civili ex codice Indo-Neerlandico a codice nostro.

[2] En 1636 les XVII avaient envoyé le docteur MAETSUYCKER comme pensionnaire aviseur du Couseil de Justice de Batavia. Là, on le trouvait capable et *conciliant (reckelik)*; mais pour empêcher qu'on n'envoyât d'autres jurisconsultes, le gouvernement des Indes écrivit: „vous faites beaucoup de cas de ce tribunal, que nous ne saurions priser si fort; les questions qui se présentent journellement ne sont pas si obscures, que des gens d'un jugement ordinaire ne puissent les comprendre, et nous doutons si des esprits supérieurs ne causent plus d'embarras qu'ils ne rendent de services. Des négociants expérimentés, intelligents et *vigilants*, voilà ceux dont la Compagnie pourra tirer le meilleur parti."

Noble Compagnie, au fur et à mesure qu'il s'étendait (quoique en droit strict ils n'eussent force de loi que dans le ressort de Batavia), après cette époque, dis-je, ce fut un véritable gâchis.

Ce ne fut qu'en 1761 qu'on compila les lois édictées depuis 1642, sous le nom de *nouveaux statuts*. Mais. quoique la promulgation de ce temps-là fût vraiment assez facile, elle fut omise. En droit, la seule législation de 1642 avait force de loi, ainsi que les lois faisant partie des nouveaux statuts, mais qui avaient déjà été promulguées dans l'origine. Comme de raison, on consultait toujours le droit dit impérial (romain), et celui de la mère patrie, un chaos lui-même, s'il en fut jamais.

Le grand DAENDELS mit la main à la codification. On rédigea un *Manuel*, qui ne fut pas même imprimé. Nous ignorons s'il en existe encore une copie manuscrite. Cependant il fut défendu aux tribunaux indigènes de prononcer l'amputation des mains et des pieds, originaire du droit musulman [1] et le Décret du 4 avril

---

La tendance qui a inspiré cette lettre existe même de nos jours, toutes proportions gardées. Un fonctionnaire qui sait faire monter la ferme de l'opium, ou produire beaucoup de café dans son district, sera toujours traité en enfant gâté; tandis qu'on est disposé à trouver que les jurisconsultes ont essentiellement le caractère grincheux. L'un fait gagner de l'argent, l'autre en coûte. Tout est là.

Ce fut ce même MAETSUYCKER (G. G. de 1653 à 1678) qui rédigea les Anciens Statuts.

Cependant les XVII ne paraissent pas avoir eu toujours égard au désir du gouvernement de Batavia. En 1765, nous trouvons que le président et 4 des 7 conseillers du même tribunal sont jurisconsultes, pour autant qu'on peut en juger d'après le degré universitaire (I. W. R. no. 559).

[1] Le coupable de vol a la main droite amputée, jusqu'au pouls La récidive ayant eu lieu après la perte de la main droite, entraîne l'amputation du pied gauche jusqu'au cou-de-pied. Au troisième vol, selon ABOU HANIFA, on commence à châtier, c-à-d. à battre le coupable; selon les autres Imans, on continue par la main gauche, ensuite par le pied droit. Ainsi le rapporte le grand jurisconsulte MAWERDI (de 971 à 1058 après J. C,) dont les opinions sont développées par feu le professeur KEYZER, dans son ouvrage: Het mohammedaansche strafrecht naar arabische, javaansche en maleische bronnen, 's Gravenhage 1857, (Droit pénal mahométan, d'après des sources arabes, javanaises et malaises) p. 11. Cette atroce pénalité n'est tempérée que par la difficulté de commettre un vol, auquel les jurisconsultes ont tracé des limites étroites: il faut qu'une personne majeure prenne une chose qui soit gardée à sa place spéciale, ayant une valeur variant d'un quart du meilleur dinar à 40 dinars (selon les différentes écoles de juris-

1809 no. 28 [1] ne permit en fait de peines *afflictives*, comme nous disons maintenant, *capitales et corporelles*, comme on disait alors, que: le feu, la mort par le kris [2], la marque, la flagellation, les travaux forcés, l'emprisonnement («confinement») et la condamnation aux travaux publics. Nous trouvons la liste encore assez terrible; il y avait cependant progrès.

Les Anglais, comme toujours dans la politique coloniale, ont brillé par l'énergie L'homme de génie qui était l'adversaire déclaré de l'infâme système de la «Noble» Compagnie (hollandaise), STAMFORD RAFFLES [3], abolit la torture, introduisit le jury — en quoi il avait tort, du reste — et pratiqua plusieurs améliorations [4].

Les Anglais partis en 1816, on retomba dans l'ornière. En 1819, il est vrai, les Commissaires-Généraux, chargés par le Roi de réorganiser l'autorité hollandaise, promulguèrent des règlements de procédure civile, criminelle, et indigène, organisèrent la H. C., mais ne s'occupèrent point du droit matériel, soit civil et commercial, soit pénal. Ensuite, au lieu de la procédure rationelle et moderne (qui venait d'être introduite en Hollande), ils aimèrent mieux s'en tenir à l'ancienne procédure hollandaise, soeur de celle que MONTESQUIEU ne pouvait comprendre.

---

prudence), et qu'il n'y ait point de doutes, ni au sujet de la chose, ni quant à la place où elle est gardée.

[1] Publié dans son: Staat der N. O. I. bezittingen, Bijlagen, 2de stuk, (Etat des possessions I. O. H., actes à l'appui, tome II.)

[2] Dans la petite souveraineté de Serawak (Bornéo), où règne la dynastie du baronnet BROOKE, la peine de mort est encore exécutée par le *kris* (poignard malais).

[3] Après avoir été forcé par son gouvernement de rendre Java aux Hollandais, il fonda Singapore, afin de faire tort par le commerce libre au vieux système économique hollandais, encore en vigueur maintenant en grande partie à Java. Les résultats ont été brillants. Ce grand homme enveloppait dans la même haine les Hollandais et leur systême abominable.

[4] „Proclamations, regulations, advertisements and orders, printed and published in the island of Java by the British Governement under its authority. (Imprimées et publieés dans l'île de Java par le gouvernement anglais et sous son autorité.)

Ces règlements étaient *provisoires.* Comme toutes les mauvaises mesures, ils se sont éternisés, ayant eu force de loi dans toute l'I. H. jusqu'en 1848.

Un homme d'état éminent, jurisconsulte distingué, [1] les a nommés « un échantillon curieux de la législation indienne du temps, lardé de mots latins et de termes vieillis, de façon à ce que le tout a l'air d'avoir été rédigé au XVIIème siècle." C'est bien l'étude la plus désagréable; elle est cependant nécessaire: ils sont encore en vigueur à Java pour plusieurs matières [2], et pour les provinces du dehors qui ne sont pas du ressort des C. d J. de Java et à Padang. Tout ce qu'on peut dire en leur faveur, c'est qu'ils prétendaient n'être que provisoires, et qu'ils valaient mieux que le dédale existant; circonstances atténuantes assez maigres.

Dans la mère patrie, on projetait une révision des codes français, révision qui a traîné jusqu'en 1838, et n'a encore eu lieu qu'en 1854 (fort partiellement) pour le plus mauvais, le C. P. On désirait aussi une législation pour les Indes, concordant avec celle qu'on projetait de faire pour la mère patrie.

Dès 1830, il fut envoyé un président de la H. C. qui devait en même temps être législateur, et dont la mission n'eut point de résultats. Enfin, en 1839, on nomma une commission (en Hollande), d'après la détestable habitude de nos compatriotes Il est vrai qu'elle avait à sa tête un homme spécial, ancien président de la H. C des Indes, M. SCHOLTEN D'OUD-HAARLEM.

Trois ans après, le Règlement d'Organisation judiciaire était terminé, travail important et difficile, le meilleur qu'on ait jamais fait dans la mère patrie pour l'I. H.

En 1846, on avait fini:

1o. les Dispositions générales de législation;

2o. le Code Civil;

3o. le Code de commerce, et

---

[1] M. HEEMSKERK, dans les „Nederlandsche jaarboeken voor rechtsgeleerdheid en wetgeving". (Annales hollandaises de jurisprudence et de législation) tome XI, p. 97.

[2] P. e. pour les impôts et fermes [on tenait au privilège d'exécution parée], et les prises et butins. — Art. 83 D. T.

4o. les Statuts sur les crimes commis à l'occasion de faillites, d'insolvabilités notoires [1] et de surséances de payements [2].

Ces trois derniers travaux sont copiés presque en entier des Codes existant en Hollande depuis 1838, contenant un retour assez considérable à l'ancien droit hollandais, ce qui pour la législation commerciale, du moins, était alors un progrès.

Celà fait, le président tomba malade, la Commission fut licenciée, et le gouvernement jugea qu'il valait mieux faire finir l'ouvrage à Batavia. On envoya à cet effet un homme à qui Java a les plus grandes obligations, et dont le nom restera en honneur, aussi longtemps que le pouvoir hollandais sera exercé dans l'archipel Polynésien, le Conseiller d'Etat, jonkheer [3] H L. WICHERS.

Nommé en même temps président de la H. C. des Indes, et arrivé à la fin de 1846, il eut bientôt achevé:

5o. un règlement de procédure civile pour la H. C. et les C. d. J. de Java et Madoura [4];

6o. un autre de procédure pénale auprès des même tribunaux [5];

7o. un «règlement sur l'exercice de la police et de la procédure civile et pénale parmi les indigènes et les personnes à eux assimilées de Java et Madoura" [6];

---

[1] Espèce de faillite de non-commerçants. Cette institution, essentiellement hollandaise, est réglée en Hollande par les art. 882 à 889 du Code de procédure civile; à Java par les art. 899 à 915 du R. P. E. Les indigènes ne jouissent pas du bénéfice de cette institution, au rebours des étrangers orientaux.

[2] L'art. 886 C. Co. définit ainsi cette institution, qu'on ne trouve pas dans le Code français: „Surséance de payements est accordée exclusivement à des commerçants „qui, soit par circonstances extraordinaires de guerre, soit par autres calamités „imprévues, sont devenus hors d'état de s'acquitter pour le moment envers leurs „créanciers, mais qui, d'après leur bilan, appuyé de documents valables, démontrent „que, au moyen de la surséance à accorder, ils pourront les payer intégralement."

Elle peut être accordée provisoirement et définitivement, pour douze mois au plus. On fait un usage assez fréquent de cette faculté.

[3] Titre des simples gentilshommes en Hollande.

[4] Que dans le cours de ce travail nous nommerons Règlement de Procédure civile européenne: R. P. C. E.

[5] Idem, Règlement de Procédure pénale européenne; R. P. P. E.

[6] Idem, Règlement de Procédure indigène, R. P. I.

8o. des dispositions spéciales pour assurer le fonctionnement régulier de la législation nouvelle dans les possessions hors de Java et de Madoura;

9o. idem sur l'introduction de et la transition à la législation nouvelle [1];

10o. idem sur quelques sujets de législation pénale, exigeant une régulation immédiate [2];

11o. sur le costume [3], etc.

Voilà donc cette législation, introduite en 1848, et qui est la base de la société actuelle à Java

Quant à sa valeur, bornons-nous pour le moment à la forme. Il y a une bien grande différence entre les deux parties, l'une faite en Hollande, l'autre à Java même. Tandis que les codes civil et de commerce, fabriqués à La Haye, ont soigneusement conservé toutes les erreurs et jusqu'aux moindres fautes de rédaction [4] des

---

[1] Que dans le cours de ce travail nous nommerons Dispositions transitoires. D. T.

[2] Cet A. L. G. s'est fondu dans les codes pénaux en vigueur depuis 1867 et 1873. Il comprenait p. e. le système des peines, qui jusque-là, en 1848, avaient été simplement dictées par le bon plaisir, l'usus forensis, principalement de la H. C., comme de raison.

[3] C'est alors seulement qu'a été introduite pour les tribunaux européens la robe, ce vêtement excellent, qui permet de s'habiller dans un climat torride aussi sommairement qu'on le désire. Jusqu'en 1848, on siégeait, enveloppé de drap noir, ce qui, à Java, est une torture.

L'hermine que porte le Haut Conseil des Pays-Bas (les substituts du Greffier exceptés) a été remplacée, eu égard au climat, par du velours noir. La robe rouge n'a jamais été en usage en Hollande, que nous sachions.

Dans les tribunaux indigènes, le président jurisconsulte, s'il y en a un, peut siéger maintenant en robe, ce qui fait un effet assez pauvre, à côté de la splendeur (p. e. à Chéribon) des membres indigènes, d'autant plus que la robe ressemble trop à un vêtement ecclésiastique et à celui, autrefois en usage pour les esclaves des Européens, le *toro*. Ainsi l'a remarqué dernièrement l'auteur d'une brochure contenant beaucoup de bonnes choses dans un bien mauvais style: De magistratuur in Ned. Indië. Eene studie over 't geen de rechterlijke Macht in Ned. Indië *is* en wat zij *zijn moest*, door een rechterlijk ambtenaar. Samarang 1878. (La magistrature dans l'I H.; étude sur ce que l'ordre judiciaire *est* dans l'I. H. et ce qu'il *devrait être*, par un fonctionnaire judiciaire), page 59.

[4] La rédaction des codes hollandais est détestable.

codes hollandais, les travaux exécutés à Java, quoique bien loin de la perfection, sont mieux rédigés et ont tranché des difficultés et des questions que l'expérience depuis 1838 avait suscitées à propos de la législation hollandaise [1].

Comme il arrive d'ordinaire, on n'était pas bien content à Java des produits législatifs élaborés à La Haye. Aussi, on voulut réagir, notamment quant au mode de translation de la propriété immobilière et au régime hypothécaire. Mais, ce qui est assez caractéristique, on l'a fait en intercalant dans les D. T. plusiers articles, *prorogeant l'exécution* de nombreux paragraphes des codes civil et de commerce.

Tout le second chapitre des D. T. est conçu dans ce sens, et il compte 47 articles.

On le voit, c'est l'acte d'un législateur subalterne, le G. G., tâchant d'anéantir ce qu'a fait son supérieur, le Roi. Il prend un biais. Ainsi, dans les D. T., pour ne relever que ce qu'il y a de plus saillant :

l'art. 10	biffe les six dernier mots de	l'art. 130	R. O. J., al 1.
» 13	complète	» 169	» » »
» 15	contient un principe d'une portée immense.		
» 18	modifie	» 371	C. C.
» 24	déclare que provisoirement n'entreront pas en vigueur	les art. 616-620	» »
» 25	leur substitue 14 autres articles.		
» 40	dit simplement : « n'entreront point en vigueur"	» » 837 et 910	» »
» 48	altère profondément	» » 309 et 315	C. Co.
» 49	étend les dispositions à tous navires de 4 Koyang ou plus.	des » 843 et 844	» »

La génération au pouvoir alors, en 1838, n'avait appris que très imparfaitement sa langue maternelle ; dans des temps agités comme de 1795 à 1815, l'instruction n'est jamais bien soignée, et ce n'est que depuis une trentaine d'années tout au plus, que l'étude de la langue et de la littérature hollandaises a repris faveur. Avant ce temps-là, le latin et le français faisaient le gentleman.

Voir au sujet du procédé, étrangement, presque chinoisement fidèle, suivi en Hollande pour les codes indiens, M. C. J. VAN ASSEN, dans le recueil *Thémis*, années XI, p. 1 et XII, p. 104.

[1] Ainsi p. e.: la requête, portant les faits et articles sur lesquels la partie sera

Toutes ces dispositions [nous en passons] n'ont que fort peu le caractère transitoire.

Surtout, comme nous le disions, on ne voulut point, à Java, du régime hypothécaire. Celui qui y est en vigueur est bien mauvais cependant, et n'a que le mérite du bon marché, le fléau de l'enregistrement ne s'étant pas encore abattu sur l'I. H.

Cependant, le 1r mars 1848, tout le corps de législation fut introduit.

Depuis, il n'y a été fait que des changements assez minimes.

Voici ceux apportés dans le R. O. J. Ils concernent surtout le Ministère public:

Ses conclusions, en 1e instance et en appel, ont été supprimées. Sa présence n'est même plus nécessaire dans les audiences où l'on juge les affaires civiles et commerciales (B. d. L. 1864 no. 52).

Les délais d'ajournement pour les gens demeurant à l'étranger ont été abrégés (1872, B. d. L. no. 12).

Depuis 1874 [B. d. L. no. 150] les fonctions d'avoué du gouvernement sont dévolues à des avocats-avoués; on leur a donné le titre sonore de «Landsadvocaat» [avocat de l'Etat], illustré par OLDENBARNEVELD.

Le gouvernement perdait tous ses procès par l'impéritie et l'apathie des fonctionnaires du Ministère public. On lui en intentait beaucoup, plus qu'aux particuliers, parce que, en les perdant, on n'avait point à payer de frais d'avoué au gouvernement. C'était une *poena temere litigantium* de moins.

L'année suivante (B. d. L. no. 223), le M. P. a été déchargé encore du soin de faire rentrer les revenus de l'Etat, impôts, fermes, etc. On a oublié de le faire pour les caisses des veuves et orphelins des fonctionnaires et des officiers, dont le M. P. fait les affaires, d'après l'Ordonnance de 1854, B. d. L. no. 293, art. 74[1].

---

interrogée, est tenue secrète à Java. La question de savoir, si le délai de quinzaine pour débattre le compte des frais auxquels la partie est condamnée est fatal, a été résolue affirmativement. L'usage du ministère d'avoué par le Ministère public, étant partie principale (ministère qu'en Hollande, d'un accord tacite, on n'a jamais employé) a été aboli, etc. etc

[1] Par ordonnances de 1836 et 1838 (B. d. L. no. 47 et 28) les bureaux des ventes étaient autorisés (c'était facultatif) à se servir du M. P. pour encaisser par les voies

En 1854 (B d. L. no. 40), il a été déclaré compétent pour requérir la rectification des actes de l'état civil.

En 1866 (B. d. L. no. 103b), il a été décidé que les avoués ne peuvent refuser leur ministère *comme tels*. Comme avocats, ils sont libres, mais à Java la qualité d'avocat est illusoire.

1877, no. 250: Les procès du gouvernement devant les tribunaux indigènes seront poursuivis par les Djaksa. On ne sait trop pourquoi le gouvernement a adopté ce système pour les tribunaux indigènes, après l'avoir abandonné pour la justice européenne.

Passons aux changements apportés dans le R. P. E.

Les nombreuses amendes dont il exige la consignation ont été abolies (1872, B. d. L. no. 13.)

1875, B. d. L. 249: aggravation des dispositions sur la contrainte par corps pour les fermiers des revenus de l'Etat et leurs cautions, en ce que l'âge ne sera plus une cause d'élargissement pour eux.

Voyons maintenant les modifications apportées dans le R. P. P. E.

L'art. 52 R. G. a restreint le droit d'amnistie et d'abolition de

---

de droit ce qui leur était dû. Le C. d. J. de Batavia et la H. C. ont décidé [R. N. I. XII, 200 et XIII, 25) que depuis la législation de 1848, le M. P. n'était plus compétent, le R. O. J. ni le R. P. C. E. n'en parlant pas. Les dispositions de ces A. L. G., suivant ces juges, sont attributives.

Nous sommes d'un avis contraire.

Le jugement est de 1856, et le B. d. L. 1854, no. 93, art. 74, cité plus haut, prouvait que le législateur ne considérait pas les attributions du M. P., qui ne sont point des attributions de juridiction, de *potestas*, du reste — comme limitées au R. O. J. et au R. P. C. E.

Nous croyons au contraire.

1o. qu'il y avait un droit acquis. Art. 54 D. T.;

2o. que les bureaux des ventes sont, en partie du moins, l'une des sources des revenus publics, pour la rentrée desquels l'art. 83 D. T. continue l'ancienne législation [celui de Batavia p. e. se sert encore de l'ancienne procédure;]

3o. que l'art. 93 D. T. maintient les dispositions sur les bureaux des ventes, en tant qu'elles ne sont point *en opposition* avec celles de la législation nouvelle.

Que le M. P. occupe comme avoué pour les bureaux des ventes, n'est pas plus contraire à la législation de 1848, que de le voir occuper pour l'Etat.

l'art. 390 aux chefs et princes indigènes, et exige pour son exercice l'accord avec le C d. I.

1854 no. 39. Dispositions pour le cas où les pièces de la procédure dans des procès non encore terminés sont égarées.

S'il existe une copie authentique du jugement, elle tient lieu de l'original; sinon, le procès est à recommencer. (Les tribunaux indigènes envoient à la H. C., jugeant en révision, non une copie du jugement criminel. mais le jugement même, art. 317 R. P. I.)

1871 no. 40: Les jugements des C. d. J. de Java, portant acquittement, ne sont plus sujets à la révision de la H. C.

1872 no. 131: Changement d'une foule de dispositions ayant trait à cette institution, qui est la base de la justice pénale à Java, et dont nous traiterons amplement à l'art. 102.

1873 no. 142: Modification de l'art. 44 sur l'audition comme témoins de princes et de grands indigènes.

1874 no. 200: Les assistents Résidents pour la police (des trois grandes villes), ajoutés aux officiers auxiliaires de justice.

1876 no. 237: Introduction d'un système tendant à simplifier l'instruction des crimes, qualifiés *délits* en France et en Hollande, en laissant le choix à l'inculpé et au M. P. d'une instruction préparatoire ou non.

Terminons maintenant par les modifications apportées dans le R. P. I.

1867 no 128: Retrait des artt. 171 et 172 sur la preuve écrite; amplié encore en 1879, no. 165.

1870 no. 128: Modification de l'art. 186 (frais à payer par la partie perdante) par suite du remplacement des droits proportionnels sur les procès civils [1] par un droit de timbre.

No. 165: Idem de l'art. 28: Si le chef de village ne sait point écrire, il a soin de faire tenir ses registres par le prêtre ou l'écrivain.

1871 no. 40: Changements, par suite de ce que les jugements des tribunaux de circuit, portant acquittement, ne sont plus sujets à la révision de la H. C.

[1] Institution essentiellement indigène.

1872 no. 13: Idem de l'art. 198, par suite de l'abolition des amendes judiciaires.

No. 131: Idem de plusieurs dispositions, la révision de la H. C. étant devenue facultative. Nouveau changement: 1875 no. 245.

1873 no. 113: Restriction de la traduction des jugements en langue indigène [1].

No. 142: Modification de l'art. 149 sur la citation des princes et grands indigènes comme témoins.

1874 no. 251: Idem de l'art. 251 sur l'exécution des jugements de police, infligeant des amendes.

1876 no. 25: Idem des dispositions sur la détention préventive.

Quant aux changements apportés au C. C. et au C. de Co., nous en traiterons après les avoir analysés chacun en particulier.

Abordons maintenant l'histoire parlementaire de notre article. Pour se rendre compte des modifications qu'il a subies dans le cours des négociations, il est bon de mettre en regard le texte actuel et celui proposé d'abord, en 1851, par le gouvernement [2].

TEXTE PROPOSÉ D'ABORD	TEXTE ADOPTÉ, ACTUELLEMENT EN VIGEUR.
Quant aux Européens, l'administration de la justice en matière civile et commerciale se fonde sur des *codes et autres* A. L. G, *arrêtés ou approuvés par le Roi,* concordant autant que faire se peut avec ceux existant en Hollande.	Quant aux Européens, l'administration de la justice en matière civile et commerciale, *ainsi qu'en matière pénale,* est fondée sur des A. L. G. concordant autant que faire se peut avec les lois existant en Hollande.
Le G. G. est compétent pour	Le G. G., *d'accord avec*

[1] Voir à l'art. 91 R. G.

[2] K. I, 11. Nous soulignons, des deux côtés, les différences autres que de simple rédaction.

déclarer applicables à la population indigène ou bien à une partie de cette population, telles dispositions de ces codes qui en sont susceptibles.

le C. d. I., est compétent pour déclarer applicables à la population indigène ou bien à une partie de cette population, les dispositions de ces A. L., à ce susceptibles *et modifiées, s'il y a lieu.*

Sauf les cas dans lesquels pareille déclaration a eu lieu, et la faculté des indigènes de s'assujettir de plein gré au droit civil et commercial statué pour les Européens, le juge indigène applique les lois religieuses, institutions et coutumes des indigènes.

Sauf les cas dans lesquels pareille déclaration a eu lieu, ou dans lesquels des indigènes se sont assujettis de plein gré au droit civil et commercial statué pour les Européens, le juge indigène applique les lois religieuses, institutions et coutumes des indigènes, *en tant qu'elles ne sont point en opposition avec des principes d'équité et de justice généralement reconnus.*

Le juge européen juge aussi d'après ces lois, institutions et coutumes les affaires des chefs indigènes soumis à sa juridiction, et en connaissant en appel de jugements portés par le juge indigène en matière civile et commerciale.

Sous la même réserve, le juge européen juge aussi d'après ces lois, institutions et coutumes, les affaires des chefs indigènes soumis à sa juridiction, et en connaissant, en appel, de jugements portés par le juge indigène, en matière civile et commerciale.

Autant que faire se peut, elles sont prises en considération par le juge européen, lorsque des indigènes sont justiciables

Autant que faire se peut, ces lois, institutions et coutumes, sont prises en considération par le juge européen, jude lui *dans certains cas* comme défendeurs en matière civile ou commerciale, hors le cas d'assujettissement légal ou volontaire à la législation pour les Européens.

geant d'après la législation statuée pour les Européens, lorsque des indigènes sont justiciables de lui comme défendeurs en matière civile ou commerciale, hors le cas où la déclaration prévue au second alinéa de cet article a eu lieu, et hors celui d'assujettissement volontaire à la dite législation *dans les cas énoncés par les A. L.*

En jugeant les indigènes, dans les cas prévus par les alinéas 3 et 4 du présent article, le juge se guide d'après les principes généraux du droit civil et commercial pour les Européens, quand il s'agit de statuer sur des matières, non réglées par les lois religieuses, institutions et coutumes dont il est parlé ci-dessus.

En jugeant les indigènes, dans les cas prévus par les alinéas 3 et 4 du présent article, le juge se guide d'après les principes généraux du droit civil et commercial pour les Européens, quant il s'agit de statuer sur des matières, non réglées par les lois religieuses, institutions et coutumes dont il est parlé ci-dessus.

Le premier R. G. parlant des lois qui seront observées aux Indes, après ceux du XVIIe siècle [1], lesquels se bornent à dire que ce seront les mêmes qu'en Hollande, est celui de 1830. Ses articles 57 en 58 (suivis dans les art. 48 et 49 de celui de 1836), paraissent n'avoir pour but que de sauvegarder la prérogative royale contre des velléités innovatrices de la part du gouvernement aux Indes. Plutôt le dédale existant que de laisser son essor au gouvernement à Batavia !

---

[1] A commencer par celui de 1632, art. 1 (Mijer, p. 48).

57. «Les lois et instructions sur l'administration de la justice «dans l'I. H., une fois faites et établies par le Roi, ne «peuvent être changées ou modifiées que par suite d'une «autorisation royale, obtenue au préalable.»

58. «Les lois générales, civiles et pénales, dans l'I. H., sont «soumises à la sanction royale.

«Celles qui y existent maintenant, sont ratifiées pro-«visoirement et par intérim par le présent R. G., en tant «qu'elles ne contiennent rien qui y soit contraire.»

La même jalousie règne encore de nos jours.

Comme nous l'avons dit, le Roi avait édicté en 1847 des Dispositions générales pour la législation dans l'I. H. Les artt. 9 à 13 de cet arrêté sont la source de l'article du R. G. qui nous, occupe pour le moment.

En le proposant en 1851, on est parti de ce principe [1] qu'il ne fallait se départir des codes hollandais, qu'autant que nécessaire par la constitution originale des choses dans l'I. H., différente sous bien des rapports de celle dans la mère patrie

Sans aucun doute, disait le Ministre, il est de l'intérêt de tous que dans le royaume et dans ses possessions d'outre-mer le droit civil et commercial soit identique.

Donc, ce qui avait eu lieu depuis le XVIIe siècle par ignorance, on allait le continuer, par amour de la théorie. De ce qu'une législation était en vigueur en Hollande depuis treize ans, on concluait qu'il fallait l'imposer à l'Inde hollandaise, le tout pour la satisfaction [supposée] d'une poignée d'Européens.

Cet amour des théories est si grand, que le gouvernement s'excuse [2] de ne pas rendre toute la législation civile et commerciale applicable à la population indigène «Ce serait contraire à la politique, et impossible à exécuter.» Pour apaiser les doctrinaires, il se hâte d'ajouter, qu'il y a des sujets, pour lesquels la

---

[1] K. II, 16.

[2] K. II, 17.

population indigène, ou du moins ceux assimilés a celle-ci, doivent être forcés d'observer la législation européenne.

L'exemple qu'il en donne est curieux:

Il est de la plus grande importance pour la société Indo-Hollandaise, que les Chinois y soint soumis à la législation des Européens, quant aux affaires commerciales; sans cela, les Européens ne pourront sans crainte de pertes faire des affaires avec les Chinois, par suite de la mauvaise foi, qui souvent caractérise les agissements de ceux-ci [1].

On voit comme ces idées sont étroites. Ce sont celles de la classe privilégiée à Java, des fonctionnaires hollandais, et elles n'ont pas beaucoup changé depuis 1851. Au lieu de se dire que le commerce est le même partout, que la législation commerciale peut donc être à peu près la même qu'en Hollande, pays commerçant par excellence, on se borne à avouer avoir été

---

[1] En Hollande, on craint toujours beaucoup les Indo-Chinois. Cette crainte est presque un principe de gouvernement. Ils sont exclus de bien des industries où leur travail produirait énormément. Le gouvernement p. e. ne leur donne pas à bail des terrains incultes; un seul, le capitaine-chinois à Kediri, excepté, (arrêté royal de 1874, B. d. L. no. 213). L'exemple que donnent les colonies agricoles des anciens ouvriers mineurs de Bornéo, est là pour lui donner tort.

Même aujourd'hui il y a de ces gens qui ne doutent de rien, qui voudraient bannir les Chinois de Java.

Ceux qui les connaissent de près, en ont meilleure opinion.

Nous sommes pleinement de l'avis du jésuite TACHARD [Voyage de Siam, Amsterdam 1689, page 127:] „Comme les Chinois sont laborieux et adroits, ils „font tout valoir à Batavia, et sans leur secours, il serait difficile d'y vivre „commodément. Ils cultivent les terres, il n'y a guère d'autres artisans qu'eux. „En un mot, ils font presque tout."

Ce sont des citoyens tranquilles, sans ambition politique, sans fanatisme religieux, faciles à gouverner, qui payent beaucoup d'impôts (nombre de fermes, celles de jeux chinois et de la viande de porc p. e. ont été imaginées spécialement pour eux); et pour qui le gouvernement fait bien peu. Ils commettent moins de délits et de crimes que les indigènes et les métis. Leur vie de famille est généralement irréprochable. Et, quant à leur honnêteté, elle est au moins aussi grande que celle des Européens à Java. Il nous est arrivé rarement p. e d'être trompé par un Chinois quant à nos honoraires, même en cas de perte du procès.

Leur principal défaut est d'être des étrangers. Bien peu de gens, même parmi les fonctionnaires, les connaissent bien. Leur langue est connue de six ou sept Européens, tout au plus. Aucun jurisconsulte n'en sait un mot, malheureusement.

la dupe de certains Chinois. La faute en est à la législation!

Rien de moins vrai. Dès 1848, on pouvait exiger de tout Chinois faisant le commerce, une soumission volontaire à la législation civile et commerciale des Européens. Mais celle-ci limite p. e. la contrainte par corps, tandis que pour l'indigène elle a toujours lieu, pour toute espèce de dettes.

Dans tout ceci, le lecteur s'en aperçoit, il n'est point question des indigènes; cependant le G. G. pourra leur déclarer applicable ce qu'il voudra.

L'argument du Ministre, flattant les préjugés de la colonie européenne, ne porte que sur une autre colonie, celle des Chinois; donc, complètement à faux.

Dans la Chambre on trouvait [1], que les 3 derniers alinéas auraient été plutôt à leur place dans un R. d'O. J. Nous ne le croyons pas: il s'agit du droit matériel à appliquer.

Une autre remarque était que, les dispositions de notre article ayant été prises dans l'arrêté royal contenant des D. G., il n'aurait point dû être dévié de ce texte, à cause du décousu que cela y apporterait [2].

Dans quatre des cinq sections, la majorité voulait qu'aucun changement ne fût fait dorénavant dans les codes, en vigueur pour les Européens, que par le législateur de la mère patrie, dont l'ambition était alors de supplanter autant que possible l'autorité du Roi en matière coloniale. Quelques membres allèrent jusqu'à désirer que les codes existants, *ou plutôt ce qui différait*

---

[1] K. II, 127.

[2] Au fond, cette remarque est bonne; seulement elle porte, non sur le R. G. proposé, mais sur les D. G. existantes. Le R. G. adopté, on aurait dû soumettre les D. G. à une révision. Personne n'y a songé. Les art. 4, 5, 7, 9, 10, 11, 12, 13, 24, 25, 27, 35, 36, 37—d'autres peut-être encore — sont modifiés par le R. G. Quelques paragraphes (p. e. 28, 29, 30, 32, 33) des D. G. y ont été fourrés, dans le temps, parce qu'on ne savait où les mettre. On devrait leur donner maintenant un logement plus conforme à leur qualité.

dans ceux-ci de la législation hollandaise [1], fussent ratifiés par ce législateur.

A cette occasion, deux questions importantes furent posées au Ministre.

La première, si la soumission de plein gré à la législation pour les Européens était générale ou spéciale.

La seconde, sur la suppression dans l'al. 3 des mots: « en tant qu'elles ne sont point en opposition à des principes d'équité et de justice généralement reconnus", qui se trouvaient dans l'art. 11 D. G., source du texte proposé.

A la première il fut répondu [2] qu'à chaque procès, l'indigène pourrait faire cette déclaration de soumission Que, du reste, elle pouvait avoir lieu hors litige, et que, d'après l'art. 15 D. G., la soumission sans restriction devait précéder le mariage avec une personne Européenne. Cette dernière remarque seule est une réponse à la première question faite.

A la seconde, on ne répond pas. Le gouvernement se contente [3] de rétablir la phrase, qui concorde si peu avec le caractère essentiellement positif d'une loi, et que nous analyserons plus loin.

Enfin, à cette occasion les mots «*ainsi qu'en matière pénale*", ont été intercalés dans l'alinéa [1].

On s'est donné beaucoup de mal, à la Chambre, pour obtenir que le législateur de la mère patrie eût quelque pouvoir de faire des codes pour les Indes Ces efforts, heureusement, n'ont pas abouti. Personne ne croira maintenant que des résultats positifs eussent été obtenus de cette manière. Quant à la mère patrie, objet principal de leurs soins, les Chambres l'ont laissée jusqu'ici en possession de codes sur lesquels tout a été dit. D'autre part, toutes les petites améliorations apportées pendant ces dernières années dans les Codes hollandais ont été introduites dans ceux des Indes, peu de mois après, par simple arrêté royal; et l'habitant des I.

---

[1] Ces gens pratiques ne savaient peut-être pas que sur 1993 articles que contient le C. C. plus de la moitié diffèrent plus ou moins du code en vigueur en Hollande.

[2] K. II, 273.

[3] K. II. 274.

H. jouit maintenant, par arrêté royal, d'un Code pénal, qui tout mauvais qu'il est, vaut bien mieux que celui qui existe dans la mère patrie: véritable manteau d'Arlequin, la honte d'une nation de jurisconsultes, où les trois quarts des membres de la seconde Chambre ont malheureusement le degré de docteur en droit.

Que le ciel nous préserve longtemps, à Java, du trop bon vouloir des élus de la nation! Réjouissons-nous, la majorité a adopté l'expression d'A. L. G. qui laisse toute liberté d'action aux trois législateurs ayant charge de l'Inde hollandaise; et à l'heure qu'il est, personne ne pense à lui demander un code quelconque pour les Indes.

L'une des questions les plus sérieuses que fasse naître la lecture de notre article, a été seulement effleurée [1] dans les sections. Les gens qui s'y connaissent, disait-on, prétendent qu'il est impossible de traduire les codes hollandais en javanais, cette langue n'ayant point d'expressions propres à rendre les idées générales du droit. Peut-on donc penser jamais à rendre applicable cette législation aux Javanais?

L'expression de ce simple doute dénote un esprit supérieur. La lecture nous en a fait plaisir; c'était une agréable rencontre dans l'aridité des travaux législatifs dont nous rendons compte, pendant lesquels il s'est débité tant de phrases banales et où l'on a fait preuve de si peu de connaissances exactes.

Il est certain que les langues de l'archipel Polynésien n'ont pas de mots pour les idées abstraites [2]. Jamais un Javanais ne comprendra le Code civil. Leurs anciens codes sont des énumérations d'espèces, commençant invariablement par: «S'il arrive que» [3].

---

[1] K. II, 431, 524.

[2] Le mot de *liberté* p. e. ne peut se rendre que par celui de *mardika*, qui désigne l'homme ou le village dispensés de la corvée.

Il en est de même de notre religion.

L'agneau de Dieu a été traduit p. e., dans la Bible malaise, par: ***anak betina, kambing welanda touan Allah jang pounja***, littéralement: l'enfant féminin d'une chèvre hollandaise (mouton, le mot *welanda*, hollandais, servant à désigner les choses exotiques) dont le Seigneur Dieu est le propriétaire. Qu'on se figure un Carême prêché d'après ce système, ou une affaire plaidée en cassation dans ce langage!

[3] „*Sahoupami.*"

Notre législation ne peut être imposée au Javanais. Il ne saura jamais l'appliquer.

Nous croyons même devoir aller plus loin: le Javanais ne sera jamais jurisconsulte. Il peut devenir — sous le contrôle sévère d'un Européen, administrateur passable — bon notaire même, mais là s'arrêtent ses facultés.

Les gens qui croient l'indigène capable d'être juge, sont peut-être les mêmes qui voudraient, dans un pays si peuplé de gens travaillant de leurs mains, faire des colonies d'ouvriers européens.

D'ailleurs, selon notre conviction intime, les fonctions de juge doivent être remplies par la nation conquérante.

On obtint encore l'accord du C. d. I. dont parle l'alinéa 2.

Voilà, à peu près, ce que les négociations entre le gouvernement et la seconde Chambre ont eu de saillant.

Contre l'ordinaire (pour ce genre de sujets), le rapport de la 1e Chambre renferme une remarque importante [1].

Pourquoi, y demande-t-on, l'art. 75 al. 5 ne veut-il la prise en considération par le juge des lois, institutions et coutumes religieuses que lorsque l'indigène est défendeur?

Le gouvernement répondit « ne pouvoir admettre [2] que ces lois etc., fussent applicables à des Européens, attaqués par-devant un juge européen par un indigène."

Nous croyons qu'il y a eu un malentendu, et que la 1e Chambre renfermait un bon jurisconsulte.

Lorsque dans un pays où plusieurs races vivent côte à côte, ayant chacune leur droit différent, le juge doit prononcer sur un litige, entre des plaideurs de race différente, il ne peut s'en tenir toujours au droit en vigueur pour le défendeur.

Ainsi prenons cette espèce: une femme mariée, d'une race quelconque, non Européenne cependant, intente, sans y avoir été autorisée par son mari, une action à un Européen. Celui-ci se défend sur le fond, sans s'arrêter à la question de savoir si la

---

[1] K. II. 566.
[2] K. II, 571.

demanderesse peut ester en justice, sans qu'on puisse dire de lui qu' *excipiendo fit actor.*

Puisque c'est une question qui intéresse l'ordre public, de savoir si cette femme était *sui juris* ou non, le juge doit se la poser d'office.

Pour décider, il lui faudrait consulter le droit propre de la race non européenne à laquelle appartient la demanderesse, ce que notre art. 75 al. 5 nomme «leurs lois, institutions et coutumes religieuses.»

Mais l'alinéa 5 ne le lui permet pas.

Nous devrions passer maintenant à l'application que ces 5 alinéas ont reçue par la législation, et à l'interprétation qui en est faite par la jurisprudence.

Mais il nous semble utile, pour bien faire comprendre au lecteur ce que c'est que l'indigène, à notre point de vue, de lui donner préalablement une idée de ses Codes à lui.

Dans le R. N. I. tome I, 256, on trouve une espèce de codification des lois et coutumes observées en Bencoulen, dans le Sud de Sumatra, *l'hadat lambaga.* Elle a été faite par un magistrat anglais, H. K. Leurs (la Compagnie anglaise n'y était point encore souveraine, mais administrait en faveur du souverain indigène). Ce Code a été publié aussi en anglais sous le titre «A commentative digest of the laws of the natives of that «part of the coast of Sumatra, immediately dependent on the «settlement of Fort Marlborough, and practised in the court of «that Residency.»

La forme en est plutôt européenne, en ceci qu'on a généralisé; ce qui s'explique par la personne du compilateur. Ce qu'il y a de remarquable, c'est que le mariage n'est point du tout le mariage musulman, mais un contrat entre les futurs époux eux-mêmes. Du reste, il y a six ou sept manières de se marier, chacune donnant des droits différents.

Outre nombre de dispositions se rapportant toutes plus ou moins au commerce sexuel, on en trouve sur l'adoption, le droit d'héritage entre époux, la succession dans les dignités; des peines contre l'avortement, la pédérastie, le rapt avec violence, la grossesse hors mariage, l'adultère, l'assassinat, le meurtre, le vol (rien des peines du droit musulman), le parjure, l'empoisonnement, les coups et blessures, l'altération de l'or et de l'argent *ou de jugements,* les accidents produits par les coups de cornes d'un buffle, la commutation des amendes en peines afflictives, les dettes et les intérêts, la vente d'une personne libre, l'entreprise de travaux, l'esclavage, le commerce avec l'esclave féminine d'autrui, le droit des otages, la commandite, les gens incapables de témoigner en justice, les cautions et les nantissements.

Tout ce qui regarde le droit civil prend trois ou quatre lignes; le droit pénal, au contraire, est très développé.

Dans le même volume, p. 327, on trouve des traductions de trois Codes javanais, les *hanggèr pradhoto, sadhoso* et *hagèng.* Le premier date probablement du règne de PAKOU BOUWONO [1] II, mort en 1749, mais la rédaction actuelle paraît être plus moderne; elle porte la date peu certaine de 1818.

Voici les articles les plus intéressants à notre point de vue:

Hanggèr Pradhoto.

3. Les voyageurs sont obligés de descendre chez le chef de village ou le prêtre; ceux-ci manquant, ils peuvent passer la nuit chez le premier venu. S'ils sont volés et que les voleurs ne sont point arrêtés, leur hôte leur restituera les deux tiers. Si le voyageur est tué ou blessé, tous les villageois sont mis à l'amende de 50 ou de 25 écus; on leur rend cette amende s'ils découvrent le malfaiteur

Celui qui a été volé en voyageant de nuit, n'est admis à réclamer une indemnité que s'il peut indiquer le voleur.

6. Quelqu'un étant cité en justice, son chef est responsable de sa comparution, à peine de 20 à 100 écus d'amende, selon le grade du chef.

7. S'il est malade, son chef doit le porter ou le conduire devant le tribunal [2].

---

[1] „Clou du monde."

[2] La maladie est l'excuse générale des indigènes et des métis. L'article veut couper court à ce prétexte.

9 Le demandeur dépose la moitié, le défendeur la totalité de la valeur du litige.

Lorsque les biens du débiteur ont dejà été vendus, il doit travailler pour le reste de la dette, à raison de 20 centimes de France par jour, s'il est nourri, de 40, s'il ne l'est pas [1].

11 et 12. Amendes de 25 écus pour les personnes qui, un homme ayant été tué comme voleur, brigand ou séditieux, prétendent qu'il a été assassiné, et ne peuvent en produire des preuves.

15. Quelqu'un étant tué dans la capitale par des mains inconnues, on décrira (autour de l'endroit où le corps a été trouvé) un carré de 140 *tjingkal*, 538 mètres; les personnes demeurant dans ce carré payeront ensemble 125 écus.

Hors de la capitale, cette amende est infligée au village sur le territoire duquel le crime a eu lieu, et aux quatre villages environnants.

16. Les actions pour dettes ne sont point recevables à moins de reconnaissance écrite [2]. La possession du titre décide de la légitimité de l'action.

22. Deux personnes reconnaissant sous serment comme leur appartenant une chose volée, à preuves égales, celui dont la déclaration est antérieure gagne sa cause.

24. Les *kalang, pinggir* et *gadjah mati* [3] auront des chefs nommés par le Sousouhounan [4].

---

[1] Cf. art. 118 R. G

[2] Au rebours du droit musulman, qui admet toujours la preuve testimoniale.

[3] Classes maudites, dans lesquelles un savant Allemand, M. le docteur MEYER directeur du Musée royal de Dresde, croit avoir rencontré des *negritos* autochthones. Elles tendent à disparaître et sont peu connues. D'après la légende, les kalang proviennent des amours d'une princesse avec un chien, à la suite d'un voeu.

[4] Sousouhounan, être révéré, titre de l'Empereur indigène, indiquant la dignité de chef de la religion. Le nom complet est composé de mots d'origine sanscrite et arabe. Le voici :

Pakou	Bouwono	Senopati	Ingalogo	Ngabdour	Rachman
Clou	monde	commandeur	dans la guerre	Serviteur du	miséricordieux

Sajidin	Panotogomo	
Seigneur de la foi,	régulateur de la religion	IXe du nom.

28. Quelqu'un étant blessé ou tué en voulant donner des preuves d'invulnérabilité, ses proches ne pourront porter plainte, s'il y a eu des témoins [1].

30. Les invités à une noce, désirant y passer la nuit, doivent remettre leur byoux au maître de la maison; celui-ci payera alors les 2/3 de la valeur, en cas de vol.

L'invité a-t-il négligé cette précaution, on fera affirmer leur innocence, sous serment, à tous les voisins, *les fonctionnaires exceptés*.

32. Celui qui sort la nuit sans torche allumée, ne peut se plaindre d'avoir été attaqué. On ne pourra refuser à personne d'allumer sa torche, sous peine d'amende.

35. Le *Grand-Djaksa* (nous dirions, le Procureur général) tâchera de convertir au bien, *en leur faisant prêter un serment*, les personnes du sang ou parents des chefs supérieurs, connues pour être des canailles. En cas de refus, il pourra les faire arrêter, et leur chef payera une amende de 50 écus au plus, selon l'étendue de ses terres.

L'arrestation étant difficile à pratiquer, on en référera au Sousouhounan.

36. Deux hommes rivaux en amour, jouissant des faveurs de la même femme, se tuant ou se blessant, la justice ne s'en mêle pas.

41. A l'occasion, on peut faire danser des danseuses, pendant le jour, en ayant soin que l'ordre ne soit point troublé. Quelqu'un y étant blessé ou tué, l'hôte sera puni d'après son grade, de 50 ou de 25 écus d'amende.

Ce fantôme est Commandeur de l'ordre du Lion Néerlandais et Général de brigade, par-dessus le marché.

De même son confrère, qui ne porte que le titre de *Sulthan* de Jogjokarta, et qui se nomme:

Hamangkou	Bouwono	Senopati	Ingalogo	Ngabdour
Portant dans son giron	monde	commandeur	dans la guerre	Serviteur du
Rahman	Sajidin	Panoto-gomo		Kalifatoullah
miséricordieux	Seigneur de la foi	régulateur de la religion		vicaire de Dieu

VIIe du nom.

On donne à tous les deux de l'Altesse, sans plus.

[1] Jamais un Javanais ne s'est battu en duel; aussi la différence entre cet édit et ceux de LOUIS XIII est sensible.

Il s'agit ici d'une folie orgueilleuse et mystique, qui souvent fait de l'impression sur le public indigène.

On punira aussi l'auteur du crime; s'il ne peut payer, il sera passible de 300 coups de rotin; en cas de meurtre, de 500; dans les deux cas, il sera banni de la capitale.

Si l'on fait danser la nuit, sans motif légitime (?), l'amende est de 25 écus, mais les proches d'une personne tuée ou blessée dans ces occasions, ne pourront porter plainte.

Hanggèr sedhoso ou *sepoulouh:*

11. Un fonctionnaire qui se plaindra directemeut au Sousouhounan, sans avoir suivi la filière administrative, sera destitué sans qu'il soit pris d'autres informations.

14. Amendes de 20 et de 10 écus pour avoir gardé le silence sur un meurtre [1].

15. Il ne sera fait droit aux plaintes portées par un Européen ou un Chinois, que lorsqu'elles auront été remises au Gouverneur d'Empire [2] par le Résident [3].

23 et 25. Celui qui aura prêté sur des pierres précieuses, des matières précieuses ou des objets en acier [4], pourra les vendre après deux ans, si le propriétaire néglige de payer les intérêts. Pour des hardes, une année suffit [5].

---

[1] Même les fonctionnaires administratifs européens punissent souvent les chefs indigènes qui n'ont pu se procurer des preuves sur un meurtre ayant eu lieu dans leur district. On aime donc à se taire sur un sujet pareil, ou bien on accuse le premier mauvais sujet dont on désire se débarrasser, en organisant une suite de témoins, de manière à donner le change à l'homme le plus routiné dans l'administration de la justice aux indigènes.

[2] Voir au sujet de ce personnage qui, tout en étant souvent de naissance modeste, joue un grand rôle dans les Etats indigènes, ce que nous dirons à propos de l'art. 84 R. G.

Il est d'ordinaire Chevalier de l'ordre du Lion Néerlandais; mais, en costume de cour indigène, il ne peut en porter la décoration, étant nu jusqu'à la ceinture.

[3] L'analogie avec les usages des tribunaux consulaires hors de Chrétienté sera remarquée par le lecteur.

[4] Armes, l'un des principaux objets de luxe de l'indigène.

[5] Le texte ne dit pas, si le surplus doit être rendu à l'emprunteur. Le contraire est dans les moeurs indigènes, pour autant que nous les connaissons. Autrefois, le droit de prêter sur gages des sommes de moins de 100 florins, était affermé. Cette ferme est abolie; beaucoup de gens le regrettent. Les emprunts sur gages rongent la société indigène. Maintenant, le contrôle

41. Pour indiquer les limites des terrains, on se servira d'arbres vivants, de murs ou de pierres, mais non de cours d'eau.

47. Une affaire (civile) étant difficile à juger, on la portera à la connaissance du Gouverneur d'Empire, qui aura soin qu'elle soit terminée en deux mois. Ceci étant reconnu impossible, *l'affaire sera portée à la connaissance du Résident hollandais, qui décidera.*

50. Le mari est tenu de payer les dettes contractées par sa femme, même s'il n'en avait pas connaissance [1].

51. Celui qui, étant en fureur [2], tue quelqu'un, est puni de 300 écus d'amende; en cas d'insolvabilité, de 500 coups de rotin, avec bannissement hors de la capitale.

54. Celui du sceau de qui on a abusé, en supporte les conséquences tout de même, sauf la punition du coupable.

58. Les reconnaissances doivent être claires, et sans renvois ou ratures. Dans le cas contraire, l'action ne sera pas recevable et le demandeur condamné à 25 écus d'amende.

Hanggèr Hageng. [3].

3, al. 6. Un voleur ayant commis un assassinat, sera mis à mort, si les proches de la personne assassinée l'exigent. Sans cela, il subira les travaux forcés à perpétuité.

Les vols de bétail, sans meurtre, sont passibles de 4 années de la même peine.

---

administratif est assez sévère; les objets non retirés sont vendus publiquement, après annonce dans le journal officiel, et le surplus est rendu à l'emprunteur. Mais il paye toujours de 4 à 30 pour cent par mois.

[1] Il lui reste la trop facile ressource du divorce.

[2] Il s'agit probablement de l'*amok*, fureur dans laquelle on se met un peu volontairement. Celui qui *fait de l'amok*, c'est l'expression consacrée, peut être abattu, et les corps de garde ont des fourches à dents recourbées pour l'arrêter à distance.

[3] Ce Code est suivi encore; art. 12 de la Convention sur l'administration de la justice, entre le gouvernement et le Sousouhounan de Sourakarta; B. d. L. 1847 no. 30. Mais depuis peu, S. A. a promis de s'en tenir aux peines du C. P. I. Donc plus de coups de rotin, sinon aux forçats. L'art. 14 des Dispositions sur l'administration de la justice dans le territoire du Prince Mankou Negoro (B. d. L 1848 no. 9) parle des Codes javanais en général. Nous ne savons, à quoi tient cette différence, mais nous supposons qu'elle est simplement une erreur de rédaction.

Les petits larcins, commis le jour, de 100 à 200 coups de rotin.

4. Des personnes ayant été volées et assassinées, sans qu'on puisse découvrir le criminel, les villages environnants seront à l'amende, si la victime est indigène, de 125 écus; pour un Chinois [1] 250, et pour un Européen 500 écus; à ce dernier on devra encore restituer la valeur des objets volés.

5, al. 2. Quand un Européen est volé dans un voyage entrepris pour le service de l'Etat, on lui restituera le tout; s'il voyageait pour ses propres affaires [2], les deux tiers seulement.

9. Il ne sera point fait droit aux plaintes à cause de meurtre ou de blessures, si l'instructon prouve qu'une intrigue d'amour, le rapt d'une parente, ou l'aide apportée à une guerre de village, sans qu'on en eût le droit [3], y ont donné lieu.

16. Un sujet du Sousouhounan de Solo, déja marié, ne pourra prendre une seconde femme, sujette du Sulthan de Jogjokarta.

20. Peines contre le rapt de filles d'honneur [4] des deux cours. La plainte doit être portée dans les douze mois. Les peines sont des expositions, plus cruelles (p. e. au soleil, de 8 heures à midi, pendant 16 jours de suite) si le coupable est d'un rang inférieur.

21. Le recel d'objets volés est puni de 3 mois de travaux forcés ou de 100 coups de rotin [5].

Dernièrement, le gouvernement hollandais a prié le Sousouhounan de Solo de faire suivre à l'avenir le C. P. I.

S. A. a répondu qu'elle le ferait volontiers, mais que ses codes

---

[1] Sujet du gouvernement hollandais

[2] Jusqu'en 1870 (B. d. L. no. 81) il fallait un passeport spécial pour se rendre dans les *terres princières* Cette barrière a dû tomber, pour les européens du moins, devant le chemin de fer, qui relie Samarang à Solo et à Jogjokarta, résidences des deux Souverains indigènes.

[3] Nous avouons ne pas comprendre.

[4] *„Póronjahi."*

[5] On voit que l'indigène ne trouve pas la chose bien punissable.

Il est froidement cruel. Au point de vue européen, 100 coups de rotin sont un châtiment terrible.

En 1848, le maximum à infliger par les tribunaux du gouvernement fut fixé à 40 en matière criminelle, à 20 en affaires de police. Les sulthans des Moluques infligent, à ce qu'on nous dit, 100 coups comme minimum p. e. à l'esclave déserteur.

à lui devaient primer. Cependant, elle s'est décidée à faire suivre notre système pénitentiaire.

Dans le Sulthanat de Jogjokarta, la justice criminelle, on l'a vu à l'art. 74 R. G., est entre les mains du gouvernement hollandais.

Au siècle dernier, la situation politique de Chéribon éteit assez curieuse. Quatre Sulthans, nommés Sepouh (le vieux), Anom (le jeune), Chéribon et Panembahan (le révérend, le respectable) se partageaient le pouvoir et formaient une sorte de confédération sous la surintendance d'un Résident hollandais.

Le 18 avril 1768 [1], ces personnages se sont réunis et ont scellé le nouveau Code de Chéribon, rédigé par un ancien Résident, jurisconsulte par hasard, et approuvé par le gouvernement général de Batavia. C'est un espèce de Digeste de plusieurs anciens codes, nommés *Radja Nistaja* [2], *Oundang Oundang Mattaram* [3], *Djaja Lankara, Kontara Manawa* et *Adilloela* [4]. Enfin on a arrêté une loi de procédure.

Toutes les anciennes lois sont mises hors d'effet; ce qui prouve que le rédacteur était un homme pratique.

Ce que cette législation a de plus remarquable, c'est la procédure qu'elle crée, extrêmement compliquée, se complaisant dans des vétilles et pointilleuse à l'excès.

Le tribunal se compose de sept *djaksa*, titre qui maintenant sert à désigner le ministère public indigène, mais qui alors semble avoir désigné tout fonctionnaire judiciaire. Chaque Sulthan en envoie deux, sauf le Sulthan *Chéribon* qui n'en nomme qu'un.

Ces Djaksa sont tour à tour avoués des parties et juges.

Ils représentent les sujets de leurs Princes qui ont un procès; ceux qui sont étrangers aux parties, sont les juges.

---

[1] R. N. I. III, 71.

[2] Nous n'avons pu trouver la trace de ces codes.

[3] Lois de Mattaram, empire puissant autrefois, sur les ruines duquel se sont élevé les Etats indigènes actuels de Java.

[4] Mot formé de deux mots arabes: *hadil*, justice, et *Allah*, Dieu.

Y a-t-il procès entre des sujets du même Sulthan, l'affaire est décidée par lui seul; le tribunal ne s'en mêle pas.

Le prix d'un homme est de 33 écus, celui d'une femme de 22. Le serment des témoins se fait dans le temple, un Qoran sur la tête. Celui qui prête serment appelle sur lui, outre celle de Dieu, la malédicton du *Kandjeng Sinouhoun* du *Gounoung Djati* [1] et des princes ses successeurs, ainsi que des ancêtres du témoin. Si un procès ne peut être décidé par défaut ou obscurité des preuves, les plaideurs se présentent devant les quatre vizirs [2] et le Résident; ou devant le Sulthan et le Réident.

Ceux-ci décident alors (ces affaires sont surtout celles qui portent sur des terres et la population, y attachée) soit par le serment, soit par l'épreuve de la submersion. A la fin, on s'adresse à leurs Nobles Seigneuries, le gouvernement général de l'Inde hollandaise.

Passons au Code *(Papakkoum)* même, et relevons ce qui nous a le plus frappé.

1. Il a été convenu que les champs, jardins, etc., en litige, pourront être donnés à bail, tant que durera le procès. Le loyer est affecté ainsi: un quart aux vizirs des quatre Sulthans; un quart pour les sept djaksa (avoués-juges); la moitié est réservée pour celui qui obtiendra gain de cause.

2. Celui qui avoue à demi, se rend suspect pour le tout. P. e. vous avouez devoir 10 écus, de 100 qu'on vous demande; c'est comme si vous aviez consenti à la demande de 100 formée contre vous.

3. Il faut trois personnes déclarant avoir vu le crime pour rendre la chose indubitable.

4. Traduisons littéralement:

«Si plusieurs personnes (au moins trois) ont vu, soit en réalité, «soit en imagination, soit comme on voit un revenant, que quelqu'un

[1] C'est le cheikh IBN'OL-MOULANA, un des plus célèbres apôtres de l'Islam à Java, qui selon la tradition a fondé le Royaume de Chéribon vers 1488 (d'autres disent 1406 ou 1465). *Sinouhoun* signifie être révéré. *Gounoung-djati* est le lieu de la sépulture de ce saint.

[2] *Patih*, littéralement *second*.

« a employé contre elles ou contre d'autres des maléfices, p. e. « de porter des coups comme avec un bâton, un sabre ou une « épée [1] ou de donner à manger de la viande crue, il est tenu « alors pour sorcier, et on peut le tuer; étant accusé, et con- « fessant la chose, ou étant accusé ainsi par plusieurs personnes, « il est puni de mort, et tous ses biens sont jetés à la mer."

5. Un vêtement ou autre chose donné par un homme à la femme ou la fille d'un autre, prouve la fornication, soit commise, soit projetée.

Il y a une masse de ces présomptions formant preuve légale. Pour la fornication, il suffit p. e. d'avoir été voir une femme dans la salle de bain ou aux lieux d'aisance.

Dix buffles sont volés; on en suit les traces; on en trouve chez vous un seul, même déjà abattu, celà décide l'affaire: tant que la tête n'est pas encore écorchée, vous avez à payer pour les dix buffles.

On prétend quelquefois que le droit indigène ne connait pas la prescription. Le Code qui nous occupe et qui puise cette matière dans deux des anciens Codes parle d'une prescription acquisitive; 4 années de possession rendent propriétaire d'un terrain.

Par ci par là, il y a des lois un peu raides, mais sages au fond. On est sûr de perdre son procès, s'il est clair qu'on a endoctriné les témoins, *ou si l'on se réclame d'une femme.*

On le sait, l'indigène se fie peu aux femmes. Il va quelquefois un peu loin. Dans l'Est de Java, le rédacteur du R. N. I., feul M. Prins, rapporte avoir assisté à [2] l'acquittement d'un crimine. par lequel sept femmes avaient été volées sur le grand chemin Quatre femmes, suivant la coutume locale, deux fois plus sévère en cela que le droit musulman, équivalant à un homme, sept quarts de témoins ne complétaient pas le nombre de deux; partant la chose n'était point prouvée.

Mais le code de 1768, suivant en cela l'ancien *Papakkoum Jaja Lankara*, se prononce sur la plus jolie moitié de l'humanité d'une manière qui dépasse de beaucoup Gavarni:

---

[1] *„slaan, houwen of steken."*

[2] R. N. I III., 152.

«D'après la décision prise en Conseil, sur l'avis de Ki Demang
« Radja Gondala, des femmes ne sauraient être témoins: Si [dit-il]
« on trouve aujourd'hui ou demain :
« une rivière sans sinuosités ;
« un chemin sans coudes ;
« des racines d'arbres ;
« des plantes grimpantes, s'élevant tout droit ;
« on trouvera aussi des femmes qui disent la vérité."

Voici la liste des gens dont le témoignage est suspect. Elle en dit long sur le caractère et les idées indigènes:

1. les propriétaires d'établissements où l'on fait combattre des coqs, courir des chevaux etc.;

2. ceux qui vendent du *trassi* [élément de cuisine ayant une bien mauvaise odeur); de la chaux à bétel; du charbon de bois, des épices javanais, des *kris* (poignards);

3. les teinturiers en noir; les médecins; les acteurs et actrices, et leurs enfants; leurs *impresarj*; ceux qui forgent des *gong* (instruments de musique en cuivre jaune); les orfèvres et les chaudronniers;

4. ceux qui sont pauvres à ne pouvoir acheter un kris, couteau ou coutelas, de manière à garder les convenances.

On perd son procès, lorsque le prince, son vizir, ou le djaksa qui vous sert d'avoué vient à mourir: votre appui est cassé, et vous tombez par terre; rien de plus logique.

Quant aux différents degrés de culpabilité; le Code professe des théories de ce genre: le vol de blé (riz) sur pied, est puni d'une légère flagellation; la récolte étant coupée, on peut tuer le voleur (mais non lui trancher la tête), sauf à en donner avis et à donner le signal d'alarme [1], sous peine de 16 écus d'amende. Pris vivant, le voleur est puni d'une flagellation sévére.

---

[1] En frappant dans un morceau de bois creux servant d'ordinaire à piler le riz et qui est pendu dans chaque station de police, auprès de la maison de tout chef etc, un peu partout enfin. C'est une manière de tocsin. Il y a différents signaux, p. e. pour incendie, meurtre, *amok* etc. Ceux qui entendent le signal, sont obligés de le répéter. C'est aussi une manière de consécration officielle de ce qu'on fait. Tuez un homme, négligez de faire battre le „*titir*," vous avez les présomptions les plus fortes contre vous.

Les peines sont relativement fortes contre ceux qui se substituent à la justice; ainsi, celui qui tue une personne qu'il a déjà liée, en paye le prix, donc une amened de 22 écus pour une femme, de 33 pour un homme.

Ce code est le premier à Java qui parle d'une juridiction ecclésiastique.

Sous ce rapport, nous en traiterons à l'art. 78 R. G., al. 2.

Dans le même recueil [1], on trouve quelques lois observées par les Malais de la Côte occidentale de Bornéo.

Voici ce qu'elles contiennent de plus remarquable:

A peine de confiscation générale de leurs biens, les personnes qui ne sont pas de sang princier ne pourront porter des vêtements jaunes [2].

Il ne pourront se servir de la langue réservée aux princes [3].

Celui qui rend à un autre qu'au prince les honneurs de ce rang, est puni de mort.

Celui qui tue un esclave du prince, est obligé d'en rendre 49; sinon, il devient esclave lui-même.

Le vol sera puni selon les prescriptions du Qoran [4]: un seul vol en coupant la main; deux vols, les deux mains.

Un rebelle ayant commis un meurtre, étant arrêté et tué après, celui qui l'aura tué encourra une amende d'un taël [5] d'or et quart.

S'il était déjà blessé mortellement, celui qui l'aura tué ne payera que les frais de funérailles.

---

[1] R. N. I. II., p. 77.

[2] Nous n'avons jamais, à Java ni à Sumatra, entendu parler du jaune comme d'une couleur princière. On nous dit que tel est le cas à Bornéo. Eu égard à l'influence arabe, si forte parmi les Malais, nous nous serions plutôt attendus à voir le vert considéré comme tel. A Java, les gens du peuple même ont souvent des doublures jaunes à leurs habits; dans la province de Djapara, il y a un district dont les simples chefs de village ont des vestes jaunes.

[3] Probablement, il s'agit de mots *padouka*.

[4] Ceci est peu exact, voyez p. 47.

[5] 3 grammes, 86 centigrammes, d'après l'almanach officiel.

Tout meurtre dans le palais [1] ou dans la maison communale [2] est puni de mort.

Un homme libre maltraitant l'esclave d'autrui, encourt une amende de dix taëls d'or: s'il est pauvre, de cinq.

Les grands de l'empire, demeurant ailleurs que dans la capitale ont le droit de tuer celui qui n'exécute pas sur-le-champ leurs ordres

De même, les capitaines de navire, sauf à porter le fait à la connaissance du prince, après être rentrés au port. Si le prince juge que le capitaine était dans son tort, il lui infligera une amende de 21 taëls d'or; mais, s'il appert que le capitaine a tué le matelot pour s'emparer de sa femme, il sera mis à mort.

Celui qui tâche de séduire la femme d'autrui devra demander pardon au mari offensé, s'il n'aime mieux payer une amende de 10 taëls d'or.

Le mari tuant celui qui *tâche* de séduire sa femme est puni d'une amende de 5 taëls d'or.

La fornication avec l'esclave d'autrui, étant au service du fornicateur, est punie d'une amende de 1¼ taël d'or Si le maître ne veut point la reprendre, le coupable devra encore lui en rembourser la valeur.

Celui qui aura eu un commerce secret avec une jeune fille, sera puni, sur la plainte du père, de 2½ taël d'or d'amende, s'il n'aime mieux l'épouser.

Le coupable de viol d'une femme libre, devra l'épouser; en cas de refus, l'amende est de 3¾ taël d'or.

La séduction de l'esclave d'autrui est punie de 5 taëls d'amende, [3] à moins que le séducteur ne consente à l'épouser.

Celui qui accuse faussement quelqu'un d'adultère, sera puni de 10 taëls d'or d'amende [4].

---

[1] *dalem.*

[2] *balei.*

[3] Ces proportions paraissent bien singulières aux Européens.

[4] On connaît les peines musulmanes: Pour couper court aux bruits circulant sur le compte d'AÏSJA, le Prophète établit la peine de 80 coups, pour quiconque, homme ou femme, accuserait faussement quelqu'un de *Zina*, et que ce crime ne pourrait être prouvé que par 4 témoins mâles et majeurs; enfin, dans des formules très précises.

Cette pénalité nous semble difficile à mettre d'accord avec la disposition suivante.

Quelqu'un accusant d'adultère une femme mariée, et ne pouvant en donner des preuves, on fera plonger les deux; celui dont la main se montre d'abord sur l'eau, est puni de mort. On pourra aussi se servir de plomb fondu et d'huile bouillante; celui dont la main n'est point endommagée, est innocent.

Celui qui vole le sceau du prince, ou qui en son nom et sans son autorisation, donne des ordres ou exige des redevances, sera puni de mort, ou bien sa langue sera fendue en deux, *ou bien on lui écorchera la tête jusqu'aux yeux* [1].

Celui qui rapporte des bruits faux, comme de révolte p. e., au Gouverneur d'Empire, sera puni d'une amende de 2 taëls d'or.

Celui qui refuse d'obtempérer aux ordres d'un *mantri*, sera attaché à un arbre et exposé ainsi aux rayons du soleil pendant un jour entier.

Personne ne pourra aider à tuer un adultère.

Dans toute autre cause juste, un ami peut en aider un autre, même si de cet aide il devait résulter un meurtre.

Ceux qui aident à tuer ou à maltraiter quelqu'un, subiront le tiers de la peine principale du coupable.

Lorsqu'une personne en a engagé une autre afin de tuer [2], d'emprisonner ou de maltraiter quelqu'un, et que la personne engagée est tuée à cette occasion, celui qui l'aura engagée payera, outre le prix dû, une amende de 10 taëls d'or, si le contrat a été formé sans que le Prince en eût connaissance. S'il est prouvé avoir agi injustement, il peut être condamné à une seconde amende, de 10½ taël d'or, ou à mort.

Celui qui tue un buffle enclin à donner des cornes, ou à attaquer les gens sur la grande route, n'est point punissable.

Les naufragés ne peuvent être réduits en esclavage, mais ils sont obligés de payer à leurs sauveurs la moitié de leur valeur.

---

[1] Et il y a des gens qui voudraient que le pouvoir hollandais ne se mêlât pas de la justice autonome!

[2] Nous sommes loin du: „On ne peut déroger, par des conventions particulières, aux lois qui intéressent l'ordre public et les bonnes moeurs."

Ce précepte cependant est pris par bien des gens pour un principe „généralement reconnu."

En cas de pauvreté, ils devront emprunter, et se mettre en gage chez le bailleur de fonds.

Si des pêcheurs font naufrage en mer et sont sauvés par d'autres pêcheurs, il auront à leur payer 4 taëls d'or par tête.

Nous sommes encore à même de donner un aperçu de ce qui parmi les indigènes de Célèbes est considéré comme juste Mais la source, ici encore, n'est pas bien authentique; ou plutôt, les choses ont été vues à travers des lunettes européennes.

La Noble Compagnie s'était établie dès le XVIIème siècle, à Célèbes, île où a coulé bien du sang européen et où règne encore le système féodal, poussé à ses dernières conséquences. Elle avait des Résidents à Bonthain, à Maros et dans les îles de Bima et de Saleyer. De plus, les royaumes de Goa, de Boni [1] et de Macassar étaient ses alliés; comme toujours et partout, elle faisait de la politique de bascule.

Le Gouverneur et le Conseil «de police,» c'est-à-dire *politique*, de Macassar, faisaient à peu près ce qu'il leur semblait bon. Dans les Résolutions prises à Batavia par le G. G. et le C. d. I. le 23 mars 1759 [2], il est dit qu'on a trouvé plusieurs absurdités et plusieurs duretés, dans l'Instruction composée par l'autorité de Macassar pour les Résidents; instruction se composant d'une collection de lois, à observer en administrant la justice aux délinquents indigènes, sujets de la Noble Compagnie.

La Résolution de 1759 commence par défendre l'esclavage pour dettes de tout sujet de la Compagnie.

Ensuite, défense est faite aux Résidents d'appliquer les amendes à leur profit.

L'autorité de Macassar écrit en marge, que sans celà, les revenus des Résidents et des gouverneurs seraient trop minimes [3].

---

[1] Ces deux-ci existent encore. Le premier est allié, le second vassal du gouvernement hollandais; tous les deux, ils jouissent d'une indépendance beaucoup trop grande.

[2] R. N. I. VIII, 84.

[3] Nous le croyons volontiers; il était de système de payer trop peu les fonctionnaires, et ce système est encore dans les traditions du gouvernement, les traitements

Nous ne savons quel a été le résultat de ces annotations et protestations marginales. Elles semblent avoir eu lieu après coup et n'avoir rien changé à l'opinion du G. G. et du C. d. I. Au reste, elles n'étaient pas bien dignes de grande attention.

Le C. d. I., p. e., adoucit la loi en déclarant que ni la femme ni les enfants du voleur ne seront réduits en esclavage, et que lui-même ne sera puni de mort que lorsque le vol aura été commis avec violence.

A Macassar, on fit remarquer que le vol est un crime extrêmement fréquent; que la canaille [1] semble être née voleuse; d'après la loi, même celui qui a ura hébergé le voleur, est tenu de payer l'amende.

Le C. d. I. défend ensuite au juge, de prendre pour ses honoraires un homme comme esclave; il doit se contenter d'un demi-écu par personne.

Le fonctionnaire hollandais, administrant la justice, ou faisant un partage, se payait de sa peine en esclaves.

L'art. 59 le disait formellement: Si le procès ro ule sur 10 personnes, il pourra prendre la meilleure *pour les frais;* roule-t-il seulement sur 9, la seconde en qualité, sur 8, celle ayant le moins de valeur. Y en a-t-il moins, c'est deux écus par tête.

On n'en croit pas ses yeux, en lisant qu'en 1759, un peuple se targuant de religion, vendait la justice pour des esclaves.

L'autorité locale, comprenant bien que le C. d. I. ne tolérerait plus cette institution, prétend être liée par les traités avec les cours indigènes, mais propose cependant de faire payer, au lieu d'un homme, 10 ou 20 écus, au lieu d'une femme 30. Si nos autorités ne prennent pas ces émoluments, disent-ils, celles des royaumes alliés les prendront; ce qui ne pouvait avoir lieu, tout au plus, croyons-nous, que dans les affaires où des sujets de ces cours étaient impliqués.

---

ne montant pas à la moitié, voire au tiers, de ce qu'ils devraient être, et de ce qu'ils sont aux Indes anglaises. Le président de la Haute Cour à Batavia a fr. 50,000 par an, celui de Calcutta fr. 200,000.

Il est extrêmement rare maintenant, qu'un fonctionnaire hollandais amasse un pécule.

[1] Textuel.

Quant à l'opinion du Gouvernement Général à ce sujet, on peut la voir dans les instructions [1] données à W. DELFHOUT, allant occuper le poste de Résident à Bonthain, et qui seraient applicables aussi à ceux de Bima, de Maros et de Salyer. Nous traduisons mot à mot; les expressions sont souvent naïves:

Préambule: «Vu que quelques-uns de vos prédécesseurs ont su « s'arroger un pouvoir despotique sur l'indigène et se sont ouvert « ainsi non-seulement la voie de *plumer* impunément leurs « subordonnés, mais de les maltraiter encore d'une manière « inconvenante, éteignant ainsi toute affection pour la Noble Com- « pagnie» . . . .

8. «Vu que, sous le nom de lois indigènes, il s'est introduit « beaucoup de concussions et d'avanies, même au point qu'on n'a « pas eu honte, de mettre aux fers et de vendre comme esclaves les « gens incapables de satisfaire la soif d'argent inextinguible des Ré- « sidents; et que l'expérience prouve, que ces fonctionnaires con- « naissent le moyen de détourner de leur devoir [2] les chefs indigènes, « d'éluder les lois d'après leurs caprices et selon leurs intérêts, « comme on s'en est déjà aperçu pour plusieurs Résidents: on a « trouvé bon de faire rédiger un *compendium* de ces lois, telles « qu'elles ont été en usage dans les cours de Boni et de Goa depuis « des temps reculés et le sont encore.»

Voici ce que contient de plus intéressant ce *compendium*, qui porte la date de 1755, mais dont plusieurs dispositions semblent déjà avoir été retouchées par le C. d. I. dans le sens de la résolution de 1759:

2. Le serment se prête en posant trois fois la main sur le Qoran
3. L'amende d'un roitelet [3] ayant des sujets, quand il a fait mal,

est de	50 écus [4]	ou 5	taëls
d'un prince héritier	20 »	» 2½	»

---

[1] R. N. I. VIII, p. 92.

[2] Le mot „débaucheeren" dont se sert le texte n'avait pas alors la signification actuelle. Ainsi dans les C. P. militaires hollandais de 1813, il signifie „embaucher" (Art. 7).

[3] Textuel: „koninkje."

[4] Nous ne savons pourquoi la proportion entre les écus et les taëls est si peu gardée.

d'un prince « *sans emploi* » 12 écus ou $1\,{}^1/_2$ taël etc.
des petites gens: un homme 4 » » ½ »
une femme [1] 8 » » 1 »

13. Un homme libre ayant tué un esclave, ne payera que 20 écus pour un homme, 30 pour une femme. La chose se passe-t-elle entre deux sujets de la Compagnie, ce prix est doublé en guise d'amende.

14. L'homme libre, tuant un de ses égaux, et pris sur le fait, peut être tué par les amis de la victime; s'étant enfui chez un chef ou au tribunal, il paye 30 écus pour un homme, 40 pour une femme.

Ce tarif est doublé comme à l'article précédent.

15. Un prince étant tué par un homme du commun, celui-ci est mis à mort, et ne saurait en être quitte en payant.

16. Un roitelet ou un prince tuant un esclave payera 20 ou 30 écus, selon qu'il s'agit d'un homme ou d'une femme, et une amende d'égale importance Mais quoique pris sur le fait, on ne peut le tuer.

17. A-t-il tué un innocent, il payera une amende double, plus la moitié de la valeur de la personne tuée.

20. Toutes ces amendes peuvent être payées moitié en argent, moitié en biens; aussi avec de l'or, de l'argent, des chevaux et des buffles [2].

21. En cas de rixe, s'il y a un homme de tué d'un côté, deux de l'autre, l'affaire n'a pas de suites entre les parties, sauf que l'autorité les punit selon les circonstances. Mais si d'un côté il n'y a point de morts, ce côté-ci payera les morts de l'autre

---

[1] Ce Code est le seul exemple dans l'archipel Polynésien, parvenu à notre connaissance, où la femme soit taxée plus haut que l'homme. C'est un systême; voyez plus bas les art. 13, 14, 16, 37, 68, et même l'art. 81 nous a l'air de vouloir réagir contre ce qui existe ailleurs.

Nous ne saurions donner une raison de cette singularité. *Peut-être* que la féodalité est cause de cette tendance chevaleresque.

Nous n'avons jamais visité l'île de Célèbes.

[2] L'article 57 donne le taux suivant:

Un buffle blanc, propre à la charrue,	4 écus.
„ „ noir, „ „ „	6 „
„ cheval en âge d'être monté	4 „
„ bouc	½ „

22. Lorsqu'on raconte à un homme que sa femme a commis adultère, il ne lui est point permis de le croire tout de suite; mais s'il attrape la femme sur le fait, il peut la tuer; si elle a réussi à s'enfuir chez son chef, il ne peut plus la tuer, mais doit lui intenter un procès; elle sera alors punie d'après la valeur de sa personne et celle de son complice.

23. Ils sont condamnés à payer la moitié de leur valeur au mari outragé.

24. Mais si elle avait payé quelqu'un pour tuer ou pour empoisonner son mari, elle sera punie de mort.

26. Si un homme folâtre avec la femme d'un autre, qu'elle le prenne en mauvaise part et s'en plaigne, il sera puni d'une amende de 4 écus.

27. Un homme s'étant enfui avec une femme mariée, les enfants qu'il a d'elle, sont un bénéfice pour le mari trahi.

28. Des gens mariés voulant divorcer, se partagent leurs enfants: l'aîné à la mère, le second au père, et ainsi de suite. Les enfants héritent seulement de celui auquel ils ont été dévolus.

29. Les enfants étant en nombre impair, et l'un d'eux étant contrefait, celui-ci n'est point compris dans le partage. S'il vient à avoir des enfants, ceux-ci sont partagés.

61, 62. Celui qui a tiré quelqu'un de l'eau, ou qui l'a guéri de la lèpre ou de la folie, a droit à la moitié de la valeur de la personne sauvée.

64. Lorsqu'un homme s'éprend de la femme d'autrui et que celle-ci le paye de retour, quoiqu'il n'y ait point eu de commerce charnel, tous les deux sont mis à l'amende de la moitié de leur valeur respective, au profit du mari.

65. Si quelqu'un souille la maison de son hôte en y introduisant une femme pour un amour illégitime, l'amende est de $1\frac{1}{3}$ écu pour l'homme, du double pour la femme.

81. Le témoignage de deux femmes équivaut à celui d'un homme [1].

Le lecteur comprendra maintenant combien il est difficile à un

[1] Nous croyons devoir traduire ainsi le texte, disant: „Twee vrouwspersonen „kunnen volstaan tegen een manspersoon, om getuigenis der waarheid te geven."

Européen de présider, à l'européenne, comme *primus inter pares*, un tribunal indigène. S'il exerce un pouvoir administratif, les membres indigènes ne s'appliquent qu'à deviner ses intentions. Ce n'est que lorsqu'ils sont présidés par un fonctionnaire spécial, qu'ils se hasardent quelquefois à avoir une opinion. Seul, le prêtre donne par-ci par-là des raisons de son avis. Tous, après avoir voté p. e. pour vingt ans de travaux forcés, ne se montrent jamais offusqués quand on opine: Moi, il me semble que six mois suffisent. Le choeur reprend alors: touan pounja souka (le bon plaisir de monsieur).

Premier alinéa.

Les Européens restent Européens, voilà la tendance.

Le principe de l'al. 1 a déjà été énoncé en 1625 par le G. G. DE CARPENTIER, d'après l'ordre des XVII, déclarant avoir force de loi les ordonnances des Etats *de la province de Hollande* [1] du 1r avril 1580. Au criminel, il n'a été mis à exécution qu'en 1866, après dix-huit années supplémentaires de commissions ordinaires et extraordinaires, et après que la question de savoir si le Code ferait l'objet d'une loi, ou seulement d'un arrêté royal, avait été le prétexte d'une dissension, devant éclater tôt ou tard, entre les deux chefs du parti libéral, y représentant le doctrinarisme et la pratique de la vie aux Indes, feu M. THORBECKE et M. FRANSEN VAN DE PUTTE. L'opinion du dernier a prévalu: par arrêté royal un Code a été promulgué, copie édulcorée de celui de Napoléon de 1808 qui, modifié par-ci par-là, forme encore la base du droit pénal en Hollande. Jusqu'en 1866, l'Européen lui-même était soumis à l'ancien droit pénal hollandais, dont on s'était défait en Hollande en 1809.

C'était un droit partie coutumier, partie statutaire, mêlé de principes romains et interprété à la française; de fait, ce qui était

---

[1] A peu près, comme dans les ressorts consulaires allemands, le droit civil prussien, quelle que fût la „patrie étroite" du justiciable.

appliqué était un Code formé tacitement par la jurisprudence de la H. C. et adopté par les C. d. J. Cela se nommait: «Le droit pénal encore en vigueur dans ces contrées"; et le nom était certes significatif. Il indiquait combien ce droit était vague, et combien l'attente d'un Code lassait les magistrats. Dans la pratique, pour l'application des peines p. e. (dans les dernières années du moins) on était très doux, plus doux que dans la mère patrie.

Sous ce rapport, le Code de 1866 a été un pas en arrière.

Mais le juge faisait ce qu'il trouvait à propos, le propre du droit coutumier étant qu'on peut toujours trouver un texte de commentateur favorable à l'opinion qu'on désire faire prévaloir.

Notons les principales différences du Code de 1866 avec celui dont Napoléon dota la France en 1808.

A. La distinction des crimes, délits et contraventions est maintenue. Mais crime sera aux Indes (comme auparavant) tout ce qui est punissable de plus de 3 mois de prison avec ou sans amende. Ce système, en contradiction avec celui de la mère patrie, où le criminel commence aux travaux forcés (5 ans au minimum), a des effets assez malheureux. Des vétilles occasionnent des procédures criminelles de longue haleine [1]. Enfin, la prescription se prolonge outre mesure [2].

B. Aux délits [3] est assimilée toute infraction aux lois concernant les impôts et les fermes, quoique celles sur la ferme de l'opium entraînent la prison jusqu'à 3 ans (en cas de récidive même jusqu'à 5) et des amendes proportionnées, mais à minimum de 1000 et de 10000 florins, avec un mois de con-

---

[1] On a essayé dernièrement d'introduire une procédure correctionnelle (B. d. L. 1876, no. 37) facultative, qui ne semble pas être bien du goût des justiciables. Et bien souvent, la H. C., en ordonnant dans les affaires de cette nature une comparution personnelle (ultérieure) de l'accusé, prouve n'être que peu contente des résultats acquis en supprimant l'instruction préalable.

[2] D'après l'article 404 R. P. P. E. les „crimes" punissables de 3 mois de prison jusqu'à 15 ans de travaux forcés, ne sont prescrits qu'après 10 ans.

En Hollande, ils le sont déjà après 5 ans (art. 460 C. I. C.H.)

[3] Dans le cours de ce travail, nous nous servons du terme de contravention pour les délits afin de ne pas faire confondre avec le mot *délit* (wanbedrijf) du C. P. Napoléon.

trainte par corps pour 200 florins d'amende, et trois ans au maximum pour chaque amende [1].

C. Les contraventions de police ne sont pas traitées dans le Code. Le règlement qui en parle (toujours en ce qui concerne les Européens) édicté par ordonnance coloniale de 1872, (B. d. L. nº. 110) contient la peine de la prison jusqu'à 8 jours, et des amendes, de 100 florins au plus. Il ne renferme de remarquable, à notre point de vue de législation comparée, que les articles suivants :

Art. 4. Est puni d'une amende de 16 à 25 florins ;

6º. Celui qui se montre en public, déguisé dans un costume *autre que celui de sa nationalité* ou de son sexe, excepté à l'occasion de cavalcades masquées ou costumées.

10º. Celui qui, sans en avoir le droit [2] fait combattre des coqs ou des grillons dans les rues, sur les esplanades ou dans d'autres endroits publics.

12º. Celui qui vend des liqueurs fortes en quantités de moins de 3 litres, ailleurs que dans les hôtels, cafés, débits, etc. autorisés par l'autorité locale, sauf s'il y a contravention aux conditions en vigueur de la ferme du débit de liqueurs fortes [3].

Dan sles cas 10º. et 12º., au lieu de l'amende, il peut être infligé un emprisonnement de 3 ou 4 jours [4].

Art. 5. Sont passibles d'une amende de 26 à 60 florins, ou bien de 5 ou 6 jours de prison: [4].

---

[1] On voit que le gouvernement I. H. ne badine pas dès qu'il se sent lésé dans les profits que lui donne la ferme de l'opium. Il est vrai que le revenu annuel en est de 16 millions de florins, à peu près, sur un budget, à Java (sans compter les profits réalisés sur la vente du sucre, du café, de l'étain, etc. en Hollande) de 85 millions.

[2] A Sumatra, les fonctionnaires permettent quelquefois ces combats, où il s'engage beaucoup d'argent en paris.

[3] Cette ferme, en vigueur dans les possessions du dehors, qui a produit en 1877 à peu près 180.000 florins, consiste dans le droit exclusif de vendre de l'arak, du tjou, du rhum et *toutes autres liqueurs* fortes fabriquées dans l'I. H.

[4] Singulières pénalités ! Pourquoi pas, de 1 à 4, à 6 jours ? Trois ou quatre, cinq ou six jours . . . . . . le législateur a l'air de n'y pas regarder de si près. Probablement, il y a une erreur typographique. Mais le texte du B d L. n'en est pas moins la loi.

2o. Ceux qui participent à des réunions ou assemblées politiques, *où* par lesquelles la tranquillité publique est mise en danger [1].

14o Celui qui vend ou répand des djimat, des amulettes ou autres objets pareils, en leur attribuant une puissance magique.

Les objets de la contravention sont confisqués et détruits.

D. Les dispositions finales ont un caractère plus général. En voici les principales, à notre point de vue:

Art. 385. «Au moment de la mise en vigueur de ce Code, est « abolie l'autorité de l'ancien droit hollandais et du droit romain."

386 « Quant aux sujets, non réglés par ce Code, mais par d'autres « A. L. G., règlements et statuts, ou par d'autres A. L. et arrètés « ayant force de loi et qui ne sont point abolis par le précédent « article, les tribunaux et juges continuent d'appliquer [2] ces A. L. « G., règlements, ou autres A. L. et arrètés ayant force de loi."

388. «Dans les cas où» (dans ces derniers A. L. G. etc.) [3]

---

[1] L'art. 111 du R. G. défend toute association ou réunion politique.

[2] Exemples: le règlement sur les prises, la piraterie etc. B. d. L. 1829 no. 54; Celui sur la presse, 1856, B. d. L no. 73; l'ordonnance de 1840, (B. d. L. no. 11) contenant ampliation et altération de l'instruction des bureaux de vente à Java et à Madoura; celle de 1836 (B. d. L no. 24,) sur le transport du café produit sur des terrains appartenant à des particuliers.

[3] Voici quelques-uns de ces cas:

1o. Le § 2 B. d. L. 1836 no. 24 prononce la confiscation du café transporté, sans plus. Or, dans les C. P. en vigueur, la confiscation n'est jamais qu'une peine accessoire. Ainsi jugé, C. d. J. Samarang 3 juin 1876; cassé cependant (par un arrêt qui parle d'autre chose, et n'a point pensé à l'art. 388 C. P.) par la H. C.; R. N. I. XXVIII, p. 177.

2o. Le § 4 dit: si la quantité de café est trouvée moindre que celle pour laquelle on avait demandé un passeport, on sera obligé de livrer la quantité trouvée au gouvernement, qui ne payera que le prix (fort minime, ¼ à peu près) qu'il paye aux indigènes. Cette espèce de dégradation du propriétaire européen au rang de corvéable indigène nous semble assez curieuse.

Selon nous, ces deux peines ne peuvent être rapprochées de celles des C. P. E. et I.

En 1857 (B. d. L. no. 105) ont été promulguées les conditions auxquelles plusieurs revenus dans les possessions du dehors sont affermés. Par-ci par-là, p. e. la ferme des jeux chinois dans les provinces de Palembang et de Banka, on trouve (pour les Européens qui contreviennent pour la troisième fois à ces dispositions), la singulière peine de bannissement de la province, pour un temps, variant de 1 à 10 ans. Nous croyons que, le cas échéant (nous n'en connaissons pas d'exemple) il serait difficile d'appliquer cette peine, eu égard à l'art. 388 C. P. E., sans l'aggraver p. e. jusqu'à un bannissement des I. H., ce qui n'est point permis.

«se trouve comminée une peine non nommée dans les art. 5 et «6 de ce Code, le juge applique la peine se rapprochant le plus «de celle, dont le crime était passible originairement et mentionnée dans ces articles [1].

Le législateur ne s'est pas rendu compte des difficultés immenses auxquelles donnera lieu l'application de cet article. Mais pour approfondir ce sujet, il faudrait un travail spécial, difficile, et qui nous ferait sortir des limites de cet Essai

Le lecteur sait déjà, comment on comprend les dispositions transitoires à Java. Ici, leur art. 6 porte:

«Quant aux crimes commis par la voie de la presse, les dispo«sitions existantes restent en vigueur jusqu'à nouvel ordre."

Nous voulons saisir cette occasion pour parler de la législation sur la presse [2].

L'art. 110 du R. G. dit:

«Le contrôle du gouvernement sur la presse est réglé par A. «L. G., d'après le principe que la publication par la presse de «pensées ou d'opinions, et l'admission de publications imprimées «ailleurs qu'en Hollande, ne doivent être exposées à d'autres «entraves, que celles exigées pour assurer l'ordre public."

«Les publications imprimées en Hollande sont admises sans «entraves, sauf la responsabilité de chacun, d'après des règles «à poser par A. L. G."

Cet article porte la trace d'amendements parlementaires: de là, l'immunité pour ce qui est imprimé dans la mère patrie et peut être aussi dangereux que ce qui paraît à Java, où la rectification peut se faire, d'ailleurs, à chaque moment.

L'A. L. G. annoncé par l'art. 110 R. G. est l'arrêté royal de 1856 B. d. L. no. 74; l'exécution de quelques-unes de ses dispositions a été réglée par ordonnance de la même année, B. d. L. no 75.

Peu de temps après, cette législation à été amendée par une

---

[1] Traduction libre; l'original est trop mal rédigé pour pouvoir être traduit littéralement.

[2] Voir la thèse pour le doctorat en droit de M. SCHILL, Leyde 1863.

ordonnance du G. G., se disant interprétation authentique; ce qu'elle a de plus saillant, c'est qu'elle exige le *dolus* pour les crimes commis par la voie de la presse. B. d. L. 1858 n_o. 73.

L'Arrêté royal de 1856 a été nommé (par l'ancien chef du parti libéral, feu M. THORBECKE) l'oeuvre des ténèbres. Cette qualification est exagérée. Les mesures de police préventive vont trop loin, il est vrai; mais, quant à la répression, elle n'est pas beaucoup plus sévère que dans la plupart des pays où il existe une législation sur la presse et où elle est appliquée [1]. Du reste, dans ces matières-là, la loi n'est rien; tout dépend de l'interprétation et de l'application.

Les journaux aux Indes sont de date assez récente [2]. Ce qui les distingue de ceux des Indes britanniques [3], c'est que ceux rédigés en langue malaise ou javanaise, au nombre de cinq ou six, sont de simples feuilles d'annonces et de nouvelles. Jamais un article discutant un point de politique ou seulement d'intérêt local. Il est vrai que dans ces derniers temps, sous forme de lettres écrites à la Rédaction sous un nom supposé, des plaintes se font jour de temps en temps. Mais on chercherait en vain, dans toute la presse indigène, une ligne écrite dans un sens hostile au gouvernement ou à la suprématie hollandaise.

Cela vient en premier lieu de ce que le pouvoir hollandais, s'il est plus inerte et moins intelligent que celui des Anglais, est aussi beaucoup plus bonhomme, plus paterne, plus conforme aux traditions indigènes. Mais surtout, n'oublions pas une chose: on

---

[1] La prescription p. e s'établit par un an; si la poursuite est déjà commencée, par deux, celle de la peine par cinq. Dernièrement, le G. G. a usé pour la première fois de la faculté que lui accorde le Règlement sur la presse, de fermer une imprimerie Le journal, qui se publiait à Sourakarta, *résidence d'un prince indigène,* avait assimilé les promoteurs des impôts nouveaux à des voleurs de grand chemin (kètjou) pendus le matin.

[2] Ils tendent à se multiplier. Chaque libraire, ayant un besoin énorme d'annonces pour écouler sa marchandise, composée de cinq ou six exemplaires tout au plus de chaque ouvrage (excepté ceux destinés à l'indigène) préfère „être dans ses meubles" comme on dit dans l'argot du journalisme.

Le besoin d'annonces est immense dans un pays où les magasins ne font pas d'étalage, et où les consommateurs européens sont très dispersés; où chaque marchand doit avoir un assortiment très varié, et où le commerce ne connait pas de spécialités.

L'impôt du timbre n'existe que pour les annonces.

[3] Voir, sur la presse indigène dans les Colonies anglaises, à propos des mesures que le gouvernement y a cru devoir prendre dernièrement, un article très nourri de la Gazette de Cologne du 15 avril 1878.

aurait tort de voir dans les journaux malais et javanais une presse indigène proprement dite. Les rédacteurs, des missionnaires p. e., sont Eropéens; et, ce qui est plus important, les éditeurs le sont. Jusqu'ici, aucun indigène n'a essayé de publier un journal: on le voit, la race est beaucoup plus facile à gouverner que celles qui habitent les Indes anglaises

Il s'ensuit que le règlement de 1856 ne distingue pas entre la presse européenne et les journaux indigènes. Aussi [1], les C. d. J. (tribunaux européens) connaissent de tous les délits ou crimes relatifs à, ou commis par la voie de la presse, quelle que soit la gravité du fait, et nonobstant la nationalité ou même la qualité militaire des accusés. Les peines européennes, l'amende et la prison simple, sont seules mentionnées; mais, si jamais un indigène venait à commettre un délit de presse, on aurait à appliquer les peines indigènes, à commencer de 8 jours, d'après l'art. 11 C. P. I.

Dans les commencements, il y a eu bien des procès de ce genre. Mais depuis que la H. C. a décidé [2] que la preuve de la vérité des faits allégués pouvait être admise en cas de diffamation ou d'offense commise par la voie de la presse envers les fonctionnaires, les plaintes sont devenues rares [3].

En ce moment cependant, nous assistons à un renouveau.

On a beaucoup crié contre «l'oeuvre des ténèbres": Ce qui

---

[1] Art. 31 du Règlement.

[2] La jurisprudence de la H. C. est malheureusement très flottante sur ce point important.

[3] Une espèce assez curieuse s'est produite dernièrement: Le rédacteur du *Java-Bode (Messager de Java)*, le journal ayant le plus fort tirage, M. VAN DAALEN, avait été condamné par le C. d. J. de Batavia, enfin par la H. C., à un an de prison pour des articles violents contre M. J. LOUDON, le G. G. qui a déclaré, en 187?, la guerre au royaume d'Atjeh; S. E. y était accusée, entre autres, d'avoir manqué à la parole donnée au général VERSPYCK. La défense, présentée par notre illustre confrère M. L W. C. KEUCHENIUS, avait conclu à ce que le général fût entendu à décharge. Le Conseil repoussa ces conclusions, un peu à la légère. La H. C. passa outre. Le malheureux journaliste était en prison depuis neuf ou dix mois, lorsque la H. C. fit une démarche sans précédent auprès du successeur de M. LOUDON, M. VAN LANSBERGE. Elle déclara s'être aperçue, *ex post facto*, que si le général eût été entendu, l'arrêt aurait été différent.

M. VAN LANSBERGE s'empressa de faire grâce au condamné, qui n'a jamais eu d'autre dédommagement pour ses dix mois de prison.

prouverait que ce réglement n'est pas si terrible qu'on veut bien le dire (son principal défaut est plutôt son manque de sens, son ineptie, qui fait que la plupart du temps, on peut en éluder les dispositions), c'est que le gouvernement des Indes croit devoir se servir de temps en temps, rarement il est vrai, de la faculté qui lui est laissée encore par les art. 45 à 47 du R. G.: celle d'expulser, sauf à énoncer des motifs et à en informer le ministre des colonies [1].

Quand on a recours aux mesures d'exception, cela prouve que les moyens de répression pénale ne semblent pas suffisants; et quoique à Batavia, et dans l'entourage du G. G., il existe toujours, comme de raison, un fort courant autoritaire, ayant en horreur les allures boiteuses de la justice, il ne faut pas oublier que le ministre des colonies pousse toujours à laisser toute liberté aux prêtres de cette religion, un peu étrangère encore à Java.

Passons au Code civil [2].

Voici, à notre point de vue, ce qu'il offre de saillant, c'est-à-dire ses différences avec le modèle hollandais:

---

[1] Le lecteur s'en aperçoit: on a eu raison de dire que le R. G. de 1854 était l'autocratie sous des formes légales. Encore ces formes sont-elles fort peu protectrices. P. e., s'il s'agit de Hollandais, le Roi porte la chose à la connaissance des Chambres. Mais que font celles-ci vis-à-vis d'un ministre qui laisse la respon sabilité au G. G., lequel est irresponsable (parlementairement); qui n'a eu qu'à observer quelques formalités pour être dans la légalité; dont l'influence enfin est toujours prépondérante, l'administration aux Indes, dont sortent les membres du Conseil, n'étant pas une école d'indépendance?

[2] Il se publie rarement des ouvrages de droit aux Indes. Le C. C. a été commenté, au moyen d'une simple confrontation avec le C. N. et avec le modèle hollandais, de citations des meilleurs auteurs, surtout des Français, enfin en énumérant quelques arrêts, par feu M. C. A. de Jongh; Zalt-Bommel, 1857. Ce prétendu commentaire est une espèce de *pons asinorum* sans grande valeur scientifique, assez pratique cependant. Ce qu'on aurait pu reprocher à l'auteur, en son vivant vice-président de la H C. à Batavia, c'est qu'il ne fait presque jamais mention de la jurisprudence aux Indes

Peut-être n'avait-il pas grande foi dans les lumières de ses collègues. Dans tout les cas, ce qui est caractéristique des I. H. ne s'y trouve pas, et l'ouvrage ne nous a été de nul secours pour le présent travail.

1. L'art. 2 C. C. H., déclarant libres tous ceux qui se trouvent sur le territoire du royaume, interdisant l'esclavage «et autres servitudes personnelles", ne figure pas dans le C. C. I. Comme l'esclavage et le droit d'ôtage (captivité pour dettes, *pandelingschap*) ne peuvent jamais avoir pour objet des Européens, on aurait pu, croyons-nous, copier cet article sans inconvénient. Cf. les artt. 115 et suivants R. G.

2. De même, le titre II du livre I, «des Hollandais et des Etrangers», n'a point été reproduit. Les principes régissant la qualité d'habitant de l'I. H. et d'étranger se trouvent dans les D. G. et dans le R. G.

3. Quant aux registres de l'état civil, l'art. 4 se borne à dire qu'il y en aura; où et par qui ils seront tenus, dans quelles formes, et de quelles peines seront passibles les contraventions des officiers de l'état civil, tout celà fait l'objet d'un règlement spécial, à promulguer par le G. G. [1].

4. Les fonctionnaires publics sont considérés avoir leur domicile là où ils exercent leurs fonctions. Art. 20

5. La jeune fille peut contracter mariage à 15 ans révolus Art. 29[2].

6. Le père, ou à son défaut la mère, ne se trouvant pas aux Indes, le G. G. — art. 48 — peut dispenser de l'observation des formalités de consentement, de sommations, etc., pour le mariage d'enfants âgés de 23 [3] à 30 ans.

7. Aux Indes, il n'y a point de juges de paix [4]. Ce que ceux-ci, en Hollande, font pour les affaires de famille, est de la compétence des C. d. J., excepté les autorisations des art. 403, 404 et 405 C. C. [5] pour les procédures. Elles sont données par la Chambre des Orphelins.

---

[1] B. d. L. 1849, nº. 25.

[2] S. E. accorde aussi souvent des dispenses, lorsque p. e. la nature a été la plus forte.

[3] Aux Indes comme en Hollande, la majorité commence à 23 ans révolus, sans distinction de sexe.

[4] Lacune regrettable, à notre avis, du moins pour les trois grandes villes.

La pose des scellés a lieu dans celles-ci, par le greffier du C de J.; ailleurs, par le secrétaire de la résidence, ou, à son défaut, par un fonctionnaire européen, à désigner par le Résident.

Art. 100 D. T.

(On sait que les tentatives de conciliation ont été abolies en Hollande en 1838).

[5] 461, 462, 463, C. C. hollandais; 464 et 465 C. N.

8. Les décisions des C. d. J. en fait de tutelle, sont prises sans forme de procès, et sans appel. Art. 344 et 364.

9. A défaut du père, le C. d. J. pourvoit à la tutelle des enfants naturels, reconnus par des Européens, mais dont la mère est indigène. Art. 354.

10. En France, le survivant des père et mère a seul le droit de nommer un tuteur.

En Hollande, on lui a accordé expressément le droit de désigner plusieurs personnes, afin de se succéder dans la tutelle.

Aux Indes, art. 355 al. 3, a été ajoutée la faculté d'octroyer au tuteur désigné le pouvoir de substitution.

11. La Chambre des Orphelins, art. 365 et 449, est de droit tutrice et curatrice subrogée. Elle ne peut être exclue de ces fonctions [1].

12. Nous traiterons plus bas, à l'art. 85 R. G., de ce que la législation des Indes, art. 134 R. O. J., statue au sujet des aliénés, des personnes dangereuses pour la sécurité publique, ou incapables de rester abandonnées à elles-mèmes. L'art. 456 C. C. y renvoie, et le suivant donne aux chefs de l'autorité locale le pouvoir de prendre des mesures provisoires dans ce sens.

13. Les lapins de garenne, que les art. 524 C. N. et 563 C. C. hollandais déclarent immeubles par destination, sont remplacés par les nids d'oiseaux (destinés à la haute cuisine chinoise), non encore recueillis.

14. L'art. 621 fonde un droit spécial :

Chacun pourra faire déclarer son droit de propriété sur des immeubles dont il est possesseur, par le C. d. J. dans le ressort duquel ils sont situés. Le procédure à suivre se trouve dans le R. P. C. E., art. 800 et suivants.

Elle n'offre que ceci de remarquable, qu'un jugement favorable devra aussi être inséré au Journal officiel de la mère patrie. Pareille disposition est très rare, les deux législations n'ayant presque pas de rapports ensemble, et se préoccupant peu l'une de l'autre.

« Chacun" doit s'entendre des personnes soumises au C. C.

---

[1] Comme cela se pratiquait souvent sous la législation d'avant 1848. Voir, pour l'histoire de ces institutions, la thèse de M. A. Buyskes, Leyde 1861.

15. Il n'est rien changé aux droits des habitants des terres ou terrains cédés par le gouvernement à des particuliers. Ces droits, nommément de possession et de propriété, tels qu'ils existent, soit en vertu de dispositions spéciales, soit en vertu d'une antique coutume, sont maintenus. Ce Code ne change rien, en général, aux relations entre les habitants et les propriétaires. Art. 624 [1].

16. L'action *finium regundorum* a été oubliée, quoique l'art. 102 R. P. C. E. en fasse mention [2].

17. Ce Code ne change rien non plus aux corvées des habitants des «terres particulières." Mais le G. G. pourra promulguer telles mesures ultérieures qu'il jugera convenables. Il ne l'a pas fait jusqu'à présent.

18. Les rentes perpétuelles et dimes — les dispositions du C. C. ne s'appliquent qu'à celles nées après son introduction — sont essentiellement rachetables; mais le gouvernement, fidèle à ses traditions, a excepté celles qui lui reviennent. Il faut, pour celles-là, son assentiment formel. Art. 755 al. 2.

Le mal n'est pas grand; une capitalisation à cinq pour cent (art. 752) est ridicule à Java, eu égard au taux de l'argent. Le législateur s'est cru à La Haye.

19. La Chambre des Orphelins est chargée des successions vacantes.

20. Sont conservateurs des hypothèques — art. 1221 — les greffiers des C. d. J. [3] dans les provinces où siège un de ces

---

[1] Nous traiterons de cette forme toute particulière de la propriété territoriale à l'art. 77 R. G.

[2] Le seul procès de ce genre que nous connaissions entre personnes soumises au C. C. est mentionné R. N. I. XX. p. 228. La chose était assez épineuse, l'ancien droit hollandais étant parfaitement aboli par l'art. 1. D. T., et le nouveau ne donnant point d'action. Du reste, dans l'espèce, il s'agissait d'un *praedium urbanum* pour lequel une autre action, celle de l'art. 663 C. C. francais (642 C. C. des I. H.) a été donnée.

[3] Cet abus, qui nuit à l'administration de la justice, s'est perpétué: le gouvernement aime à pouvoir disposer d'emplois grassement rétribués.

A Java, le greffier des tribunaux européens est beaucoup plus occupé que partout ailleurs, les métis étant des commis déplorables, et la révision au criminel exigeant (Art. 176 R. P. P. E.) un procès-verbal pour ainsi dire sténographié, contenant *chaque* question faite à l'accusé et aux témoins, et *chaque* réponse; enfin — art. 100 D. T., il pose les scellés, et — art. 122 et 155 R. O. J., il est juge suppléant,

tribunaux européens. Ailleurs, c'est le secrétaire de la résidence, ou un autre fonctionnaire quelconque, désigné par le G. G. [1].

21. Beaucoup de principes sur la responsabilité des conservateurs, sur la caution qu'ils déposeront, etc. etc. — art. 1223, 1228, 1232 — figurent seulement de nom dans le C. C.

Les ordonnances dont parlent ces articles n'ont pas encore paru, après 30 ans de méditations.

Au C. d. J. incombe l'inspection, à la H. C. l'inspection suprême, d'après un mode qui n'a pas encore été réglé, et les deux dègrés d'inspection sont lettre morte.

22. L'art. 1469 porte, comme l'art. 1506 en Hollande, que les officiers publics ne peuvent, à peine de nullité, se rendre adjudicataires des biens dont la vente se fait par leur ministère.

Mais il ajoute:

> « En tant qu'il s'agit de biens meubles, le G. G. pourra, « dans l'intérêt général, dispenser de cette prohibition tels « officiers qu'il jugera convenable. »
>
> « Dans des cas spéciaux, mais seulement dans l'intérêt des « vendeurs, il pourra leur permettre d'acheter des immeubles, « dont la vente se fait par leur ministère. »

Aucun cas où S. E. ait fait usage de cette faculté n'est venu à notre connaissance.

Nous passons sous silence les changements de moindre importance, comme p. e. de Roi en G. G., de juge de paix en C. d. J., enfin une foule de dispositions spéciales, pour les provinces où le C. d. J. ne siège pas, ou qui sont séparées par la mer de sa résidence. Moins de la moitié des 1993 articles sont parfaitement identiques au C. C. de la mère patrie.

---

d'office (ceci ne s'applique point aux substituts). Il n'y en a pas d'autres; le gouvernement a craint de donner, en les chargeant de ces fonctions, trop de relief aux avocats qu'il a forcés déjà à être avoués, et qui sont dans sa dépendance absolue et celle des tribunaux européens.

[1] L'ordonnance sur le transport des propriétés immobilières date de 1834. Elle est très défectueuse, ne distinguant pas toujours p. e. entre la dette et le droit d'hypothèque.

Notons brièvement les changements introduits depuis 1848. La plupart ont eu lieu après que les lois de la mère patrie eussent été modifiées dans ce sens:

1848, B. d. L. no. 22: Le taux de l'intérêt déclaré libre; les intérêts légaux de 6% par an (D'après le C. d. Co., ils sont de 9% pour le papier de commerce protesté).

1851 no. 51: La charge des annonces, exigées par la loi, incombe aux intéressés ayant obtenu main levée.

1854 no. 79: Modification des art. 411 en 466 sur la commission à prélever par les Chambres d'Orphelins.

1856 no. 482: Idem des art. 467, 470 et 473, pour les absents à la suite de sinistres maritimes constatés ou présumés.

1872 no. 11: Suppression des art. 837 et 910, et modification de l'art. 1681 (de la capacité des étrangers de recueillir des héritages).

No. 42: Modification de l'art. 335, extension de l'art. 337 (sûretés à fournir par les tuteurs).

1873 no. 229: Suppression d'un article bien odieux, 569, déniant toute action possessoire contre l'Etat.

1875 no. 257: Remplacement des art. 426, 427, 428, 430 et 431 (sur l'émancipation) par d'autres dipositions.

No. 258: Idem des art. 1151 à 1156, sur l'exercice du privilège de gage.

Le Code de Commerce (toujours pour les européens) ne différe maintenant (1879) de celui en vigueur en Hollande que sur quatre points un peu importants:

1o. En Hollande, on a le systême d'autorisation royale pour les sociétés anonymes; mais, si la société n'a point de but contraire aux bonnes mœurs, ni à l'ordre public; si les statuts ne constituent point d'infraction la loi, le Roi est obligé d'accorder l'autorisation. S'il refuse, il informe les solliciteurs de ses raisons. Il n'a point le droit de dissoudre la société anonyme sous prétexte que les directeurs auraient violé les dispositions de l'acte de société.

C'est un systême autoritaire dans la forme, libéral au fond. Aux Indes, on a glissé quelques petites réserves dans l'art. 37.

du C. Co. Nous le traduisons en son entier, en soulignant les additions à l'article hollandais.

« Si la société n'est point contraire aux bonnes moeurs ou « à l'ordre public; *si, d'ailleurs, il n'existe point d'objections « graves contre sa constitution,* et si l'acte constitutif ne « contient rien de contraire aux dispositions de l'art. 38 jusqu'à « l'art. 55 inclusivement, le G. G. accorde l'autorisation."

« En cas de refus, les solliciteurs sont informés de la « raison, *sauf le cas où le G. G. jugerait cette informa- « tion inopportune.*"

« *S'il y a lieu, l'autorisation peut être subordonnée à la « condition que la société consente à se dissoudre, si le G. « G. le juge nécessaire pour l'intérêt public.*"

« *Si l'autorisation a été accordée sans condition, la soci- « été ne peut être dissoute par l'autorité publique que « lorsque la H. C., entendue, aura déclaré que les directeurs « ne se sont point conformés aux dispositions et conditions « de l'acte de société.*"

Nous ne connaissons aucun cas, où la dissolution ait été prononcée.

2o. L'art. 309 du C. Co. hollandais, tout en déclarant meubles les navires et bâtiments de mer, exige cependant pour la livraison, en tout ou en partie, un acte transcrit sur des registres spéciaux.

Celui du Code de l'I. H. en excepte ceux de moins de dix koyang [1], et l'art 48 D. T. recule cette limite jusqu' à quatre; au-dessous de cette contenance, les navires seront livrés comme les autres choses meubles, de la main à la main.

3o. L'art. 564 du C Co. hollandais porte que les frais de sauvetage seront taxés par le juge, en cas de différend.

Celui du C. pour l'I. H. indique le chef de l'autorité locale, sauf recours au G. G. [2].

L'autorité locale est celle du lieu où le navire sauvé a jeté

[1] Un koyang a d'ordinaire 1860 kilogrammes.

[2] On voit comme l'esprit de centralisation peut devenir importun pour le pouvoir suprême.

l'ancre en abordant, où les marchandises sauvées ont été emmagasinées d'abord [1].

4o La surséance de payements est accordée en Hollande par le Haut Conseil des Pays Bas; aux Indes, par le juge européen de première instance, le C. d. J

Depuis 1848, il a été aporté au C. Co. les changements suivants (les deux derniers peu de temps après que les lois introduisant ces changements pour la mère patrie, eussent passé):

1854, B. d. L. no. 79: Modification de l'art. 849, sur la commission à percevoir par la Chambre des Orphelins, chargée du syndicat dans les faillites.

1867 no. 29: Idem de l'art. 229 sur la preuve résultant d'actes sous seing privé d'indigènes ou de ceux qui leur sont assimilés. Cette ordonnance a encore été modfiée par celle de 1877 no. 65; cf. p. 100

1875 no. 256: Remplacement par d'autres des art. 79 à 85 sur les commisionnaires.

1876 no. 141: Modification de l'art. 302 (des assurances sur la vie).

Second alinéa

Déjà, par l'art. 7 de l'arrèté royal de 1846, B. d. L. 1847 no. 23, le G. G. avait été déclaré compétent [2] pour rendre applicables à la population indigène, en tout ou en partie, en temps convenable, telles dispositions du C. C. et du C. d Co, qui en seraient susceptibles

A peine M. Wichers fut-il débarqué, qu'on lui demanda un projet de loi dans ce sens. Il était convaincu des grandes difficultés que présentait la chose; il y trouvait «beaucoup plus d'obstacles

---

[1] Décision du gouvernement; R. N. I. XVIII, page 46.

[2] Nous faisons un emploi continu, pour cette matière, du travail de M. Sibenius Trip dans sa Revue de Droit Colonial (R. N. I. XXVII, p. 65).

L'auteur a pu puiser aux archives gouvernementales, faveur trop rare.

«qu'à toute autre partie de la législation, et ce, non-seulement «à cause de notre connaissance peu complète des coutumes et de «la religion des différents peuples orientaux; mais aussi parce que «notre législation civile et commerciale forme un tout, dont on «ne saurait, sans en briser la continuité, détacher quelques par- «ties ou certaines dispositions, afin de les faire entrer en vigueur «isolément; enfin parce que de l'application, même partielle, de «notre législation aux indigènes ou à ceux qui leur sont assimilés, «découle naturellement qu'ils sont justiciables des tribunaux «européens en tant que les actions résultant des dispositions «applicables.»

M. WICHERS consulta toutes les autorités imaginables sur chacun ed ces projets, suivant la sotte coutume des Indes, au lieu de demander l'avis de deux ou trois personnes notoirement compétentes; puis il envoya, l'un après l'autre, trois projets différents.

Ensuite, on pria un avocat distinué, M. ALTING MEES [1] de dire son opinion, et, subsidiairement, de formuler un projet.

Même invitation fut faite plus tard à M. BRUNSVELD VAN HULTEN, alors Conseiller à la H. C.

Tous ces projets ne plurent que médiocrement au gouvernement, qui au fond, ne goûtait point du tout l'application à l'indigène proprement dit. La société indigène, se disait-il, nous est encore si peu connue; on pourrait, par ignorance, lui porter un choc trop rude. Et il y avait du vrai dans cet aveu, un peu naïf après deux siècles et demi de domination.

---

[1] Plus tard ministre des Colonies, M. ALTING MEES, sur lequel, eu égard à sa capacité et à sa longue expérience, on fondait de grandes espérances, ne fit rien.

Du reste, la législation ne fait jamais moins de progrès que lorsque le Ministre ou le G. G. sont jurisconsultes. M. MYER p. e. (G. G. de 1866 à 1871) a eu pendant des années les travaux sur le droit de famille des Indo-Chinois sur son bureau, sans que les justiciables se soient jamais aperçus qu'il y eût jeté un coup d'oeil.

Son successeur, M. LOUDON, pouvait se croire jurisconsulte aussi, ayant été avocat à Batavia. Espérons que M. VAN LANSBERGE, qui a encore du pouvoir devant lui, aura l'esprit — c'est un ancien diplomate — de s'en tenir, quoique docteur en droit aux propositions faites par des gens compétents, M. le Conseiller des Indes DER KINDEREN p. e.

Mais le commerce européen voulait des garanties plus fortes que la procédure et les tribunaux indigènes, contre les Chinois et les Arabes avec lesquels il était forcé d'être en relations.

Le gouvernement céda, et confia le soin de rédiger un sixièmel projet à un jurisconsulte, Conseiller des Indes, M. VISSCHER, qui, heureusement, avait un naturel despotique et ne demanda l'avis de personne, à ce qu'il paraît.

Les principes qu'on adopta alors, en 1855, furent :

1°. Il n'est point encore temps d'user, pour la population indigène proprement dite, de la faculté, donnée par l'arrêté roya de 1846; nous ne voulons pas trancher du réformateur, à l'encontre de la sagesse de nos ancètres. D'ailleurs, tout réformer, a été prouvé être trop difficile.

2°. Quant aux étrangers orientaux, nous les ferons vivre autant que possible sous notre régime de législation; les exceptions à cette règle seront limitées au strict nécessaire. Etrangers, ils n'ont pas droit à tant d'égards. Nous ne leur laisserons que ce qui est la conséquence forcée de leur civilisation spéciale, p. e. de leur écriture; ce dont ils ne pourraient se défaire.

3°. Nous ne nous occuperons que de Java et de Madoura; ailleurs, la chose regarde le commissaire spécial pour la législation dans les possessions du dehors.

Enfin, on se donna l'absolution, en remarquant qu'on ne faisait que revenir à l'état des choses sous la Noble Compagnie, voire jusqu'en 1824, et qui prévaut encore dans la plupart des possessions du dehors.

Ce fut ainsi qu'entra en vigueur l'ordonnance de 1855, que nous détaillerons plus loin.

Enumérons maintenant les cas dans lesquels le G. G. a fait usage de sa compétence quant aux indigènes.

En 1867 (B. d. L. no. 29) leur a été déclaré applicable, ainsi qu'à ceux qui leur sont assimilés, l'article 1880 du C. C.:

«Les actes sous seing privé n'ont, quant à leur date, d'effet «envers des tiers que du jour où ils auront été visés et enre-«gistrés par un fonctionnaire public, de la manière à fixer par

« le G. G., ou bien du jour où le tiers, contre lequel on s'en « sert, en aura reconnu par écrit l'existence. "

Avant ce temps-là, il fallait toujours un visa de notaire.

Dernièrement (B. d. L. 1879 no 256) les articles 1601, 1602 et 1603 C. C. ont été déclarés applicables aux indigènes et à tous ceux qui leur sont assimilés. Les deux premiers correspondent aux art. 1780 et 1781 C. Napoléon; le troisième porte:

« Les domestiques et les ouvriers ne peuvent, s'ils sont enga- « gés pour un temps déterminé, quitter leur service sans cause « valable, ni en être renvoyés avant l'expiration de ce temps."

« S'ils quittent le service avant l'époque fixée ou usuelle, sans « cause valable, ils perdent leur gages."

« Néanmoins, le maître peut les renvoyer à tout moment, sans « alléguer de raisons, mais en ce cas il doit leur payer, outre « les gages échus, en guise de dédommagement, six semaines de « gages, à compter du jour de leur renvoi."

« S'ils étaient engagés pour moins de six semaines, où s'il « reste moins de six semaines à faire, ils ont droit à la totalité « de leurs gages."

La raison de cette mesure est, qu'après un vote de la 2e Chambre, la pénalité de police contre les ouvriers ou les domestiques qui désertent (d'ordinaire après avoir touché un à compte) avait été abolie.

Donc, elle a été prise dans l'intérêt des maîtres; comme les moyens d'obtenir un jugement au civil contre un indigène, encore plus de l'exécuter (la contrainte par corps commence à 100 florins), sont peu praticables, nous ne croyons pas que cette législation à l'européenne améliorera l'état des choses, vraiment triste.

En 1864 (B. d. L. no. 38) le G. G. a promulgué des dispositions sur les mariages, aux Moluques, des chrétiens indigènes, tant entre eux qu'avec des Européens ou leurs descendants.

Aux Moluques, les aborigènes ayant été détruits par la Noble Compagnie, comme les Caraïbes dans les Antilles, il s'est formé une race d'un mélange incroyable, désespoir des ethnologues, et presqu'entièrement chrétienne . . . . . . de nom.

Jusqu'en 1848, le mariage d'Européens avec des indigènes était défendu aux I. H, sinon après conversion au christianisme. Par compensation, le gouvernement était très large en fait de légitimation par *rescriptum principis*.

Sur l'avis de la H. C., on fit le contraire de ce que désirait le gouvernement en Hollande, en intercalant dans les D. T. un article 15, ainsi conçu :

« Les personnes appartenant à la population indigène ou assimilées « à celle ci, pourront contracter mariage avec des Européens ou « des assimilés à ceux-ci, à condition de s'être soumis d'avance à « la législation civile et commerciale européenne en son entier."

« Cette soumission aura lieu par acte authentique, dont copie « légalisée sera remise au fonctionnaire de l'état civil, qui en fera « mention dans l'acte de mariage, et joindra la copie à cet acte, « comme annexe."

Ce principe a été violé dans l'ordonnance citée de 1864. Voici comment :

Son art. 12 dit :

« Les mariages entre chrétiens indigènes et Européens ou « leurs descendants sont conclus d'après les préceptes légaux, « destinés à la nationalité du mari, ou auxquels ce dernier, « d'après ce qui est dit à l'article suivant, s'est soumis de plein gré "

Art. 13 : Pour les mariages dont il est question à l'article précédent :

« Le mari appartenant à la population indigène chrétienne peut « se soumettre, d'après ce qui est dit à l'art. 15 des D. T. « à la législation européenne civile et commerciale en son entier."

« La femme mariée est soumise de droit à la législation civile « et commerciale en vigueur pour son mari "

Il n'y avait point lieu à une soumission facultative ; l'art. 15 D. T. parle impérativement.

L'al. 2 de l'art. 13 viole donc la loi, générale, organique, qui veut qu'un mariage mixte ait toujours pour effet la soumission au droit européen, et ne permet pas qu'il en résulte jamais une dégradation légale, une *capitis diminutio* [1]

[1] On prétend que maintenant (1879) le gouvernement pense à déclarer applicable à l'indigène une partie notable du C. C., ce qu'on n'avait pas osé faire en 1855. Ce serait un grand bienfait et ne changerait cependant au fond que peu de chose, le droit des obligations musulman p. e. étant du droit romain en fait.

Passons aux étrangers orientaux.

C. P. (européen) de 1866.

Les art. 317, 325, concernant les crimes (et les contraventions, quoique l'intitulé du chapitre n'en parle point) commis à l'occasion de faillite, d'insolvabilité notoire [1] et de surséance de payements, leur ont été déclarés applicables en 1872 (B. d. L. 21 et 22).

Ceci est une conséquence de ce que, comme on le verra tout à l'heure, le droit commercial européen leur a été appliqué depuis 1855. Les tribunaux européens connaissent de ces crimes et délits, concession qu'il a été difficile aux commerçants européens d'obtenir, et qui était cependant bien nécessaire, les tribunaux indigènes, composés alors partout de nobles Javanais et d'administrateurs européens, étant parfaitement incapables de juger les affaires de cette nature [2].

En 1855 (B. d. L. n$_0$. 79) donc, ont été déclarés applicables à l'étranger oriental, surtout (comme nous le disions) pour émanciper, dans l'intérêt du commerce européen, les commerçants Chinois et Arabes des tribunaux indigènes:

1°. tout le C. C., excepté ce qui a trait:

A aux actes de l'état civil;

B. au mariage;

C. aux droits et devoirs des époux;

---

[1] Voir page 50 note 1, et page 104.

[2] Jusqu'ici, les poursuites sont beaucoup trop rares, ce qui tient à l'inertie des Chambres d'Orphelins, chargées du syndicat dans les faillites et à l'impéritie de la la plupart des fonctionnaires judiciaires en matière de droit civil et commercial; enfin à la faiblesse maladive de la loi.

L'art. 327 C. P. I. dispense des peines contre les négociants qui n'auraient point tenu de livres, ou point suffisamment, les accusés (étrangers orientaux, car pour le commerçant indigène, point n'est besoin d'en tenir) qui n'en sont pas capables.

Le lecteur avouera, que cette fois on est allé trop loin. Quiconque n'est pas capable de tenir des livres, commet en faisant le commerce, une imprudence si grave, qu'une peine de 1 à 6 mois ne semble pas trop forte pour sa présomption, véritable ou fictive, nuisible au public dans tous les cas. Mais, selon beaucoup de gens, et nous en sommes, la prétendue incapacité d'un Chinois commercant à tenir des livres est toujours une fiction.

D. à la communauté légale des biens [1] et à leur administration;
E. aux conventions matrimoniales;
F. à la communauté ou aux conventions matrimoniales en cas de mariage subséquent;
G. à la séparation des biens;
H à la dissolution du mariage;
I. à la séparation de corps et de biens *(a thoro et mensa);*
K. à la paternité et la filiation des enfants;
L. à la parenté et l'affinité;
M. à la puissance paternelle;
N. à la minorité et la tutelle:

Donc, de tout le premier livre du C. C., seuls les titres traitant:
I. de la jouissance et de la perte des droits civils;
III. du domicile;
le treizième du titre XV, des Chambres d'Orphelins;
XVII. de la curatelle;
XVIII. de l'absence;
leur sont applicables.

L'étranger oriental sera majeur à 23 ans révolus, ou par son mariage antérieur [2]

Du livre second, seul le titre XII, de la succession ab intestat, ne leur est pas applicable.

2o. Tout le C. Co., excepté les neuf derniers mots de l'article 398: « Le capitaine, qui sera parti avec son navire sans que, dans « les cas où la loi l'exige, le rôle d'équipage ait été dressé et « signé, sera passible envers le propriétaire ou l'armateur d'une « amende de *f* 100, l'officier du bord de *f* 50, *et les autres « marins d'un mois de paye.*"

3o. Les dispositions sur l'insolvabilité notoire, contenues dans le titre III du livre III du R. P. E.

---

[1] En droit hollandais, à défaut de conventions spéciales, il y a communauté entière de tous les biens; art. 119 C. C.

[2] C'est un des points sur lesquels il y avait autant d'avis que de personnes consultées.

4o. Enfin, les articles contenant les principes transitoires sur toutes les matières indiquées ci-dessus.

Il est assez naturel que tout le R. P. E. et non-seulement les dispositions sur l'état d'insolvabilité notoire leur soit applicable, en tant que les actions sont basées sur la législation qui leur a été appliquée par l'ordonnance de 1855 [1]; il ne l'est donc pas d'une manière absolue. En outre, le bénéfice de la cession des biens, dont (en Hollande et aux Indes) il est traité au Code de procédure, n'est point écrit pour eux [2].

Le premier progrès à faire, maintenant, sera d'appliquer aux étrangers orientaux toute la justice pénale européenne; ensuite de régler définitivement leur état civil et leur droit de famille [3].

Un premier pas a déjà été fait dans cette dernière voie par les articles 2 et 4 de l'ordonnance de 1855:

Art. 2 « La célébration du mariage ne comporte point de droit « la communauté [4] des biens entre l'étranger oriental et ses « épouses."

« La femme garde tous les meubles et immeubles lui appartenant."

« L'apport de meubles par la femme ne peut être prouvé que « par un acte authentique passé avant ou lors de la célébration « du mariage, décrivant distinctement ces objets; les acquêts de » la femme pendant le mariage par héritage, testament ou donation « doivent être prouvés par une description [5] notariée, énonçant leur « origine et une taxation pièce par pièce: sauf la transcription des « immeubles, acquis avant ou pendant le mariage, au nom de la « femme."

« Les acquêts de la femme pendant le mariage, provenant de « ses propriétés ou de son commerce à elle, ne peuvent être

---

Voir pour plus de détails, l'article cité plus haut, de M. SIBENIUS TRIP.

Du reste, il paraît que notre minorité, empruntée au droit romain, est difficile à comprendre pour un Chinois.

[1] Ainsi, le tribunal européen n'est point compétent pour statuer sur une *petitio hereditatis*, si elle est basée sur le droit chinois. W. R I. 1866 n⁰. 175.

[2] C. d. J. Batavia 1861, W. R. I. n⁰. 88.

[3] Les registres de l'état civil ne sont tenus encore que pour les Européens.

[4] Voyez la note 1 p. 104.

[5] Etat estimatif.

« prouvés autrement que par des preuves écrites et *irrécusables*" [1].
« Tout ce qui n'est pas prouvé, de la manière indiquée par « cet article, appartenir à la femme, est présumé appartenir au « mari.
« Toutes donations, tant de meubles que d'immeubles, faites « par le mari à la femme durant le mariage, ou même après sa « dissolution par divorce, sont nulles et d'aucun effet pour des « tiers."
« Cependant, cette disposition n'est point applicable à des « cadeaux de la main d'objets meubles, dont la valeur est « de mince importance en proportion de la fortune du donateur."

Art. 4. « Les étrangers orientaux, excepté en cas de guerre, de « voyage maritime ou d'épidémie (art. 946, 947 et 948 C. C.) ne « peuvent tester que par acte authentique, dans les formes indi- » quées dans les art. 938 et 939 du même Code."
« La révocation ne peut avoir lieu que par acte authentique « dans les mêmes formes."

Le lecteur sait que le testament mystique, d'après la loi hollandaise, n'est valable que lorsqu'il a été déposé chez un notaire, qui en dresse un acte, dit de *superscription*. On a voulu couper court aux mauvais tours qui sont la cheville ouvrière de plus d'un roman français.

Pour les étrangers orientaux, le législateur de 1855 est allé plus loin. Le testament mystique leur est interdit en principe. Pour les Chinois, l'une des raisons est que la signature de ceux qui signent en caractères chinois, et qui forment encore la majorité, ne présente point d'aspect spécial, comme celui qui distingue telle signature européenne de telle autre: ils tracent ces caractères en tenant le pinceau perpendiculairement.

Quant aux Arabes, on sait que le testament proprement dit n'est point toléré par la loi musulmane [2]. Les tribunaux ecclésiastiques à Java, forts de leur position souveraine, se moquent

[1] *Deugdelijk*."

[2] A Palembang, l'usage des Wosiat, espèce de donation entre vifs, qui a son effet p. e. trois jours avant la mort du donataire, est général. Ils sont rédigés par le prince-prêtre, qui n'en garde pas les minutes.

des testaments passés par-devant notaire. Cependant on en fait, ce qui donne lieu à des procès; il est urgent que, sous ce rapport aussi, la loi règle enfin la compétence des tribunaux ecclésiastiques et mette un terme à leurs abus de pouvoir, qui deviennent plus fréquents de jour en jour [1].

Nous ne connaissons aucun testament fait dans les conditions exceptionnelles de guerre, de voyage maritime ou d'épidémie. Le raison en est probablement que le Chinois est grand faiseur de testaments, presque autant que l'Anglais. Ces calamités le prennent rarement au dépourvu. Au contraire, la moindre apparition de choléra entraîne une épidémie de testaments chinois; et cet acte est d'autant plus nécessaire que la question de savoir si le Chinois de Java a droit à une portion légitime, est extrêmement controversée et n'a que rarement été décidée par le juge [2], les avocats préférant d'ordinaire transiger sur un point si douteux.

Abordons la législation criminelle

Bientôt après que le C. P. E. eut été promulgué, on chargea un membre de la H. C., revenu de congé, surnuméraire pour le moment, (sa place ayant été prise en son absence) [3], de calquer sur ce patron un code pour les indigènes. Un jour qu'on se rappela cette commission, le personnage en question (qui, du reste, était rentré dans la H. C., surchargée d'occupations comme toujours) déclara avoir passé son temps à de vastes études philosophiques, ayant supposé qu'on voulait un code tout neuf, n'ayant aucun rapport direct avec celui des Européens.

Avouons que le R. G., dont l'art. 75 ne parle point des indigènes, ne s'oppose pas à cette acception, et que le décret du G. G. relatif à la commission n'a point été rendu public; cependant l'intitulé du C. P. E., décidait, croyons nous, la question, en le présentant comme le tome premier d'un code général.

---

1 Voir à l'art. 83.

2 L'affirmative, même si leur droit propre ne leur accorde point de légitime, a été jugée par la H. C. en 1865; W. R. I. n⁰. 85.

3 Voir à l'art. 94.

Quoi qu'il en soit, le gouvernement chargea un autre jurisconsulte de ce travail; le conseiller en ressentit une impression telle, qu'il brûla les résultats des vastes études philosophiques que l'on sait.

Son successeur, qui a publié ces détails, ne fit ni une ni deux; il comprit que c'était une honte que l'incertitude régnant sur un sujet aussi important après deux siècles et demi. Il présenta donc un projet presque conforme au code européen. S'il s'était lancé dans des études philosophiques, l'indigène n'aurait encore d'autre loi pénale que l'arbitraire [1].

Espérons que les deux personnages indiqués publieront plus tard leurs vues sur un C. P. plus indigène; constatons que celui-ressemble encore trop au Code français de 1808; mais exprimons notre gratitude à l'homme qui a couru au plus pressé.

---

[1] Pour la gradation des peines, on avait p. e. à la seconde (maintenant troisième) Chambre de la H. C., jugeant alors bon an, mal an (en révision) 4 ou 5000 procès criminels indigènes (maintenant environ 9000), venant seulement des C. du P., surtout des vols, un procédé assez remarquable pour la douceur, et dont nous garantissons l'authenticité.

On comptait sur les doigts le nombre d'années de travaux forcés à infliger, en partant de deux, considéré d'un commun accord (les petites filouteries étant punies par la police et ne dérangeant donc pas les tribunaux) comme peine normale du vol; on ajoutait une année par circonstance aggravante, on en retranchait une pour chaque atténuation.

Le calcul se faisait p. e. ainsi:

vol	2 ans.
la nuit	1
maison habitée	1
effraction	1
deux personnes	1
récidive	1
	7 ans.
séduction	1
	reste 6 ans.

Ce sera un bienfait pour lui, que de voir le monde, donc:

¼ d'heure d'exposition (peine abolie depuis), 30 coups de rotin (conservés maintenant seulement comme peine disciplinaire pour les condamnés, même pour contravention de police, du reste), et 6 ans de travaux forcés, hors de Java (d'après la distinction alors existante) dans l'île à indiquer par S. E. le G. G. (depuis le directeur de la justice).

Passons en revue les principales dispositions dans lesquelles l'oeuvre de M. DER KINDEREN [1] diffère du C. P. Européen.

Les peines sont maintenant :

la mort (pendaison) ;

les travaux forcés de ;

5 à 20 ans
5 à 15 »
5 à 10 »
} «dans la chaîne"; c.-à.-d. que les forçats mâles portent un gros collier de fer;

peines infamantes :

les travaux forcés de 6 jour à 5 ans, peine pour ainsi dire correctionnelle ;

l'amende ;

les travaux forcés comme peine de police, nommés maintenant *emploi aux travaux publics ;* peine limitée à 3 mois, mais semblable dans son exécution à la peine des travaux forcés ;

la prison, de 8 jour au plus, comminée dans un seul cas, sauf des lois spéciales, antérieures au, mais non abolies par le code, et le Règlement général de police.

Les condamnations d'un an et au-dessous sont subies sur place. Pour celles de plus d'un an, le directeur de la justice indique la province où la peine sera subie.

Faisons remarquer, en passant, que ce pouvoir est chose grave. Autrefois, jusqu'en 1873, les travaux forcés dans l'ile où la condamnation était prononcée et ceux au dehors, étaient deux degrés dans chaque catégorie de peines, indiqués par l'indigène au moyen des locutions très exactes *avec* ou *sans bannissement.* En effet, envoyer un pauvre diable de Palembang p e. dans l'ile de Timor ou aux Moluques, est une aggravation de peine beaucoup plus forte que de mettre un Français dans un treadmill anglais

---

[1] Nous en avons fait l'objet d'une étude spéciale dans le journal *La Locomotive* paraissant à Samarang, numéros du 18 et 19 novembre 187?, après avoir traité du projet dans la livraison de juillet 1871 de la Revue Coloniale (Tijdschrift voor Nederlandsch Indië).

Sans compter qu'en désignant une province voisine d'un pays en état de guerre, (la côte occidentale de Sumatra p. e., pour le royaume d'Atjeh), on prononce pour le forçat, servant de bête de somme aux troupes hollandaises, une condamnation à mort.

Or, le directeur de la justice a la faculté de faire déporter un criminel condamné à 13 mois, et peut faire goûter les douceurs d'un chez soi relatif, à un homme ayant à faire le maximum. Le mauvais côté de ce pouvoir discrétionnaire consiste dans la place assez large que savent quelquefois s'y faire, dans la patrie du condamné, les influences locales.

Art. 11. « Dès que des lois générales, ne distinguant point entre « l'Européen et l'indigène, décrètent la peine de l'emprisonnement, « elle est changée pour l'indigène, à commencer de 8 jours, en « celle des travaux forcés."

Art. 22. Le juge peut enlever au condamné, dans les cas indiqués par le Code, certains droits, entre autres ceux d'électeur [1].

Art. 24. Les arrêts portant condamnation pour crime, sont publiés dans la dernière résidence du condamné.

Le G. G. fixera le mode de publication; ce qui a eu lieu par

---

[1] L'Européen n'est jamais électeur aux Indes. Mais l'indigène élit, sauf l'approbation de l'autorité provinciale (et la pression des autres) son chef de village et ses anciens. L'art. 71 R. G. charge le G. G. de maintenir ce droit contre toute atteinte.

Remarquons, au sujet du premier de ces droits, celui d'occuper des fonctions publiques :

On sait que le forçat javanais, de retour dans son village, est très souvent un compétiteur heureux aux fonctions de maire, auxquelles il est propre par sa connaissance des manières des Européens, connaissance souvent acquise comme domestique des fonctionnaires dans les possessions du dehors, et de leur langue (le malais, inconnu de bien des hobereaux javanais), enfin par son expérience du monde, et son caractère mûri par les voyages.

Très souvent (voir le mémoire explicatif au C. P. I. de M. DER KINDEREN, pag. 135) le bourgmestre javanais porte encore le collier de fer des forçats, qui a remplacé depuis 1835 l'antique chaîne, et qu'il n'a point jugé nécessaire de faire ôter, à laquelle il s'est fait. On le voit, nous sommes loin de Jean Valjean.

Dorénavant, cela ne se pourra plus; ces messieurs ne seront plus ni électeurs ni éligibles . . . . . . si on exécute la loi.

ordonnance de 1872, B. d. L. no 193.

On n'a point songé, à ce qu'il paraît, à employer en même temps cette publicité, très utile, à combattre les faiseurs de miracles et autres exploiteurs de la crédulité colossale de l'indigène.

Art. 39. Seul, l'indigène proprement dit, est puni de mort lorsqu'il porte les armes contre les I. H. [1]

Ce fait, commis par des Chinois ou des Arabes nés aux Indes, ou qui y ont été admis, n'est point punissable.

Du reste, ces nations, du moins leurs représentans aux Indes, sont fort peu guerrières.

On n'a point admis, dans cet article et les suivants, que l'indigène pût tramer un complot contre le gouvernement de la mère patrie.

Art. 70 à 74. Dispositions excellentes, tendant à assurer la liberté des élections communales indigènes.

Malheureusement, tout cela n'est point punissable dans l'Européen. Le fonctionnaire faisant du zèle, le planteur tâchant de faire ses affaires, échappent à la loi.

L'Art. 122 déclare aussi coupables de concussion :

1o. les fonctionnaires publics qui, « à l'encontre des ordonnan-« ces y ayant trait, s'approprient injustement des terrains, apparte-« nant à des indigènes ou à des communes indigènes, les pren-« nent ou les gardent en usage ou en possession, ou qui en dis-« posent, sous quelque prétexte que ce soit, au détriment des « possesseurs légitimes ou autres ayant droit. "

2o. les fonctionnaires et leurs subordonnés, « qui exigent, en « faveur de qui que ce soit, des corvées ou des fournitures, non « autorisées expressément par A. L. G."

---

[1] L'art. ?4 C. P. E. ne parle que du Hollandais, au lieu de nommer l'habitant de l'I. H. On a oublié que bien des personnes aux Indes, même des officiers et des fonctionnaires supérieurs, qui y sont nés p. e. de parents étrangers, ne sont point citoyens hollandais.

Nous nous rappelons une loi, ayant naturalisé un fonctionnaire, alors Résident de Pékalongan, autrefois directeur des cultures (c'-à-d. du gouvernement intérieur).

Ce personnage était né aux Indes, de race blanche. En outre, la plupart des métis, assimilés aux Européens, n'ont pas la qualité de Hollandais.

La loi est donc fort incomplète.

Remarquons que l'art. 115 C. P. E. dit seulement, à la fin de l'article traitant de la concussion, qu'il s'applique aussi à l'exaction de corvées non dues.

L' art. 190 C. P. E., différant de l'art. 259 C. P. Napoléon, dit:
« Quiconque porte en public un costume, un uniforme ou une « marque d'honneur auxquels il n'a pas droit, ou qui s'arroge « des titres qui ne lui sont pas octroyés légalement, est puni de « la prison de 6 mois à 2 ans "

L'art. 191 C. P I. ajoute:

« Ou qui porte une marque de distinction ou des insignes, « attachés seulement à un rang ou un titre plus élevé que les « siens."

Il s'agit de gens faisant protéger leur chef par un parasol p. e. doré [1] quand ils n'ont droit qu'à cet insigne en blanc ou en vert avec deux ou trois cercles d'or.

Il serait à désirer que cet article fût appliqué sévèrement, après recensement de la noblesse indigène. Un Département héraldique, ou plutôt un Conseil des titres (les armoiries sont inconnues de l'indigène) est à créer à Java, préviendrait beaucoup de mal, notamment d'escroqueries, et empêcherait plusieurs prétentions illégales [p. e. à l'exemption de la corvée] de se faire valoir; sans compter que sous le rapport politique il est bon de limiter le nombre des gens titrés, autant que de donner de la valeur aux titres indigènes que le gouvernement hollandais accorde souvent en récompense de services rendus.

Puisqu'il doit venir un temps, où le peuple javanais aura un état civil, on ferait bien de commencer par la noblessse. Il est vrai que les Résidents ont des espèces de registres contenant

---

[1] Celui *d'or plein*, comme on dit en blason, est réservé au Résident (le seul fonctionnaire européen ayant droit à ce faste).
Quelquefois il est accordé au Régent [indigène], ce qui constitue une faveur insigne. L'indigène est plus sensible à ces distinctions et aux changements de nom honorifiques qu'aux distinctions européennes, décorations ou médailles.

Pour nos lecteurs, il suffit de savoir que p. e. d'après le R. de 1820 [B d. L. no. 22] le bâtard d'un Régent a droit à un parasol moitié blanc, moitié bleu, en cercles concentriques, avec une bordure d'or, large de trois pouces.

les fonctionnaires indigènes d'un certain rang et leurs parents, mais 1o. ces registres sont loin d'être complets; 2o. ils manquent de rapport entre eux; 3o. le système d'après lequel ils doivent être tenus n'est pas défini; 4o. il y a d'autres nobles que les fonctionnaires.

L'al. 3 de l'art. 248, qui supprime l'amende, ajoute aux dispositions de l'art. 236 C. P. E., correspondant à l'art. 320 C. P. Napoléon (coups et blessures par défaut d'adresse ou de précaution):

« Lorsque les coups n'occasionnent point de maladie ou d'inca-« pacité de travail, ni des blessures, ou seulement des blessures « peu graves, la peine est de trois jours de prison [1], au plus, ou « une amende de 25 florins, au plus. "

Lorsqu'on révisera le C. P. des Européens, il est probable que ceux-ci profiteront aussi de cette faveur, qui prouve que, pour les jurisconsultes demeurant à Java, les peines promulguées [en Europe] sont en général trop fortes. Cette conviction est générale, et même la H. C., dans une circulaire célèbre, a fait comprendre aux tribunaux indigènes que le C. P. I., copié sur celui destiné aux Européens, ne saurait être appliqué sans faire une large part au système des circonstances atténuantes [2]. Celà est parfaitement exact. Cependant, il est bien triste de voir ainsi recommander comme nécessaire, l'abus d'un système condamné unanimement par la science. La faute n'en est qu'à la lenteur des travaux parlementaires en Hollande. C'est cette lenteur qui est cause que les Hollandais ont encore le C. P. N., qui ne leur convient sous aucun rapport.

Le Roi ne pouvait donc, sans violer l'art. 75 al. 1 du R. G, promulguer comme loi pénale pour les Européens aux Indes qu'une copie un peu retouchée de l'oeuvre de Napoléon; et le G. G a dû suivre la même règle de conduite, puisqu'il est impossible d'avoir deux *systêmes* de pénalité absolument différents dans une société quelconque.

---

[1] C'est la seule fois, dans le C. P. I, où cette peine paraisse: voir page 109.

[2] S. B. d. L. n°. 2908.

De temps en temps, on proteste, comme le montre ce petit alinéa 3, assez singulier, d'ailleurs.

Art 254. L'adultère de la femme, punissable dans l'Européenne de 3 mois à 2 ans de prison, ne l'est dans l'indigène que des travaux forcés de 5 jours à 3 mois. Le complice indigène bénéficie aussi de cette indulgence du législateur.

Du reste, on ne punit que pour prévenir la vengeance privée [1]. Sans cela, il faut avouer que l'adultère devient plus criminel à mesure que le divorce est plus facile, et ce n'est pas cette facilité qui manque à l'indigène.

L'entretien d'une concubine dans le domicile conjugal, et la bigamie, ne sont punissables que dans l'indigène qui serait soumis aux lois civiles européennes, p. e. par son mariage avec une Européenne [2].

Les art. 263 et 264 punissent l'indigène (qui ne bénéficie pas des avantages de l'état civil) qui, ayant assisté à l'accouchement d'une Européenne, ou ayant trouvé un enfant à peau blanche (*« appartenant évidemment à la population européenne »*), ne fait pas les déclarations que prescrit le règlement sur les actes de l'état civil *européen* (B. d. L. 1849 no. 25). C'est assez dur.

Mais l'un des défauts les plus saillants du C. P. I est qu'il ne pense presque jamais à la possibilité que les indigènes et les Européens commettent des crimes, des délits, les uns envers les autres. Le fonctionnaire indigène p. e. qui aura emprisonné illégalement un Européen, ne payera que les dommages-intérêts d'après le tarif indigène, et vice-versa.

---

1 La conviction des meilleurs jurisconsultes hollandais, formulée dans le projet („Ontwerpen van een Wetboek yan Strafregt, La Haye, 1875, page 184) qui vient de parvenir au Conseil d'Etat, est que l'adultère ne devrait pas être puni par la loi.

2 Celui-ci doit être précédé d'une déclaration par-devant notaire, qu'on se soumet à la législation civile et commerciale européenne : art. 15 D. T. Voir plus haut, à l'art. 75 al. 2 R. G. Nous ne connaissons à Java (Radhèn Mas I., indigène de distinction, parent du Gouverneur d'empire de Jogjokarta, a épousé une Européenne, mais c'était en Hollande) pas d'exemple de mariage d'un indigène avec une femme européenne ou réputée telle. On n'importune pas l'officier de l'état civil, pour un cas de cette nature.

Une des dispositions les plus curieuses du C. P. I. est certes l'établissement d'une pénalité très douce (3 mois de travaux forcés au plus, peine de police, infligée sans forme de procès), pour le vol, l'abus de confiance, l'escroquerie et leurs congénères (ainsi que les tentatives), commis pour la première fois, d'un objet dont la valeur ne dépasse pas 25 florins [1], somme assez élevée pour un indigène, dans un pays où le menu peuple a si peu de besoins, qu'il vit, à la rigueur, avec 3, 4 florins par mois, les grandes villes exceptées. Cette disposition contraste fortement avec la sévérité des peines infligées par les anciens codes indigènes, dont nous avons donné des exemples.

Fruit de la conviction générale des jurisconsultes, que les peines à l'européenne sont de trop longue durée aux Indes, elle s'applique p. e. aux vols simples, larcins et filouteries; au vol compliqué de l'une des circonstances aggravantes de 1o voie publique, sans menace ou violence; 2o la nuit par plus d'une personne, dans un lieu non habité; 3o domesticité, etc.; 4o par une personne reçue dans une auberge.

On sait que l'indigène est voleur. Il faudra attendre une plus longue expérience pour juger cette loi: elle ne fait que confirmer, du reste, ce qui était d'usage jusque-là. Le Résident infligeait des peines de police quand il le trouvait bon, et réservait les cas plus graves pour le C. d. P.

Et même l'art. 83 du R. d'O. J. énumère dans la compétence des tribunaux de régence, qui ne peuvent infliger que 10 florins d'amende ou six jours de prison au plus, « les petits larcins. » Ces affaires ne venaient donc pas même à la connaissance du Résident européen. Depuis le nouveau code, ces simulacres ridicules que la loi nomme tribunaux de régence, ne sont plus compétents pour aucun vol.

On le voit, ce code ne diffère que fort peu de celui en vigueur pour les Européens.

Selon nous, le R. G. a grandement tort de faire commencer l'oeuvre de législation pénale à Java, par le mauvais bout.

---

[1] 53 francs.

On aurait dû pouvoir faire d'abord un code fondé sur l'état social des 18 millions d'indigènes, et l'appliquer ensuite, avec des modifications, aux quelques milliers d'Européens.

Au lieu de celà, on a légiféré d'abord pour cette poignée d'hommes. L'aristocratie n'est pas la base de la société, à ce qu'il nous semble, et l'Européen n'est et ne sera jamais qu'une exception à Java.

De la manière dont on a procédé, et dont on procédera encore pour les lois civiles, on n'aura jamais que des avortons législatifs.

La faute en est au Règlement gouvernemental, qui veut faire copier les lois hollandaises.

Alinéas 3, 4, 5, 6.

Le juge indigène doit appliquer les institutions indigènes; voilà la règle.

Nous traiterons tout à l'heure de l'exception.

L'expression de « lois religieuses, institutions et coutumes" n'apparaît qu'en 1847, dans les D. G. (art. 11).

La Commission de 1803 avait proposé un art. 86 [1], prescrivant que la justice, entre indigènes, continuerait à être administrée d'après leurs propres lois et coutumes. Le gouvernement des Indes devait avoir soin que dans les territoires, ressortant de lui directement, cette administration fût purgée, autant que possible, des abus contraires aux lois et coutumes indigènes, *nommément de toute influence illégale d'un pouvoir politique quelconque.*

La Commission partait du principe [2], que les institutions javanaises devaient rester intactes. Elle voulait continuer les tribunaux existants, les Conseils du pays de Samarang et de Chéribon [3], jugeant l'indigène, sujet du gouvernement hollandais, en dernier ressort. Seulement, la constitution de ces tribunaux pourrait être

---

[1] Myer, p. 252.

[2] Ibid. p. 216.

[3] Le territoire administré directement était beaucoup moins étendu qu'aujourd'hui. Les résidences de Kediri, Madioun, Bagelén et Banjoumas p. e. ont été cédées au gouvernement hollandais après la grande guerre de 1825 à 1830. Elles contiennent maintenant, d'aprés l'Almanach officiel de 1878, 3.727.000 habitants.

l'objet de quelques améliorations, et l'on pourrait rendre plus facile au commun des Javanais d'obtenir justice.

Il faudrait pour celà que ces tribunaux ne fussent plus présidés par le Gouverneur ou Résident hollandais, mais par un commissaire spécial et qu'on leur adjoignît un secrétaire, européen, connaissant la langue et les moeurs javanaises [1]. D'un autre côté, la commission était opposée à ce que les Régents fussent membres de ces tribunaux [2].

On préférait d'autres indigènes de qualité qui *jouiráient d'un traitement annuel* [3], et d'un titre, selon les usages indigènes.

Le R. de procédure de 1819, publié par les commissaires généraux, au sujet de l'administration de la justice indigène, contient ces dispositions pour les C. d. P.:

112. Les débats terminés, l'opinion du Grand-Djaksa [4] et du Grand-Panghoulou [5] sera demandée, et en même temps la peine, dont les *lois indigènes* [6] punissent le crime, dont le prévenu est accusé.

120. On ne pourra requérir ni torture ni mutilation; pareil avis étant émis, soit par le Grand-Djaksa ou le Grand-Panghoulou, soit par les membres, le Résident le lui rappellera.

---

[1] C'était donc le progrès qu'on est en train de réaliser maintenant, après trois quarts de siécle, de décharger les Résidents et les assistents-Résidents de la présidence du C. du P., en nommant des présidents (et quelques greffiers) jurisconsultes et ayant passé d'ailleurs un examen, entre autres, en langue javanaise.

[2] Ce progrès reste encore à faire. Il ne le sera que lorsque les fonctionnaires administratifs ne présideront plus de tribunaux du tout.

On peut s'en assurer en remarquant, qu'au lieu des chefs indigènes les plus élevés qui selon l'art 100 R. O. J. doivent siéger avec le juge de circuit, on ne trouve souvent que des personnages assez piteux, contrastant vivement avec ceux qui siègent dans le tribunal inférieur, le C. d. P., à côté de l'administrateur hollandais.

[3] Jusqu'ici, à Java, aucun *membre* d'un tribunal indigène n'est rétribué comme tel.

[4] Djaksa est, en général, le procureur du Roi indigène, l'officier de police judiciaire, chargé de l'instruction etc. On le nomme Grand („*Hoofd*") lorsqu'il fait fonctions dans le chef-lieu d'une résidence.

[5] Prêtre. Il est „Grand" dans le même cas que le Djaksa. Il y en a de capables, mais leur connaissance du droit musulman, dont ils sont les interprêtes officiels, est bien restreinte et bien routinière. Jamais ils ne savent p. e. l'arabe.

[6] C'est nous qui soulignons.

121. En prononçant les condamnations, on suivra les lois et coutumes indigènes de l'île, à condition pourtant, que celles-ci ne soient point en opposition avec des principes de droit généralement reconnus, ni avec les ordres ou les lois du gouvernement.

Ce R., qui a eu force de loi jusqu'en 1848, se tait sur les affaires civiles. Il est clair qu'on suivait la plupart du temps la coutume locale, indigène Mais les C. d J., jugeant en appel, appliquaient — la tendance est bien naturelle — le droit en vigueur pour les Européens On conçoit quels inconvénients graves il en résultait. Aussi, le G. G. ordonne déjà en 1825 [1] aux C d. J. en appel, comme aux C. d. P. en première instance, de ce conformer aux lois « indigènes ou religieuses," aux institutions ou coutumes de telle nation indienne, à laquelle les parties ou le défendeur appartiennent, *à condition que ces lois ne soient point en opposition avec des principes reconnus d'équité et de justice* [2]

Mais les choses n'allaient pas encore très bien. En 1832 [3], le G. G. interprête les mots que nous venons de souligner, en déclarant, afin de couper court à toute incertitude, que par cet article sont maintenues toutes lois, institutions ou coutumes, indigènes ou religieuses, *alors même qu'elles ne concorderaient point avec les lois positives faites pour les Européens et ceux qui leur sont assimilés* [4].

On le voit, le gouvernement pousse dans un sens, et la magistrature européenne dans un autre.

Avant d'aller plus loin, remarquons que le mot « religieuses" est une épithète constante, indiquant la source de ces lois. L'expression « lois religieuses" veut dire simplement: droit musulman. Ce droit, on le sait, est essentiellement religieux; dans la société musulmane, la religion et le droit découlent de la même source

---

[1] B d L. no. 42.

[2] C'est nous qui soulignons.

[3] B. d. L. no. 29.

[4] C'est encore nous qui soulignons.

Quant aux »institutions et coutumes," on regarde comme telles le droit propre javanais, général ou local.

Maintenant, qu'on se figure bien ceci :

L'Islam n'est qu'un vernis; le droit musulman n'est appliqué la plupart du temps qu'au mariage, et souvent aussi aux héritages. D'ailleurs, il est inconnu des indigènes, même de la plupart des prêtres. Il y en a bien un, par-ci par-là, qui l'a appris un peu à l'université du Caire, où il y a une fondation pour les Javanais, mais ils constituent une exception bien rare.

Cependant, on peut apprendre le droit musulman.

Pour le droit indigène proprement dit, la chose est bien plus difficile Les codes promulgués par les anciens souverains de Java, ne parlent la plupart du temps que de matières pénales. Encore, l est difficile de se les procurer; et l'indigène, positif de sa nature, ne s'en occupe guère. Pour lui, ce sont des vieilleries.

Tout cela bien compris, nous n'étonnerons personne en disant qu'en fait de «lois religieuses, coutumes ou institutions des indigènes," ce qu'on applique, c'est la volonté du président, à laquelle les autres juges ont d'ailleurs l'habitude de se soumettre.

Abordons les «principes généralement reconnus d'équité et de justice."

Il nous serait difficile d'en indiquer. Prenons, pour le démontrer, une matière qui se rencontre chez tous les peuples et partout, la succession des enfants aux biens de leurs parents.

En Hollande, en France, on s'est accoutumé au partage égal. Il est même assez rare, en Hollande, de voir les parents avantager l'un des enfants de la quotité disponible. Les bâtards ont le tiers de ce qu'ils auraient, étant légitimes; à défaut d'autres descendants, leur part est plus grande. En Suède, si nous sommes bien informés, la naissance illégitime n'influe pas sur les droits de l'enfant à l'héritage maternel.

En Angleterre, nous voyons beaucoup de pères de famille léguer tout leur avoir à leur veuve: bien plus, surtout dans les classes élevées, instituer leur fils aîné légataire universel. Les bâtards sont exclus.

Dans les pays régis par le droit musulman, rien de plus juste que de ne donner aux filles que la moitié de ce qui revient aux garçons. La qualité de bâtard n'a aucune influence sur la portion de l'héritage à laquelle on a droit.

En Chine, on satisfait aux lois divines et humaines, en ne laissant rien du tout à ses filles [1]. Les femmes ne peuvent rien posséder. Les fils de concubine, nés dans la maison, ont une part aussi grande que les fils légitimes. Ceux nés au dehors, mais élevés dans la maison, ont demi-part [2].

Dans les pays malais de la Côte Occidentale de Sumatra, ce sont les neveux et les nièces qui héritent

Où est le principe «généralement reconnu"?

Ceux qui en parlent ont été bercés par la chimère du droit naturel.

Prenons un autre exemple: le droit que la mère a sur l'enfant. Pour nos lecteurs, aucun droit n'est plus sacré. Nous allons même jusqu'à lui sacrifier l'intérêt public, en exonérant du service militaire les fils uniques, soutiens de veuve

A Java, c'est bien différent. Une mère indigène ayant cédé son enfant au père européen (B. d. L. 1830 no. 31) — nous connaissons des cas où elle y a été forcée par l'emprisonnement, ordonné par un fonctionnaire complaisant — n'a plus de droits sur l'enfant. Nous avons vu plus haut p. e. que la loi ne lui accorde pas la tutelle. Elle n'en hérite pas ab intestat. Ceci s'accorde, du reste, parfaitement avec la «loi religieuse»: il n'y a point de liens du sang entre les membres de la communauté musulmane et ceux qui n'en font point partie [3].

En Chine, quel est le droit de la mère ? *celui d'un sac: le contenu appartient à celui qui l'a rempli* [4].

---

[1] H. C. 16 août 1866, W. R. I. 166.

[2] Code de l'empereur SOUN-TI; communiqué par le Conseil chinois de Sourabaya; R N I. XVII, 234, 364. §§ 1 et 2.

[3] C. d. J. de Samarang 1864; W. R. I. 76; jugement cassé par la H. C. en 1865; W. R. 110, et qui cependant nous semble d'accord avec les principes.

[4] Opinion de l'aviseur pour les affaires où sont impliqués des Chinois, émise par devant le Résident de Batavia, juge de police; affaire THE A TAUW contre SENA R. N. I. II, p. 30.

C'est révoltant; mais c'est comme çà.

La phrase que nous avons soulignée dans le texte de la loi, page 57, nous fait l'effet d'un cri de conscience. Le maitre européen a honte de n'avoir pas élevé l'indigène, après deux siècles et demi de domination, à un niveau de civilisation plus élevé. Il sent que le fanatisme musulman l'emporte, comme étant de source plus pure que ses prétendus principes. Et il met, du moins il croit mettre, une petite soupape de sûreté.

Peu engoué que nous sommes des théories, nous voulons exposer au lecteur la manière dont on a appliqué le principe — si principe il y a — d'atténuation de ce que le droit indigène a de trop révoltant.

Pour celà, nous ne connaissons d'autre méthode que de rapporter le peu de décisions que nous ayons pu trouver: *elles ne concernent que les Chinois:*

1. Il est contre les «*principes généralement reconnus*" dit le C. d. P. de Batavia en 1875 (R. N. I. XXVI, p. 119) d'exclure la mère de la succession ab intestat de son fils, qui n'a laissé, d'ailleurs d'autres héritiers qu'une tante paternelle et un oncle maternel

2. Idem, d'exclure les filles de la succession ab intestat de leur père (C. d. J. Batavia 1877; R. N. I. XXVIII, p. 291).

La H. C , en appel, a été d'un avis contraire [1877; R. N. I. XXIX, p. 168,] et a suivi ce qui se pratique dans tout l'Empire du Milieu.

La grande question est de savoir, si on doit avoir égard aux institutions chinoises pures, ou aux usages suivis par les Indo-Chinois de Java [1] Dans ce dernier cas, la différence avec le droit régissant les Européens ne sera plus que minime, l'influence hollandaise ayant agi longtemps, et même l'assi-

---

Le Résident ne suivit pas cet avis; il rendit l'enfant à la mère, qui, d'ailleurs, était indigène.

[1] Pendant la correction de cette feuille, il nous parvient un article de M. Meeter, interprête de langue chinoise à Sourabaija, inséré dans le R. N. I., XXXII, p 366, dont le système est que les Chinois et leurs usages sont les mêmes à Java qu'en Chine. Cependant, nous savons que plusieurs chinoises font le commerce pour leur propre compte, sans aucune intervention du mari.

milation complète aux Européens ayant été autrefois la règle, comme elle l'est maintenant encore dans quelques possessions du dehors [1].

La jurisprudence penche à suivre les usages des *Indo*-Chinois; nous croyons qu'elle a tort, et que la loi ne parle que du droit propre des Chinois [2], de celui qui est en vigueur en Chine.

Souvent, le juge demande à des experts un avis sur le droit indigène [3] Ces «institutions, coutumes et usages" sont donc considérés comme un droit *étranger*, partant comme un fait. Aussi, leur violation ne donne point ouverture à cassation, et la tendance est même de ne point leur appliquer la règle curia novit *jus*, mais de dire p. e. que *dans ce procès* telles ou telles institutions n'ont point été *alléguées*.

Ce pouvoir du juge a été contesté [4] au nom de la règle citée, qui cependant, sous l'ancien régime, n'empêchait pas les cours hollandaises de prendre l'avis p. e. des facultés de droit, ou bien d'avocats en renom.

Le 4ème alinéa ne donne pas lieu à beaucoup de commentaires: il est clair que, pour être jugés par un tribunal européen, les nobles indigènes n'en gardent pas moins leur droit propre; et

---

[1] Dans le ressort du C. d. J. de Macassar p. e. en vertu de l'art. 36 de l'Ordonnance qui le constitue [B. d. L. 1824, no. 31]; disposition qui cependant nous semble avoir été abolie par l'art. 75 R. G. (R. N. I. XXV, p. 367).

Nous n'avons point traité à fond des possessions du dehors. Les matériaux nous manquaient, et nous craignions de donner trop d'extension à notre travail, dont les proportions ont déjà dépassé nos intentions

[2] R. N. I. XXVIII, p. 65. Espérons que les lois sur le droit de famille des Indo-Chinois, terminées depuis si longtemps, seront bientôt promulguées par un G. G. non docteur en droit. Malheureusement, nos compatriotes tiennent à avoir dans toutes les fonctions élevées des personnes ornées de ce titre malencontreux, et celles-ci se croient alors compétentes, veulent étudier la question etc Le résultat est parfaitement négatif.

[3] H. C. 1877; R. N. I. XXX. 189. Même sur des questions comme celles-ci, si, la mère morte, le père devient ou reste tuteur des enfants. Voir W. R. I. 1867, no. 208 et 221. On conçoit que ces nominations d'experts renchérissent beaucoup les procès.

[4] M. Sibenius Trip; R. N. I. XXVII, p. 67 cite un arrêt de la H. C. en ce sens; 1858; R. N. I. XVI, p. 286.

que la logique exige, que le juge en appel prononce d'après le même droit qui a dû être appliqué en première instance.

Comme on l'a remarqué dans la 1e Chambre des Etats-Généraux (voir page 64), le cinquième alinéa pêche en ceci, qu'il n'ordonne la prise en considération du droit indigène que lorsque l'indigène est défendeur.

Le sixiéme alinéa est bien souvent invoqué. Le droit indigène étant presque inconnu, tous les tribunaux sont enclins à prétendre que telle on telle matière n'y a point été réglée; il est bien plus facile d'ouvrir les codes européens.

Nous n'étonnerons personne en disant que la loi européenne, étant seulement prise en considération comme droit consultatif, et non absolument suivie, n'a pas besoin d'être citée. Une décision dans ce sens a été prise par la H. C. en 1851; elle apprécie de même le droit indigène; la violation de l'un ou de l'autre ne saurait donner ouverture à cassation [1].

Voici quelques exemples de l'application des principes européens:

A. Ceux sur l'élargissement ou le maintien des détenus pour dettes, énoncés dans les lois sur les faillites, (non applicables à l'indigène) doivent lui être appliqués lorsqu'il a mis ses biens en séquestre, d'après la législation de 1828 (B. d. L. no. 40); la séquestration ne change donc rien à l'emprisonnement pour dettes *une fois effectué.* [2]

B. Il ne s'agit que de principes *généraux*, p. e. que la compensation ne peut s'établir qu'entre dettes liquides, mais non de prescriptions particulières, comme que le cessionnaire n'est saisi, à l'égard des tiers, que par la signification du transfert faite au débiteur, ou par son acceptation, faite dans un acte authentique [3].

---

[1] R. N. I. VI, p. 439; VII, p. 85; VIII, p. 350 et 426.
[2] C d. J Batavia 1854; R. N. I. IX, p. 326.
[3] 1855; R. N. I. X, p. 840

La distinction est assez arbitraire; la signification peut être un précepte spécial; mais c'est un principe général, qu'on ne peut nous opposer que les actes dont nous avons eu connaissance.

C. Pour proroger la juridiction, le tuteur a besoin de l'autorisation judiciaire [1].

D. La prescription doit être jugée « entre musulmans," d'après le droit européen [2].

La chose nous semble extrêmement douteuse; on peut appliquer un principe tel que « *contra agere non valentes*" etc., mais nous ne croyons pas que l'al. 6 art. 75 R. G. permette p. e. de considérer tel laps de temps comme constituant la prescription acquisitive. Et l'on dirait que la H. C., jugeant ainsi, voulait ignorer l'existence de l'Ordonnance de 1832 (B. d L. no. 41) sur la prescription, qui, pour les indigènes, n'est point abrogée par le C. C., et qui avait été citée par le juge en première instance.

E. De même, l'obligation de celui qui veut faire exhausser un mur mitoyen, de commencer par s'assurer si ce mur est en état de supporter l'exhaussement [3].

Article 76 [4].

La juridiction pénale militaire est fondée sur des A. L. G. concordant autant que possible avec les lois existant en Hollande.

Déjà dans les instructions données au premier G. G., Both, approuvées le 26 novembre 1609 par les Etats-Généraux, il sem-

---

[1] 1855; R. N. I. XI. p. 840.
[2] H. C. 1850; R. N. I. III, p. 262.
[3] C. d. J. Batavia 18 8; R. N. I. XVI, 244.
[4] Qu'il nous soit permis d'indiquer ici nos travaux sur le droit militaire
a. Gids voor officieren en onderofficieren van het Nederlandsch-Indische leger bij de uitoefening der regtspleging in tijd van vrede. Breda, 1870.

ble être question, à l'art. 2 [1], de la justice militaire. D'accord avec son conseil, le G. G. mettra des « commandants, capitaines et soldats" où il le jugera convenable, et les placera sous tel conseil de guerre ou autre conseil ordinaire, qu'il jugera conforme à l'intérêt général de son gouvernement.

Au contraire, les instructions subséquentes, dont la dernière, de 1650, est restée pendant un siècle et demi la base de l'administration, n'en parlent pas

La célèbre commission, chargée en 1803 de présenter des projets de L. F. pour les I. H., proposa le systême en vigueur alors dans la république batave. Seuls, les délits purement militaires [2], commis aux Indes, ainsi que dans les ports et rades, par les militaires de terre et de mer, seraient jugés par des conseils de guerre. Pour les possessions hors de Batavia il y aurait appel à un C. d. G. (à nommer chaque fois par le G. G., *ad istum actum*), composé de 7 officiers et de 2 jurisconsultes, assisté enfin d'un auditeur militaire choisi parmi les avocats. Il y aurait appel, si ce conseil avait jugé en première instance à Batavia, et révision dans tous les cas. Le tout, d'une manière à fixer ultérieurement par le conseil (proposé) « des possessions et établissements en Asie."

(Guide des officiers et sous-officiers de l'armée des Indes hollandaises pour l'administration de la justice en temps de paix).

b Gids voor het Nederlandsche leger bij de uitoefening der regtspleging in tijd van vrede. Zalt-Bommel, 1871.

(Idem pour l'armée hollandaise).

c. Handleiding bij de uitoefening der rechtspleging, voor 's Konings zeemacht; 's Gravenhage, 1872.

(Idem pour la marine royale).

d. Un article dans le Tijdschrift voor Nederlandsch-Indië (Revue coloniale, publiée en Hollande) de 1870, intitulé: Het Militair regtswezen in N. I. (La justice militaire dans l'I. H.).

e. Idem dans le Militair Tijdschrift (Revue militaire, publiée à Batavia) de 1873, intitulé: De reclames en de krijgstucht (Les réclamations-contre des peines disciplinaires subies — et la discipline).

[1] Myer, p 6.

[2] p. 219.

Quant aux délits commis en pleine mer, la commission s'abstenait de formuler des propositions, jugeant que ce serait sortir des bornes de son mandat, et toucher aux lois de la mère patrie.

Cependant ce ne fut qu'en 1807, grâce à l'instruction donnée par le roi LOUIS BONAPARTE au maréchal DAENDELS [1], que les conseils de guerre s'occupèrent encore d'autre chose que des délits militaires. Le maréchal devait avoir soin de faire administrer régulièrement la justice militaire, *en observant autant que faire se pourrait* les règlements arrêtés ou â arrêter par le Roi.

Il avait à proproser les moyens de faire juger convenablement les coupables de délits militaires commis ailleurs qu'à Batavia, *ayant égard, à ce que les inculpés fussent défendus convenablement* (quand les circonstances l'exigent).

Quoique ces derniers mots, mis entre parenthèses, soient peu clairs, il est triste de voir que le soldat en 1879 n'a point de défenseur, lorsque le soin de le faire bénéficier de ce droit sacré a été mis en 1807 au nombre des devoirs du G. G.

Remarquons encore que le grand DAENDELS, cet homme de fer, s'est accommodé de la justice civile pour les délits communs. Nous n'avons pu obtenir des données pour juger du résultat de ce système, dont nous sommes les adversaires déclarés, du reste.

Le R. G. de 1815, (qui jamis n'a eu force de loi), revient déjà à l'ancien système [2]. Les conseils de guerre connaîtront de tous délits commis par des militaires. Sauf celà, on suit les propositions de la commission de 1803.

L'art. 50 [3] du R. G. promulgué en 1818 par les commissaires généraux au nom du Roi, ne dit autre chose sinon que tous les crimes commis aux Indes par des militaires, tant de terre que de mer, seront jugés par des tribunaux militaires, dont l'organisation sera fixée par des règlements spéciaux.

De cet art. 50 est dérivée l'ordonnance de 1818, contenant pour la H. C. M. un règlement provisoire dont il sera question plus loin.

---

[1] Art 19; page 351 ibidem.

[2] Art. 74, 75, 76. Myer, p. 391.

[3] page 412.

Le R. G. de 1827 est presque aussi bref au sujet de la justice militaire. Les militaires seront jugés, dit l'art. 50 [1], par des conseils de guerre et une H. C. M., d'après les règlements existants, maintenus provisoirement [2]. Cette H C. M se compose toujours d'un président et de six membres.

Les deux R. G. suivants, de 1830 et de 1836, art 47 et 39 [3] se bornent à dire que tous crimes [4], commis aux Indes par des militaires de terre ou de mer, seront jugés par des tribunaux militaires, dont l'organisation est (le R. de 1836 ajoute: *ou sera ultérieurement*) fixée par le Roi.

Dans le premier projet de R. G. présenté sous l'empire de la L. F. de 1848, en 1851, il n'est soufflé mot de la justice militaire. On s'en plaignit dans les sections de la 2e Chambre. Le gouvernement répondit que l'ancien R. G., celui de 1836, suivait la L. F. d'alors, et que celle de 1848 ne parlant plus que de la compétence, on devait ou bien l'imiter ou se taire sur ce sujet. Nonobstant cette excuse assez faible, le gouvernement s'exécuta, tout en faisant remarquer que le C. P. M. est en vigueur dans les I. H. en vertu de sa disposition finale. Dans le second projet, celui de 1853, art. 72 [5], la justice militaire est basée sur des Codes ou autres A. L. G., arrêtés ou approuvés par le Roi, et pareils autant que possible à ceux existant en Hollande.

Mais, plus tard, on a voulu laisser toute liberté, pour savoir auquel des trois législateurs coloniaux incomberait cette tâche, et il n'est plus resté que la rédaction présente.

Il est vrai que dans la discussion publique [6], M. THORBECKE a demandé que la justice militaire des Indes fût affranchie des lois

---

[1] page 400.

[2] Ce n'est pas seulement en France que le provisoire dure longtemps.

[3] page 478 et 508.

[4] Les mots *crime* et *délit* ou *contravention* (*misdrijf*, *overtreding*) sont usités indistinctement dans tous ces règlements; ce sont des termes génériques.

[5] K. 1, 35.

[6] Séance du 3 août 1854; K. III, 680.

existant en Hollande, mais il n'a point présenté d'amendement.
Et l'article qui nous occupe a été adopté sans qu'on allât aux voix.

Cet article cependant n'est point exact; tout au plus pourrait-on y voir un programme.

Il n'est pas vrai que l'administration de la justice militaire aux Indes repose sur des A. L. G. *concordant avec* les lois existant en Hollande.

Ce qui fait bien ressortir e. a. le caractère européen et non colonial de cette justice, c'est que l'inégalité, base du système judiciaire aux colonies, ne s'y retrouve pas.

La procédure est la même, que l'accusé soit européen, indigène ou étranger (nègre, p. e.). Seules, les peines *civiles* diffèrent et la peine militaire de la brouette est subie (d'après des ordonnances postérieures) différemment, selon que le condamné est européen ou indigène.

Même si tout l'article 76 ne se trouvait pas dans le R. G., allons plus loin, disons: même s'il n'existait pas de L. F. de ce genre — la justice militaire serait administrée tout de même dans les I. H.

Ici, nous sommes obligés de faire une excursion dans le domaine des lois de la mère patrie.

Le C. P. pour l'armée de terre finit en disant:

«Ce code sera aussi en vigueur dans les possessions Indo-Orien-«tales et Occidentales du royaume; sauf cependant que, si quel-«ques-unes des peines qu'il fixe, ne pourraient être appliquées «sans inconvénient, à cause du climat ou d'autres circonstances, «il sera loisible aux gouvernements de ces possessions de faire «et d'introduire tout de suite à ce sujet tels changements qu'ils «jugeront nécessaires, sauf à être tenus de faire leur rapport «de ce qu'ils auront effectué à cet égard, afin d'obtenir l'appro-«bation du souverain ou ses ordres ultérieurs.»

Maintenant, l'expression «*ce code*» embrasse non seulement celui ci, mais aussi le R. de procédure et celui de discipline; le corps de législation militaire, en un mot [1].

---

[1] Nous sommes pleinement de l'avis de M. Pols, *het Crimineel Wetboek voor het krijgsvolk te Lande* (le C. P. M. pour l'armée de terre); 's Gravenhage, Martinus Nijhoff, 1867, p. 61.

Sans celà, personne ne saurait dire, en vertu de quoi les R. de procédure et de discipline ont force de loi aux Indes. L'arrêté des commissaires généraux de 1819 (B. d. L. no. 21), établissant une H. C. M., part de ce principe: les R. de procédure pour les armées de terre et de mer, contiennent des dispositions supposant l'existence d'un tribunal supérieur d'appel et de révision, et ne sauraient donc fonctionner régulièrement sans lui.»

L'ignorance où l'on était en 1854 du droit militaire et du droit des Indes est seule cause qu'un article aussi parfaitement faux que celui qui nous occupe ait été inséré au R. G.

Le gouvernement des I. H. a largement profité de la faculté de changer le système pénitentiaire militaire.

On le sait, au civil, quand l'Européen n'est passible que de la prison simple, l'indigène est condamné aux travaux forcés hors de la chaîne, ce qui, d'après la jurisprudence de la H. C. M. de Batavia, [1] entraîne toujours la dégradation militaire. Pour empêcher les dégradations d'être trop fréquentes, on a accordé au juge la faculté [2] d'infliger, même pour délits civils, aux militaires indigènes, la détention, réservée pour les Européens aux seuls délits militaires, et qui est subie dans une prison à l'européenne [3].

Un autre usage de cette faculté est que par décision du G. G. en conseil, de 1831, B. d. L. no. 24, la peine militaire de la brouette peut être infligée aux militaires, pour des contraventions et des crimes purement civils. Personne n'a jamais compris le but de cette mesure, la brouette étant identique, pour les Européens avec les travaux forcés, sans l'exposition (abolie du reste en 1866), et, pour les indigènes, avec les travaux forcés dans la chaîne [4].

La seule différence consiste donc en ce que la plupart des

---

[1] E. a. arrêt du 5 août 1850.

[2] Arrêté royal de 1856, B. d. L. 1857 no. 3.

[3] A commencer de 6 mois, on envoie les coupables à la maison d'arrêt de Samarang, où ils sont assez agréablement, ayant chaque nuit leur maîtresse indigène avec eux, s'ils se conduisent bien.

[4] Pour les indigènes condamnés à la brouette, le Directeur de la justice fixe la province où ils subiront la peine, absolument comme on fait pour ceux condamnés aux travaux forcés civils.

tribunaux ne considèrent point la peine de la brouette comme entraînant l'infamie civile.

L'arrêté de 1831 est tombé en désuétude; on ne se sert plus de la faculté qu'il accorde.

Troisièmement, la peine de coups de rotin ou de plat de sabre, comminée par le C. P. M., a été abolie par le G. G. en 1851, B. d. L. no. 31, (ordonnance approuvée par le Roi, B. d. L. 1852, no. 41,) *afin de relever le prestige du soldat de toute nationalité.* [1]

En quatrième lieu, le maximum de la peine de la brouette, de 15 ans en Hollande, est de 10 ans aux Indes, d'après l'ordonnance du G. G. en conseil de 1822, promulguée dans le B. d. L. de 1849, no. 48.

Il est difficile de donner une raison de cette mitigâtion dans un pays où le maximum de la peine civile des travaux forcés est de 20 ans, et où:

5o. les militaires blancs condamnés à la brouette et aux travaux forcés civils sont expédiés en Europe, dès qu'ils ne sont nés ni élevés aux Indes (arrêtés royaux de 1853, B. d. L. no. 46, et 1856, B. d. L. no. 57) [2].

Enfin, la H. C. M. des Indes s'est permis de déclarer [3], par sentence du 25 juillet 1851, que l'une des peines du C. P. M. était inapplicable aux Indes. Voici une traduction littérale de l'article qu'on a éliminé par un procédé empiétant sur les attributions législatives, et violant l'art. 21 des D. G. [4]:

Art. 44. «La peine d'être chassé comme coquin sans honneur

---

[1] Comme peine disciplinaire, elle est maintenue jusqu'ici pour les soldats placés (par leurs chefs de corps) dans la seconde classe.

[2] En 1869, le Roi a ordonné de n'envoyer en Europe que des gens ayant après leur arrivée au moins un an à séjourner dans la prison militaire de Leyde.

[3] Dans le projet de C. P. militaire de 1807, cité par M. Pols, page 493, il était dit, que „dans les dites colonies et possessions, telles précautions devront „être prises quant à l'exécution des peines, qu'il sera jugé utile ou nécessaire à „cause du climat, ou de circonstances locales particulières."

On dirait que la H. C. M. des Indes s'est inspirée de ce projet.

[4] Copié de l'art. 5 C. C. français: „Il est défendu aux juges de prononcer par „voie de disposition générale et règlementaire, sur les causes qui leur sont „soumises."

« consiste à être déprivé, à la parade, par un *stokkeknecht* [1], de « tous insignes militaires; à recevoir des coups de bâton; à avoir « les cheveux coupés et à être conduit hors de la porte (de la « ville): le jugement sera ensuite notifié à l'autorité du lieu de « naissance et du dernier domicile du condamné.»

La H. C. n'a point dit, pourquoi cette singulière peine, qui respire un parfum si pénétrant d'ancien régime, serait inapplicable aux Indes. Peut-être parce que les villes de Java [semblables en celà maintenant à la plupart des villes de Hollande,] n'ont point de portes? Nous croyons plutôt que la Cour a senti le ridicule que déversait sur le juge une peine pareille, dans un pays tel que Java, après que les coups de bâton [jusqu'à 100] en avaient été retranchés. L'arrêt a suivi de près l'abrogation des coups en matière criminelle; les deux sont de 1851. Quoi qu'il en soit, l'arrêt, parfaitement illégal, a fait jurisprudence; on viole la loi en infligeant seulement une détention.

On l'a vu, de par le C. P. M., la justice militaire doit être administrée dans les colonies, comme dans la mère patrie.

Et cependant l'art. 76 parle d'A. L. G. *similaires* aux lois de la mère patrie *sur lesquels elle reposerait* aux I. H.

Comme nous l'avons dit, il n'existe pas d'A. L. de cette nature. Ce qui tient lieu de loi en Hollande, est aussi en vigueur aux Indes. Cependant, il a été pris quelques mesures [2], dans le cours des années, altérant sur des points assez essentiels la législation militaire. Elles sont toutes illégales, comme émanant d'une autorité législative subalterne, partant incompétente. Même le G. G. s'est permis, on le verra, d'altérer le C. P. M.

Voici ces mesures:

I. Arrêté royal de 1849, B. d. L. 1850, nº. 4, altérant l'art.

---

[1] Mot signifiant littéralement: valet armé d'un bâton. Ce fonctionnaire tient le milieu entre le caporal surveillant (dont il a, d'ailleurs, le grade), et l'argousin.

[2] En outre, les commandants de l'armée des Indes se sont permis de donner quelquefois des commentaires et des suppléments aux lois existantes; mais on nous permettra de les passer sous silence, en déplorant seulement que le gouvernement général des Indes ne se sente pas assez fort pour empêcher cet abus. Voir p. e. la célèbre circulaire de 1847, relative aux vols de chambrée.

57 de l'instruction *provisoire* [de 1819!] pour la H. C M. des I. H.: sans forme de procès, la H. C. peut réduire la peine infligée par le conseil de guerre.

Ceci n'est point le cas en Hollande. C'est un progrès, mais illégal.

II. La décision, si un officier ressortant directement de la H. C., sera traduit en justice, n'est plus prise, depuis 1849, par le G. G. (généralissime) mais par le commandant de l'armée.

III. La H. C. M. se composera du président, de deux membres civils (docteurs en droit, membres de la H. C. civile tous les trois) et de deux membres de l'armée de terre ou de celle de mer, selon que l'accusé appartient à l'une ou à l'autre.

IV. En 1827, on a déclaré que la présence d'un seul de ces membres, représentant l'arme à laquelle appartient l'accusé, suffisait.

V. 1837. Le G. G. décide par une ordonnance, non insérée au B. d. L., que, à défaut d'officiers, de simples sous-officiers [1] seront compétents pour l'instruction des affaires militaires.

A la suite d'un arrêt de la H. C. M., acquittant des témoins ayant porté un faux témoignage par-devant une commission composée de sousofficiers, considérant cette composition comme une violation de la loi, on s'est hâté de légaliser la mesure, bien déplorable cependant [B. d. L. 1868, no. 97.] L'instruction faite par des officiers, quoique souvent défectueuse, garantissait une administration honnête de la justice.

Aux Indes, on a retranché cette garantie, parce qu'elle coûtait trop cher.

VI. En 1849 (B. d. L. no. 18), on a promulgué une ordonnance du G. G. intérimaire de 1842, portant que, pour les troupes sur le pied de paix, la garnison d'un militaire, qu'il ne peut

---

[1] Le sous-officier aux Indes n'est point assermenté, il est souvent étranger, ne sachant ni le hollandais ni le malais. Il est dans la dépendance absolue de son chef de corps. Plusieurs ne restent sous-officiers que parcequ'ils on décliné d'avancer à cause des informations à prendre par la voie diplomatique avant de leur conférer l'épaulette.

C'est l'élément de la société de Java le plus dangereux pour le pouvoir hollandais.

En voilà assez pour faire voir quels dignes juges d'instruction il fournit; et, qu'on le sache bien, le conseil de guerre juge sur preuves écrites, à l'ancienne mode.

quitter sans se rendre coupable de désertion, est chaque île des I. H., dans toute son étendue, et en y comprenant les petites îles placées sous la même administration.

Cette interprétation authentique, absurde autant qu'illégale, rend le crime de désertion en temps de paix presque impossible [1]. Il paraît qu'elle a été dictée par la crainte de n'avoir, à la fin, plus personne sous les drapeaux.

Disons en peu de mots comment est organisée la justice militaire aux I. H.

Les conseils de guerre, composés de 7 officiers, dont la simple majorité décide, sont sous l'influence d'un auditeur militaire [2], chargé du ministère public et des fontions de greffier. A Batavia, Samarang, Sourabaya, Macassar, Amboina et Padang, c'est le procureur du Roi (officier de justice, disent maintenant les Hollandais); d'ordinaire, son substitut. Ils sont docteurs en droit. A Palembang, c'est le greffier du conseil du pays, jurisconsulte aussi. A la citadelle de Willem I et en campagne (guerre d'Atjeh), il y a un auditeur spécial avec un substitut, jurisconsultes; à Bandjermasin et à Pontianak (Bornéo) c'est le lieutenant aide de camp du commandant des troupes, un non-jurisconsulte donc, qui paraît suffire.

Ces deux derniers sont nommés en contradiction avec l'art. 133 du R. de procédure militaire, qui exige dans l'auditeur un grade universitaire; sans dire, du reste, lequel.

Ces conseils de guerre jugent en secret [3], d'après les formes de l'ancien régime. Les procédures durent beaucoup trop longtemps [4] et le soldat subit toujours, même pour une contraven-

---

[1] Nous ne nous rappelons qu'une seule espèce, au jugement de laquelle nous ayons assisté: c'étaient deux soldats indigènes qui, de l'île de Banka, avaient gagné celle de Billiton; ils furent condamnés à 3 ans de brouette, d'après le fixum de l'art. 169 C. P. M.

Si le fait avait eu lieu en 1852, lorsque Billiton faisait encore partie de la résidence de Banka, ils n'auraient encouru qu'une peine disciplinaire.

[2] Ayant rang de chef de bataillon.

[3] Voir à l'art. 91 al. 3 R. G.

[4] On les abrégerait beaucoup en ne faisant qu'une seule instruction. Maintenant il y en a deux. Une, sans prestation de serment par les témoins, pour donner à

tion de police, la détention préventive. L'officier seul peut en être dispensé. Il n'y a point de défenseur; l'inculpé ne sait pas même, quelles charges l'auditeur portera contre lui.

Tant qu'il n'y a point aveu sur tous les points d'accusation, ou sur toutes les circonstances aggravantes, le condamné a la faculté d'en appeler à la H. C. Quelquefois, si celle-ci juge la loi violée, elle accorde de son propre mouvement, la faculté d'appeler, soit au ministère public (qui, dans l'ancien systême judiciaire hollandais n'était point indépendant du tout), soit au condamné.

En appel, on suit (d'après l'art. 58 de l'arrêté des commissaires généraux de 1819) *provisoirement,* la procédure en usage en 1810 dans l'ancienne cour de Hollande; au fond, une ordonnance de 1580. Rien de plus singulier que cette procédure, à laquelle d'ailleurs, à Java, la plupart des jurisconsultes ne comprennent plus rien [1]. Ainsi, pour tout ce qui n'est passible que de 3 mois de prison au plus, et qui est par conséquent classé à Java parmi les contraventions, la H. C. M. procède au civil, et non au criminel.

On juge, à Utrecht autant qu'à Batavia, les contraventions, généralement choses fort modernes [2], d'après des ordonnances de PHILIPPE II. Là où de simples particuliers en sont quittes pour une légère amende [3], des généraux sont condamnés à la détention et ont à payer la broutille de l'ancien régime, ce beau temps de la chicane.

---

l'auditeur militaire les éléments de son avis; l'autre, après cet avis et la décision du commandant de garnison (s'il y a lieu de faire passer l'inculpé en conseil de guerre), sous serment. On pourrait parfaitement commencer par celle-ci, quitte à abandonner la poursuite, s'il y a lieu.

[1] Ce n'est que depuis la nouvelle loi sur l'enseignement supérieur que l'ancien droit hollandais va être professé dans nos Universités.

[2] Nous nous rappelons des officiers supérieurs traduits devant les H. C. M. d'Utrecht et de Batavia pour avoir 1o. notifié la naissance d'un enfant, un jour après le délai légal; 2o. oublié de faire inscrire un fils pour la conscription; 3o. refusé, étant dans un coupé réservé, de montrer leur coupon de chemin de fer au conducteur du convoi, etc.

[3] D'après le C. P. M., les tribunaux militaires ne peuvent infliger des amendes, mais doivent condamner à la détention, disposition qui entraîne les conséquences les plus absurdes.

La H. C. M. de Batavia suppose que les avocats-avoués près la H. C. civile sont à sa disposition, et les charge d'office de la défense dans les nombreuses affaires qu'elle traite en appel. Nous n'avons pu découvrir une loi qui lui en accorde le pouvoir; on n'a pensé qu'à permettre que ses huissiers fussent en même temps ceux de la H. C. civile [1].

Dans la H. C. M l'élément civil domine [2]. Tout le personnel de la H. C. civile a les mêmes fonctions auprès de la soeur cadette, qui compte de plus quelques membres militaires, officiers supérieurs de l'armée de terre [3] en activité ou en retraite, et deux de la marine. D'ordinaire l'un des vice-présidents, deux membres civils et deux de l'armée ou de la marine (cette dernière arme n'est représentée que lorsque l'accusé y appartient, ou que les membres de l'armée de terre sont empêchés), composent la cour, dont la jurisprudence n'a rien de bien remarquable, se conformant d'ordinaire à celle de la soeur aînée civile de Batavia et à celle de la cousine d'Utrecht.

Cependant, peu d'institutions sont aussi bienfaisantes que la H. C. M. de Batavia. Aux Indes, bien des gens croient que la discipline consiste à condamner beaucoup et à infliger des peines très fortes; dans les possessions du dehors surtout, les C. d. G. prononcent souvent des jugements absurdes. Il n'est pas rare de voir des inculpés condamnés à mort par le C. d. G., être renvoyés simplement à l'autorité disciplinaire par la H. C [4].

L'art. 210 du C. P. M. ordonne d'observer pour la preuve [5], les règles de la justice civile *générale.* Encore

[1] Art. 193, al. 3 R. O. J.

[2] Arrêté royal dans B. d. L. 1864, no. 92.

[3] Ces derniers jouissant de l'indemnité de loyer de leur grade, rarement élevé, et de 150 florins par mois, outre leur retraite.

[4] En 1876 la H. C. M. a jugé en appel 323 affaires; en outre, elle a approuvé ou modifié 345 jugements, et le conseil de guerre en campagne (dont les jugements n'ont besoin que de l'approbation du commandant en chef) a jugé 75 affaires; total 743, total effrayant pour une armée de 1400 officiers et 34000 soldats, et qui motiverait partout ailleurs une cour militaire spéciale.

[5] Excepté 1o. le supérieur est cru s'il prétend sous serment avoir été maltraité ou insulté par son inférieur; 2o. la sentinelle peut se laver de faits punissables, commis comme telle, par un serment affirmant le cas de légitime défense.

sous d'autres rapports, il faut recourir aux R. de procédure pénale normale, c-à.-d. civile. Ainsi, les C. d. G. n'ont aucun moyen coercitif de citer comme témoins ou experts des personnes non militaires; ils doivent s'adresser à cet effet aux tribunaux civils. Maintenant, à laquelle des deux catégories de tribunaux qui existent aux Indes: à ceux qui jugent les Européens, ou aux tribunaux indigènes? Bien souvent, on s'est adressé aux tribunaux européens, si les témoins étaient de la nation dominante; aux autres, s'ils étaient indigènes. Mais il est clair que la nationalité, ou plutôt la caste *du témoin*, ne peut influer sur la compétence du juge ni de celui qu'il délègue.

Nous sommes d'avis qu'il faut dire: le C. d. G. est tribunal européen, applique les règles correspondantes de procédure et même celles qui concernent le système des preuves, délègue l'audition de témoins civils à des tribunaux européens, etc. — quand *l'accusé* est européen. Dans tous les autres cas, il applique le droit formel et matériel indigène, en tant que suppléant aux clauses des codes militaires; il s'adresse donc au C. du P., *judex pedaneus* de l'indigène [1]. La chose n'a point été jugée expressément, que nous sachions, par la H. C. M. de Batavia; mais nous pouvons ajouter qu'elle n'a jamais relevé d'irrégularité dans les affaires où, sur notre avis, l'opinion indiquée ci-dessus avait été suivie.

La réforme de la juridiction militaire à Java, bien facile cependant, est donc empêchée par le malheureux art. 76. En Hollande, elle ne peut avoir lieu, parce que nos législateurs ne s'y intéressent pas du tout, étant d'une classe sociale qui se fait remplacer au service militaire, et que, d'ailleurs, le C. P. général en vigueur en Hollande est toujours celui que Napoléon promulgua en 1808. Il n'existe pas de Codes militaires pires. C'est une manière comme une autre de protester contre le militarisme.

L'article 146 L. F. de 1848 parle de la justice militaire; voici comment:

---

[1] Art. 94 R. O. J.

Al. 2: «De même, la loi règle la compétence judiciaire [1] sur les gens de guerre et les gardes bourgeoises».

La compétence seule, sera donc réglée par une loi: on l'attend depuis trente ans.

Cet article singulier nous conduit à parler des conseils de discipline de la garde bourgeoise aux Indes, ce complément de l'armée [2].

Comme partout, la garde bourgeoise est une institution peu sérieuse. Aux Indes, elle se compose des Européens ou métis de 16 à 45 ans, et de quelques catégories d'indigènes d'outre-mer. En principe, rien de plus raisonnable que le service militaire dû par les privilégiés; dans la réalité, c'est une dérision.

Plus sérieuse cependant que la *Schutterij* hollandaise, existant la plupart du temps sur le papier, la garde bourgeoise aux Indes ressort du département de l'intérieur, quoiqu' inspectée par des généraux. Il y en a à Batavia, à Samarang, à Sourabaya, à Chéribon, à Pasourouan, à Jogjokarta, à Sourakarta, à Macassar, à Padang, dans la Minahassa, aux Moluques et à Timor.

C'est une espèce d'impôt, car on peut facilement se faire exonérer, moyennant au moins *f* 3, au plus *f* 210 par an; d'ordinaire $\frac{1}{2}$ ou $\frac{3}{4}$ % du traitement ou revenu présumé; ou en faisant partie des pompiers, institution bien autrement utile.

Ces corps ont un «*conseil de guerre*» composé ainsi: le commandant, président; un officier, un sous-officier et un soldat de chaque grade. Ce conseil immatricule, dispense, fixe la contribution annuelle, et *maintient la discipline* pour les cas un peu graves. (Ceux de moindre gravité sont réprimés par le commandant de la compagnie ou du bataillon). Si l'accusé n'est point européen, on fait siéger un officier de sa nationalité.

Le règlement, monument de mauvaise rédaction, est de 1838, B. d. L. no. 22.

Les peines sont: l'amende jusqu'à 30 florins, les arrêts domestiques jusqu'à 8 jours, la prison simple jusqu'à 4, la dégrada-

---

[1] „Het regtsgebied."

[2] Comp. l'art. 113 R. G.

tion et la cassation [1]. Les condamnés ont 24 heures pour un recours en grâce au G. G.

Le lecteur comprend, que nous n'avons parlé de ces tribunaux [2] que pour éviter le reproche, douloureux pour un Hollandais, d'avoir négligé une partie de son sujet.

La marine royale est toujours assez indépendante aux I. H. [3] En rade ou en pleine mer, elle a ses conseils de guerre à elle qui appliquent la loi hollandaise et non celle des Indes. Cette distinction a des conséquences quelquefois assez singulières. Ainsi nous avons vu un officier de marine, ayant comme chef de la gamelle, détourné à son profit des fonds que lui avaient confiés ses camarades, être absous parce que l'art. 408 C. P. Napoléon, encore en vigueur en Hollande, exige que le travail ait été salarié, tandis qu'à terre, il eût été condamné (de 1 mois à 5 ans de prison), l'art. 330 C. P. E. ne distinguant point entre le travail non salarié et celui qui l'aurait été.

Quelquefois, les résultats de ce double systême, se contredisant sur tant de points, sont encore plus curieux.

A bord des navires de guerre de S. M., servant aux Indes, on a des matelots indigènes. Ces gens, condamnés par un conseil de guerre maritime, le sont à des peines européennes, les travaux forcés (*tuchthuis*) ou la prison simple. On est obligé d'exécuter la sentence, en les traitant, dans la prison centrale, comme des Européens.

Il y a donc ici une lacune dans le R. G.; et puisque l'une des raisons pour lesquelles on y a inséré tant de choses qui auraient été mieux à leur place dans des R. de procédure,

---

[1] Le conseil peut proposer au G. G., en prononçant la cassation, de déclarer le condamné déchu de son grade et de sa dignité, ou de le bannir de la province et même des I. H., art. 49 in fine. Ces dispositions, qui existaient aussi pour forcer les fidèles à accepter des fonctions dans l'église protestante, nous semblent incompatibles avec les lois actuelles. On en a fait beaucoup de ce genre.

Ainsi, vous ne pouviez obtenir de passeport, même à l'intérieur, qu'après avoir satisfait à la garde bourgeoise. Cette charge n'a jamais été bien populaire à Java, où l'on est trop pratique pour aimer ces niaiseries.

[2] Le seul jugement qui en ait été publié, que nous sachions, est celui de l'affaire 's JACOB. Il est remarquable par sa brièveté, R. N. I. XII, 491; XIII, 87.

[3] Comp. art. 41 R. G.

était qu'il devait en partie être exécuté dans la mère patrie, on aurait dû penser aux conflits que l'exercice de la juridiction maritime aux Indes d'après les lois de la mère patrie devait faire naître, au contact du système de législation coloniale.

Mais — ne soyons pas trop sévères pour le législateur de 1854: en Hollande, aucune corrélation existe entre la justice militaire maritime et celle de l'armée de terre. Une rixe à terre p. e. où des matelots et des soldats sont impliqués, est jugée à part pour chaque catégorie d'accusés.

Article 77.

Personne ne peut être dépossédé de sa propriété, que dans l'intérêt général, de la manière précisée par A. L. G., et contre indemnisation préalable.

La déclaration que l'intérêt général exige l'expropriation est faite par le G. G., d'accord avec le C. d. I.

Les conditions d'accord avec le C. d. I. et d'indemnisation préalable, ne peuvent être invoquées, lorsque, par suite de guerre, incendie, inondation, tremblement de terre, éruption volcanique ou autres circonstances pressantes, une prise de possession immédiate est nécessaire.

Le droit de l'exproprié à une indemnisation n'en souffre point.

Ce qui peint l'état de la société à Java, il y a vingt-cinq ans, plus que de longues dissertations, c'est que le gouvernement, en proposant les deux articles qui plus tard se sont confondus (sauf quelques changements de rédaction peu importants) dans celui qui nous occupe, dit simplement qu'ils rempliront une lacune existant jusque-là [1].

---

[1] K. II, 12. L'art. 83 D. T. *maintient* cependant l'ancienne procédure pour les affaires d'expropriation. Nous n'avons rien pu trouver qui se rattache à cet article, sauf l'art. 570 C. C. qui, en définissant la propriété, finit en disant: „le tout sauf l'expropriation pour cause d'utilité publique, contre indemnité convenable, d'après les dispositions de la loi."

Cette loi n'existant pas, que nous sachions, nous supposons que le législateur a

Donc, en 1852, on prenait ce dont on avait besoin.

Il en est encore ainsi, dans mainte et mainte occasion, surtout quand le propriétaire est un simple indigène. Il y a trois ou quatre ans, nous avons vu que l'administration des ponts et chaussées, pour changer un cours d'eau, faisait prendre simple ment sur l'une des rives le terrain qu'il lui fallait, appartenant à un indigène.

Et qu'est-ce autre chose qu'une expropriation, pour utilité sinon publique, du moins du fisc de la mère patrie, que cette disposition par les fonctionnaires européens, des rizières arrangées par l'indigène, afin d'y planter, une fois en quatre ou cinq ans, de la canne à sucre? disposition qui, nous aimons à le croire, doit cesser en 1890 [1].

Les articles proposés provenaient de l'art. 147 L. F. Son alinéa 2, portant; «la loi commence par déclarer, que l'utilité publique exige l'expropriation» ne pouvait être transporté à Java, selon le gouvernement [2]; mais, après beaucoup de pourparlers [3], on présenta le second alinéa actuel, où le mot *loi* cependant est changé, selon l'usage, en A. L. G.

L'al. 3 n'a de remarquable que ceci: le cas d'infection n'est pas mentionné, au rebours de l'art. 147 L. F. Cependant, les épizooties paraissent aussi quelquefois aux Indes, p. e. à. Sumatra en 1869 et maintenant, 1879, à Java. Mais il est probable que les fonctionnaires passent outre.

Ce qui a surtout préoccupé la seconde Chambre [4], c'était que la disposition proposée ne fût invoquée, pour agir selon les opinions

---

simplement copié l'article 625 C. C. hollandais. De même l'art. 594 copie l'art. 649 hollandais: S'il est nécessaire de dessècher des terrains noyés, et que les propriétaires s'y refusent, ils pourront être expropriés, en ne recevant la valeur de ces terrains, que comme noyés.

[1] Voyez à l'art. 56 R. G., la loi du 21 juillet 1870.

[2] K. II, 17.

[3] K. II, 132, 481, 526. Il est assez singulier que la disposition libérale du projet gouvernemental, portant l'obligation d'indemnisation préalable, ait trouvé de l'opposition.

[4] K. II, p. 131 et 275.

défavorables de certaines personnes au sujet des «possesseurs de terres particulières».

Cette singulière expression, que nous avons traduite littéralement *(particulier landbezit)*, désigne une institution plus singulière encore.

Suivant en celà le droit public mahométan, du moins en partie, les anciens souverains javanais [1] payaient leurs fonctionnaires, gratifiaient leurs parents et leurs favoris, non en espèces sonnantes, mais par une délégation des droits souverains, consistant dans la faculté d'exiger une partie des produits du sol (de un à quatre dixièmes) [2], et celle de faire travailler p. e. un jour sur cinq l'habitant du sol, soit au profit pécuniaire du souverain délégué, soit afin de contenter ses goûts fastueux en grossissant simplement sa suite.

Le souverain délégué, (exerçant la police, et même un peu la justice), n'est point propriétaire du sol dans le sens européen du mot. Il ne peut p. e. en chasser l'habitant; mais celui-ci est obligé de payer la dîme et de prendre part à la corvée.

---

[1] Les choses se passent encore ainsi à Java dans les terres du Sousouhounan de Sourakarta et du sulthan de Jogjokarta. Mais là, la chose a été exploitée habilement par les Européens. Ceux-ci, jamais des indigènes ni des Chinois, prennent en bail, avec l'agrément du gouvernement hollandais et pour 20 ans au plus, les droits délégués aux personnes du sang et aux fonctionnaires de Leurs Altesses. Ce sont les Européens qui, au lieu de faire servir la corvée à avoir une suite nombreuse, en emploient les journées dans des manufactures d'indigo, des sucreries, des plantations de café. D'ordinaire, au lieu d'une partie du produit du sol, ils prennent une partie du sol lui-même. Cette organisation a donné un essor incroyable à l'industrie européenne, a démoralisé la haute noblesse indigène, et donné des maîtres plus intelligents, partant plus doux, au menu peuple.

Si, comme il en est grandement temps, d'ailleurs, ces fantômes de souverains étaient déprivés de leur pouvoir et que l'administration fût mise sur le pied des terres „gouvernementales", l'industrie européenne tarirait, et le menu peuple n'y gagnerait peut-être pas grand'chose *au point de vue matériel;* seuls, les petits nobles en profiteraient. On a déjà essayé, il y a 50 ans, de supprimer le „bail des terres", mais on est revenu à l'ancien système, tempéré par le contrôle, assez sérieux, des fonctionnaires hollandais.

[2] MAWERDI, traduction arrangée par S. KEYZER; la Haye 1862, pag. 181 et surtout 189; et § 24 de l'Introduction (sur l'applicabilité du droit musulman aux I. H.).

Il y a peu d'années, le système était suivi encore en partie par le gouvernement lui-même, pour les régents.

Nos ancêtres ont trouvé ce système en vigueur à Java, et l'ont imité.

Ces droits souverains ont été cédés, moyennant finance, mais pour toujours, à l'encontre du droit musulman.

Les gouvernements européens subséquents l'ont fait souvent, sauf à s'en repentir.

Quoi qu'il en soit, dans les résideuces de Bantam, de Batavia, de Krawang, de Chéribon, de Tagal, de Samarang, de Djapara, de Sourabaya et de Pasourouan, il y a de ces «terres particulières" [1]. Celles de Krawang, n'étant que deux, et comprenant 313 et 51 villages, avec à peu près 180,000 habitants, excèdent en étendue et en importance maint Etat européen.

Ces petites souverainetés ont été odieuses au pouvoir hollandais, dès qu'après la chute de la Noble Compagnie, il y eut un gouvernement gouvernant: pour la Compagnie, le commerce avait toujours été le principal. Quelquefois on les a rachetées [2]; d'autres fois on a eu même recours à des moyens peu honorables pour s'en emparer [3].

Il est certain que surtout les terres peu étendues, et exploitées par des Chinois, pourraient faire vivre une population indigène plus heureuse. Cependant, depuis des années, les plaintes ont beaucoup diminué, grâce probablement au contrôle sévère de l'administration.

Quoi qu'il en soit, on supposa, en 1854, que c'était surtout à ces véritables principautés qu'on en voulait en haut lieu ; et l'on demanda des garanties. Le gouvernement protesta, disant [4]

---

[1] L'origine de quelques-unes de ces concessions est assez mystérieuse. Le B. d. L. 1836 no. 19 contient le Règlement pour l'Ouest de Java sur les „terres particulières". Nous regrettons que ce sujet intéressant ne rentre point dans les limites que nous nous sommes imposées. Il est trop vaste pour faire le sujet d'une note. Bornons-nous à dire que le C. d. J. de Batavia (affaire Boers, 5 juin 1878, W. R. I. no. 784), admet comme circonstance atténuante que le R. est si incomplet et si mauvais, ce qui surtout a donné lieu aux violences commises. Voir le magnifique rapport de M. van Dissel sur les terres particulières de l'est de Java; imprimé par la société d'industrie et d'Agriculture, Batavia 1878.

[2] P. e. la régence actuelle de Probolinggo au commencement du siècle.

[3] P. e. pour Soukaboumi.

[4] K. II, p. 131.

qu'un tel usage du droit d'expropriation serait un abus formidable, contre lequel aucune loi ne saurait donner de garanties, sauf celle de l'art 24 al. 1 R. G., qui défend au G. G. de sacrifier de sa propre autorité des principes importants d'administration.

Avouons qu'une mention expresse aurait fait bien mieux l'affaire. Rien n'empêche maintenant, sinon le G. G., du moins le Roi, de découvrir un beau jour, que l'expropiation des «seigneurs de terres" [1] serait d'utilité publique, d'autant plus que bien des gens sont de cette opinion.

Mais que ces messieurs se rassurent: pendant de longues années, le gouvernement des Indes ne pourra disposer des sommes immenses [2] qu'une pareille mesure exigerait, si jamais il se trouvait à la tête de ce gouvernement un homme assez hardi pour l'entreprendre.

Revenons à l'expropriation. L'A. L. G. annoncé par notre article a paru dix ans après. On ne se hâte que lentement à Java.

C'est l'arrêté royal, publié dans le B. d. L. 1864, no. 6.

L'intérêt public ne peut être que celui de l'Etat et de ses subdivisions jusqu'à la commune inclusivement, dit l'art. 1.

L'expropriation en faveur d'un hospice p. e., indépendant de l'Etat, est donc interdite. La déclaration, que l'intérêt public exige l'expropriation, indique la nature, le but et (les points principaux marquant) la direction générale du travail; lorsqu'il s'agit de canaux ou de chemins, les communes qu'il traversera; elle est donnée d'accord avec le C. d. I. et promulguée comme ordonnance.

Nous ne parlons pas des commissions etc. qui s'ensuivent alors; on sait comment ces choses se passent partout.

La procédure à suivre en cas de résistance du propriétaire,

---

1 *Landheer* en hollandais, *touan tanah* en malais.

2 Nous nous rappelons que l'une des terres de la résidence de Krawang a été grevée (pour éviter un partage, à ce que nous croyons) d'une hypothèque de six millions de florins. Du reste, nous ne sommes pas compétents pour dire la valeur de ces espèces de terres. Tout ce que nous savons, c'est qu'elles rapportent beaucoup, exploitées par un Européen; un peu plus dans les mains d'un hobereau indigène; énormément, affermées à un Chinois.

rentre cependant dans les limites de ce travail.

Elle est tout à fait utilitaire, et viole en mainte chose les principes nationaux, généraux et rationnels.

Ainsi [art. 17,] si le propriétaire ne demeure point aux Indes, on procédera simplement contre son fondé de pouvoirs; ne s'en trouve-t-il pas, vite la Chambre des Orphelins sera chargée de le représenter [1].

Il est clair qu'on a été effrayé des délais de citation; qui vont, même d'après le dernier règlement [de 1872,] jusqu'à 10 mois.

Les affaires d'expropriation [art. 21] sont traitées *avant toutes autres*. Les défendeurs ont tout au plus une quinzaine pour répondre, et doivent plaider le même jour. Toutes exceptions et défenses, de quelque nature qu'elles soient, doivent être proposées simultanément; il est interdit d'appeler quelqu'un en garantie; si de deux défendeurs un seul comparait, n'importe, on passera outre, *et le jugement sera cependant contradictoire à l'égard du défendeur ayant fait défaut!*

On le voit, c'est une révolution dans la procédure.

Le gouvernement a le droit d'appel, on y a pensé; mais *le défendeur ne l'a pas.*

On nomme des experts taxateurs; le juge-commissaire, ou *le fonctionnaire supérieur administratif* délégué, juge des causes de récusation, *toujours sans appel.*

Comme c'est équitable, lorsque le gouvernement des Indes vous exproprie, que son représentant, espèce de préfet à la dixième puissance, juge sans appel sur votre opinion à propos de l'expert

---

[1] Celle-ci sert aux Indes, lorsque ailleurs on nomme quelqu'un *ad hoc*, p. e. dans les partages. En général, on peut dire qu'elle représente les *personae miscrabiles* parmi les Européens. Pour les étrangers orientaux (la chose était douteuse, mais a été jugée par la H. C. 27 mai 1874 (R. N. I. XXIV, 424) c'est une institution spéciale, nommée „*Collegie van Boedelmeesteren.*" Du reste, partout ailleurs qu'à Batavia, les deux institutions n'en font qu'une.

Les Chambres d'Orphelins avaient des fonds à elles, mais ils ont été annexés par le gouvernement. Elles sont sous sa tutelle en toutes choses, ne pouvant p. e., sans son autorisation, intenter une action en justice, en dehors de leurs attributions journalières.

Le *nouveau* règlement, découlant de la législation de 1848, est de 1872 (B. d. L. no. 166).

qui va décider entre vous et lui! et qui, la plupart du temps, est encore son fonctionnaire, un ingénieur des ponts et chaussées p. e.!

Etait-il encore nécessaire que l'art. 29 vînt dire que les formalités de la procédure civile pour l'expertise et l'audition de témoins ne sont point applicables?

Qu'on estime la valeur abstraite, et non celle que les immeubles ont seulement pour le propriétaire [1] (art. 37), passe encore; mais que le jugement qui fixe l'indemnité (et vous condamne aux frais, si elle ne dépasse pas la somme offerte par le gouvernement), ne soit point susceptible (art. 49) d'appel, c'est un peu fort. A la vérité, il reste le pourvoi en cassation, mais...... ce « dernier remède » n'existe que pour les jugements de Java et de la Côte Ouest de Sumatra; et un chiffre est essentiellement un point de fait.

On le voit, il n'y a que les gouvernements autocrates pour trancher les difficultés, et Java n'est pas, comme Paris, la terre promise des expropriés.

On a oublié, qu'en voulant à toute force exproprier vite, on arrive à exproprier la justice, dont les formes tutélaires sont cependant un peu aussi d'utilité publique.

Mais on peut être assuré que la pratique tempère ce que la loi a de trop rigoureux [2].

Un chapitre spécial parlant des expropriations en cas de guerre, d'éruption volcanique, d'inondation imminente, etc., n'offre rien de bien saillant, sinon que le fonctionnaire qui se sera trompé, pourra être forcé de restituer les dommages causés par la prise de possession.

---

[1] Nous avons toujours compris par là le *pretium affectionis*, mais le C. d. J. de Samarang, 13 octobre 1875, et la H. C, 4 novembre 1875 (R. N. I. XXVI, p. 27) pensent p. e. à la valeur que des alluvions *peuvent* faire naître; la chance que la valeur s'accroîtra par là.

[2] „L'ancien régime est là tout entier: une règle rigide, une pratique molle: tel est son caractère."

DE TOCQUEVILLE, l'Ancien Régime et la Révolution, 7ème édition, Paris, 1866 p. 99.

Ce n'est pas le seul rapprochement qu'on puisse faire entre la société actuelle à Java et l'ancien régime français.

Quant aux meubles, l'arrêté royal n'a pas l'air d'y songer. Cependant, à Java, beaucoup de maisons sont meubles, étant p. e. bâties sur le terrain d'autrui.

Disons un mot des abus qu'entraîne la disposition par la justice ou par la police d'objets pouvant servir de pièces de conviction. On peut s'estimer heureux, à Java, s'ils vous sont rendus; les fonctionnaires n'en ont aucun soin, et cependant ils font du zèle; ils prennent deux cents peaux de buffle p. e. quand une seule suffirait. Après des années, si le tout vous est rendu, c'est détérioré, sans que personne en soit responsable ou tenu de vous dédommager. Tel autre dispose des objets volés comme il le trouve moral; il les rend p. e. non aux prêteurs sur gages patentés qui ont remis les byoux à la police, mais aux anciens propriétaires; on n'a pas d'action contre lui [1].

Il semble que le législateur n'ait point pensé à l'expropriation qui résulte de ce que dans le vote sur le concordat proposé par un failli, on est quelquefois obligé de suivre la majorité des créanciers. Une partie de la créance est alors expropriée dans un intérêt particulier.

Article 78.

Toutes contestations sur la propriété ou les droits en dérivant, sur créances ou autres droits civils, sont exclusivement de la compétence du pouvoir judiciaire.

Cependant, entre indigènes ou personnes qui leur sont assimilées, de même nationalité, les litiges civils qui, d'apres leurs lois religieuses ou vieilles coutumes sont de la compétence de leurs prêtres ou chefs, y restent soumis.

---

[1] Sur toutes ces petites choses de la justice, il y a rarement quelque contrôle, à Java; aussi, les pièces de conviction, l'opium p. e, sont souvent volées. Bref, c'est une étable d'Augias qui attend son Hercule.

L'article proposé la première fois [1] ne différait de notre texte, qu'en ce que les mots «ou personnes qui leur sont assimilées, de même nationalité» n'y figuraient point. Il y avait lieu de s'en étonner, car il était copié des art. 2 et 3 R. O. J., qui contiennent ces mots. Aussi les rétablit-on dans le second projet [2].

Le gouvernement fit remarquer [3], qu'à l'exemple de l'art. 148 L. F., il n'y était point question des lois pénales.

Quant à expliquer pourquoi l'al. 2 de l'art. 148 L. F., disant: «Il lui appartient aussi, sauf les exceptions à fixer par la loi, de statuer sur les droits civiques,» n'avait pas été transcrit, le gouvernement ne l'a pas jugé nécessaire.

De ce qu'ils sont passés sous silence, on peut conclure, à ce qu'il nous semble, que les droits civiques, p. e. celui de l'indigène, d'élire son chef de village, ne sont point sous la sauvegarde des tribunaux.

Notre texte n'a donc pas soulevé des discussions bien profondes. Il n'a pas même eu les honneurs du débat public.

Pourtant, il s'y rattache une institution des plus importantes, les «Conseils des prêtres", tribunaux ecclésiastiques indigènes.

Le premier alinéa pêche déjà (comme l'art. 148 L. F.) en considérant la propriété non comme la totalité des droits que l'homme peut avoir sur une chose, mais comme un droit principal, dont les autres ne font que découler. C'est intervertir la nature des choses.

La tendance de ce premier alinéa est d'exclure l'administration.

Il n'existe en Hollande rien qui ressemble au Habeas Corpus, et encore moins aux Indes, comme de juste. Si le G. G. p. e. trouve bon de faire arrêter quelqu'un, outrepassant le droit «exorbitant» d'expulsion, aucun tribunal ne pourra le condamner à des dommages-intérêts, ni même s'en mêler. S'il fait fermer une imprimerie, dans un cas non prévu par la loi, s'il outre-

[1] K. I, 17.
[2] K. II, 276.
[3] K. II, 17.

passe ses pouvoirs de quelque manière que ce soit, l'ordre judiciaire n'y peut rien.

Il arrive quelquefois que le droit d'élire leurs autorités de village, garanti aux indigènes par l'art. 71 du R. G., est violé par les fonctionnaires indigènes et même européens, qui p. e. présentent aux électeurs deux personnes, entre lesquelles ils peuvent choisir celle qui leur est la moins désagréable. Consultés dans une affaire de ce genre, nous avons dû déclarer qu'en dehors d'une humble requête à l'autorité provinciale (le résident) il n'y avait rien à faire.

C'est une lacune regrettable; celui qui organiserait un contrôle *judiciaire* sur les élections de village, rendrait au Javanais un service bien plus considérable que ceux de maint bienfaiteur officiel.

Le second alinéa, commençant par le terrible «cependant» (qui joue un si grand rôle dans les législations où le libéralisme s'est réfugié dans les formes, en laissant plein jeu aux abus pour le fond), reprend ce qu'il y a de plus important pour la grande majorité des habitants de Java.

Remarquons d'abord que cet al. 2, ainsi que l'art. 83 R. G., exclut les «prêtres ou chefs» (termes synonymes d'après la genèse de l'art. 3. R. O. J.) de la liste des tribunaux.

C'est bien à tort, car ce sont de véritables juges, décidant les neuf dixièmes des affaires intéressant l'indigène.

Mais d'abord, quels sont les tribunaux auxquels l'art. 78 al. 2 fait allusion?

Dans les pays musulmans, la justice est rendue [1] par un fonc-

---

[1] Nous avouons notre ignorance au sujet de l'origine des tribunaux du Chéri en Turquie, et du Mekhémé en Egypte, qui était compétent pour les affaires immobilières et qui l'est encore pour celles qui concernent les biens waqf. Voici les deux articles du Règlement d'organisation judiciaire pour les procès mixtes en Egypte (Constantinople, 1873) qui s'y rattachent:

12. „Ne sont pas soumises à ces tribunaux" (de la réforme) „les demandes des „étrangers contre un établissement pieux" *(waqf)* „en revendication de la propri- „été d'immeubles possédés par cet établissement; mais ils seront compétents pour „statuer sur la demande intentée sur la question de possession légale, quel que „soit le demandeur ou le défendeur."

13. Le seul fait de la constitution d'une hypothèque en faveur d'un étranger sur

tionnaire civil, le *kadi*, assisté d'un docteur de la loi [essentiellement religieuse, comme on sait], un *mufti*, qui donne son opinion, *fatwa*. [1]

Il parait que c'est à Chéribon que l'usage s'est introduit d'abord de faire juger par de soi-disant prêtres (des gens ayant fait ou étant supposés avoir fait le pèlerinage de La Mecque) et non par les juges ordinaires, les affaires, dans lesquelles le droit musulman, adopté avec la religion, différait des anciennes coutumes et lois nationales. Le mariage, les héritages et successions, tout le droit de famille ressort maintenant de ces tribunaux, existant encore sous la domination hollandaise, parfois plus musulmane par indolence ou par doctrinarisme que les musulmans.

La première mention que nous en ayons trouvée est donc dans le code de Chéribon, dont nous avons déjà parlé, arrêté en 1768 par les 4 sulthans et le résident européen [2]. En puisant dans le *papakoum* [code] *Jaja Lankara*, on y parle déjà de la justice reilgieuse [*agama*,] exercée par les quatre principaux prêtres, *panghoulou* [3]. On y rapportait, au criminel, les blessures mortelles et très graves, et on les punissait de mort ou de l'amputation de la main, lorsque le juge séculier n'aurait pu infliger que des amendes. Mais l'amputation était déjà alors remplacée d'ordinaire par une flagellation, la marque et les travaux forcés.

Ce même code continue par: «un article, qui est incorporé «maintenant au *papakoum*, pour servir dorénavant de loi" (traduction libre):

« Les conflits entre prêtres, nommément les *panghoulou*, *chatib*, «*modin*, *marabot*, et *moulana*, de quelque nature qu'ils soient,

---

„les biens immeubles, quels que soient le possesseur et le propriétaire, rendra ces „tribunaux compétens pour statuer sur la validité de l'hypothèque et sur toutes „ses conséquences, jusqu'à la vente forcée de l'immeuble inclusivement, ainsi que „la distribution du prix."

Aux Indes, on s'inquiète peu des waqf; les indigènes, quand ils ont la propriété absolue, ont des titres délivrés par l'autorité européenne, juge-commissaire et greffier du tribunal européen.

1 On a comparé cette institution au *jus respondendi* des Romains.

2 R. N. I. III, p. 155, 166.

3 Mot signifiant prêtre à Java; chef, à Sumatra.

«seront jugés par leur propre tribunal; et, si un autre les accu-
«se, ou qu'ils accusent quelqu'un, ce tribunal en sera saisi L'affaire
«doit être commencée par un mémoire écrit."

Le privilège cependant est personnel et ne s'étend point aux serviteurs; mais bien aux ecclésiastiques suivants: les *Saïd* [1] (titre plus élevé que celui de panghoulou, dit le Code, obtenu à La Mecque, et héréditaire;) *Sjarif* (un grade de moins, porté par le fils de la fille d'un Saïd); *hadji*, ceux qui s'en vont faire leurs études à La Mecque et reviennent savants; *padri jang adil*, prêtres qui ne commettent de péchés ni grands ni petits, mais sont dévots et ne manquent les exercices religieux ni les prières; *padri jang salich* (qui observent les commandements de Dieu, les grands, savoir la prière, le jeûne, le pèlerinage de La Mecque, les prescriptions de la loi sur le mariage et les dîmes; les petits ont trait aux mots impurs); *padri jang waraing*, qui ne mangent ni ne font rien d'impur, évitant non seulement le mal, mais encore l'apparence du mal.

On voit que ce «bénéfice de clergie" est assez étendu. Les données nous manquent pour savoir quelle en a été l'application.

Mais dans ce code nous n'avons point trouvé de traces de la juridiction que le conseil des prêtres exerce *maintenant* à Java.

Dans le royaume de Sourakarta, resté plus ou moins autonome, ce conseil porte le nom de Sourambi. Il juge des mêmes affaires que dans les provinces administrées directement par le gouvernement hollandais. Autrefois, il connaissait aussi des crimes. Mais le dernier alinéa de l'art. 4 du traité entre le gouvernement hollandais et le Sousouhounan (1847) dit:
«Il lui est expressément interdit et sévèrement défendu, d'exer-
«cer la juridiction d'autrefois sur d'autres matières et sur les crimes."

Dans l'organisation du Gouvernement de la côte Nord-Orientale de Java (édictée à Samarang le 1 Septembre 1808), le maréchal DAENDELS avait inséré ces deux articles:
art. 73 Il ne sera point fait d'infraction aux idées religieuses

---

[1] Titre porté maintenant à Java par tous les Arabes ou soi-disant tels, élevés un peu au-dessus du commun.

Nous n'avons jamais connu de *Sjarif* à Java; à Palembang, les deux chefs des Arabes, ayant le grade de prince (*pangéran*) portent ce titre, et le portent seuls.

des javanais; aussi le droit de leurs principaux prêtres de décider de certains litiges matrimoniaux ou concernant les successions sera laissé en son entier, à condition qu'il n'en soit point abusé, et sauf le droit d'appel au *Landgerigt* [1].

Art. 74: Par contre, les prêtres en général auront à prendre plus de soins pour l'instruction de la jeunesse, et l'inspection suprême en est recommandée aux préfets et Régents.

La première fois que le B. d. L. du régime actuel parle du C. des prêtres est (1819 no. 22) à l'art. 13 du règlement sur les devoirs, les titres et les grades des régents [2] dans l'île de Java:

«Le régent contrôle les affaires de la religion mahométane; «il a soin qu'il soit laissé aux prêtres toute liberté dans l'exer-«cice de leur profession, d'après les moeurs et les coutumes des «Javanais, comme dans les affaires matrimoniales, les partages, «etc.»

Voilà la base d'une juridiction aussi importante que celle qui nous occupe en ce moment! On dirait une défense de s'immiscer dans les cérémonies religieuses, ou plutôt d'ôter aux prêtres leur gagne-pain.

En 1835, le G. G. a „développé et expliqué «cet article (B. d. L. no 58). Il a déclaré, que toutes les fois qu'il naît entre des Javanais des litiges ayant pour objet le mariage, les partages, etc. devant être décidés selon les lois mahométanes, les prêtres, à la vérité, doivent en connaître, mais que toutes actions civiles, à l'effet de payements, issues de leurs décisions, *pourront* (malheureuse expression!) être portées devant les tribunaux ordinaires, pour y faire droit, en observant ces décisions et pour en assurer l'exécution.

Quoi qu'il en soit, il existe dans chaque régence un conseil des prêtres, dirigé par le régent.

Si nous disons dirigé, c'est que d'ordinaire le régent pourvoit les jugements de son visa.

Il y a des gens, qui le considèrent comme responsable ou comme jugeant en dernier ressort.

---

1 Le C. d. P. de maintenant.

2 Autorité indigène suprême à Java, dans les pays gouvernés directement par l'administration hollandaise.

Nous ne savons sur quel texte ils s'appuient.

De fait, c'est plutôt le conseil qui dirige les régents, lesquels se piquent maintenant d'une certaine orthodoxie.

Le président est le prêtre desservant la mosquée principale, «panghoulou mesdjid» comme on dit à Java; les membres sont quatre prêtres inférieurs, «*chatib.*"

Souvent ils prennent un aviseur, dont on trouve quelquefois la signature au bas des jugements.

Il n'existe pas de justice plus corrompue. Nous nous rappelons des exemples qui font rire:

1°. Un divorce prononcé à Samarang pour cause d'absence prolongée, de délaissement, contre le domestique d'un de nos confrères, que pendant tout le temps de cette prétendue absence, nous voyions tout les jours derrière la voiture de son maître, quand celui-ci se rendait à son étude.

2°. Il y a quelques années, nous intéressant à une jeune fille que son père avait vendue [1] à un jeune homme atteint d'une maladie dégoûtante, et laquelle était venue avec sa mère nous supplier d'intervenir, le prince-prêtre [2] nous refusa d'abord, absolument, jusqu'à ce qu'il en vint à supposer que l'affaire nous tenait à coeur pour des raisons qu'on approuve en Orient. Aussitôt que la lumière se fut faite à ce sujet dans son cerveau, [nous nous gardâmes de le détromper] et avec un changement de physionomie qui inspirerait un peintre; le saint homme promit de faire prononcer la nullité du mariage, ce qui fut fait.

3°. Dernièrement, le 1er mai 1878, le conseil de Samarang prononça la nullité d'un mariage arabe, parce que le père (tuteur, *wâli*), de la mariée était *fâsik* lors de la célébration. Cet état provenait, d'après le tribunal, de ce que:

I°. de son aveu, le bonhomme avait négligé de faire 3 des prières obligées le jour du mariage;

II°. à la même occasion, il avait fait jouer chez lui des musiciens, pendant 2 jours et 2 nuits;

---

[1] Le mariage musulman d'une vierge n'est qu'un contrat de vente, entre le père et le futur, la jeune fille n'y étant point partie.

[2] C'était à Palembang, où, de fait, quoique simple greffier, nous faisions fonctions de juge civil et criminel.

III°. il portait depuis longtemps une montre en or.

M. L. W. C. VAN DEN BERG [1] a fait remarquer combien ce jugement était en désaccord avec la législation musulmane, parce que

a. *fâsik* est celui qui a l'habitude d'enfreindre la loi et la morale [2]; la simple omission d'un seul précepte — le rite de SJAFÉÏ, suivi à Java, en compte 600 — ne saurait avoir de si graves conséquences. Du reste, les 5 prières sont faites pour une autre division de la journée que ne le comporte la situation géographique de Java.

b. quoique l'Islam soit hostile à la musique, ainsi qu'à tous les arts, comme détournant l'âme humaine de Dieu, la seule conséquence, en droit pratique, de cette tendance, est que les instruments de musique (excepté ceux servant à la musique militaire) sont sans valeur, *extra commercium*, ne pouvant être l'objet d'une convention valable.

L'usage de la musique aux noces est même assez général dans les pays musulmans.

c. il est vrai que le Prophète a défendu d'être habillé trop magnifiquement ou de porter des ornements d'or et d'argent, mais il n'est pas défendu de porter des objets où l'or soit appliqué, p. e. à la garde d'une épée, et même à la reliure d'un exemplaire du Qoran; les militaires aussi peuvent porter du drap d'or et d'argent (des galons?).

Ne faudrait-il pas que de pareils jugements pussent être réformés?

Ces conseils ont l'arrogance de tout tribunal ecclésiastique. Ils se moquent des lois émanant du gouvernement hollandais; les uns n'emploient pas de papier timbré, d'autres n'ajoutent point foi aux actes notariés, n'admettent pas de testaments, etc.

On les laisse faire, exagérant le principe de non-intervention dans les affaires indigènes. Peu à peu, on en est venu à leur reconnaître un pouvoir souverain, comme nous le démontrerons.

Donnons ici un exemple de la faiblesse avec laquelle on lais-

---

[1] W. R. I. 29 juillet 1878, no. 787.

[2] Art. 444 C. C. français: sont aussi exclus de la tutelle, et même destituables, s'ils sont en exercice:

1°. les gens d'une inconduite notoire.

se se développer ce parasite qui s'appelle Conseil des prêtres.

Le législateur suppose toujours que le droit des héritages musulman est extrêmement compliqué, tandis que, en suivant la différence entre les héritiers naturels et les héritiers selon le Qoran, on apprend en un jour à décider presque tous les cas qui peuvent se présenter. Donc, d'après un règlement de 1842 (B. d. L. no. 17), le propriétaire d'un immeuble venant à mourir, la transcription sur les registres de l'arpenteur, ensuite sur ceux contenant les actes de propriété et d'hypothèques, aura lieu, s'il s'agit d'un indigène proprement dit [1], sur un certificat du résident portant que tels et tels sont héritiers, pour telles portions; certificat délivré, entendu *l'avis* du conseil des prêtres.

A Samarang (et probablement dans la plupart des villes) on s'adresse directement à ce conseil et non au résident, heureux d'être importuné aussi peu que possible, étant toujours surchargé de besogne.

Il y a quelques années, nous étions le fondé de pouvoirs d'un indigène nommé MOOSTAHAR, dont le père venait de mourir, laissant un immeuble.

On refusait, dans l'espèce, le certificat nécessaire, le conseil prétendant que l'immeuble dont il s'agissait avait passé à un certain Chinois qui, il est vrai, n'avait point de titres, mais des témoins. Et l'on s'intéressait à cet infidèle (Kafir).

Il nous a fallu menacer le résident d'un procès pour avoir notre certificat.

Plusieurs membres ne savent pas lire.

Ils ne comprennent rien au droit musulman.

D'ordinaire, c'est le plus fanatique qui mène la bande

Le législateur de 1848 avait compris qu'affranchir l'indigène de cette institution serait un immense progrès; mais il n'en a pas eu le courage. On avait proposé comme second alinéa [2] de l'art. 3 R. O. J:

«Néanmoins il y aura appel de ces décisions au C. du P. ou

---

[1] Pour les étrangers orientaux, le certificat est délivré par la Chambre des Orphelins indigène *(Boedelkamer)*.

[2] Voir l'article de feu M. EEKHOUT dans R. N. I. XIX, p. 232.

«à un tribunal analogue, composé, à cet effet, du président et «des juges ordinaires, pourvu qu'il s'y trouve un nombre égal «de prêtres, dont les voix seront comptées».

Pourtant, rien ne serait plus facile que de faire juger par les C. d. P. les questions ressortant du droit musulman, enseigné en Hollande aux futurs fonctionnaires aux Indes depuis plus de 30 ans et depuis quelques années à Batavia. Il y a d'excellents traités sur ce droit, écrits en hollandais [1].

On a craint de mécontenter les prêtres. A tort, selon nous.

Le commissaire spécial qui a organisé l'administration hollandaise à Palembang en 1825, y avait établi un tribunal religieux, en laissant ouverte la voie d'appel au tribunal civil (dans lequel siégeait, du reste, à l'origine, le sulthan, alors médiatisé, mais toujours chef de la religion). Celà se faisait dans la partie de l'archipel Polynésien la plus fanatisée par les Arabes.

Mais au lieu de maintenir cette conquête, là où elle avait déjà été faite, le R. O. J. de 1848 a fait, en partie, un pas en arrière. Il ne parle plus de l'appel, qu'en 1808 DAENDELS avait déjà réservé. Après avoir dit la même chose que l'alinéa 2 de notre texte, il ajoute simplement, pour acquit de conscience:

al. 2. «L'exécution des sentences ainsi portées, si elle ne se «fait pas de plein gré, ne peut avoir lieu autrement que selon «la voie de droit ordinaire, et après qu'elles auront été déclarées «exécutoires par le collège judiciaire indigène suprême.

«En cas de doute ou de dissentiment, quant à la compétence sur les affaires dont il s'agit dans cet article, le G. G. décide."

D'après l'interprétation commune, le «collège judiciaire indigène suprême" à Java est simplement le C. du P. Cet exécutoire est une formalité; il ne sert à rien. D'ailleurs, d'après une décision de la H. C., le C. du P. n'a même pas le droit d'examiner si le conseil des prêtres dont il va faire exécuter la sentence était

---

[1] Handboek voor het Mahomedaansche regt, door prof. KEYZER. (Manuel de droit mahométan; traduction de l'ouvrage de FIROUZABADI] La Haye, 1853. Mais surtout celui de M. L. W. C. VAN DEN BERG; 2e édition, La Haye et Batavia, 1878.

légalement composé [1]. Il ne peut, d'après la même autorité, refuser l'exécution pour cause d'incompétence, systême qui certainement a l'avantage de rendre les conflits impossibles.

La H. C. cependant est revenue sur cette décision, en permettant de discuter, si la matière jugée était de la compétence du tribunal ecclésiastique [2].

Dernièrement, le C. du P. de Samarang (présidé par un jurisconsulte) [3] a énuméré ainsi les cas dans lesquels il pourrait refuser l'exécutoire:

a. le conseil des prêtres n'était point composé légalement;

b. la matière litigieuse n'est point de son ressort, d'après le droit indigène;

c. les parties ne sont point de la même nationalité.

Nous croyons qu'on pourrait ajouter p. e. le cas auquel les tribunaux ordinaires ont déjà jugé l'affaire.

Voir, au sujet des principes adoptés par le gouvernement pour savoir, s'il y lieu d'intervenir pour décider un conflit, notre commentaire sur l'art 83 [4].

Par analogie, l'usage s'est établi de considérer le président du conseil, le «*panghoulou mesdjid*," prêtre de la mosquée, comme représentant les mineurs indigènes. Nous ne savons sur quoi repose cette coutume, qui ne nous semble point fondée sur le droit musulman.

Il est impossible de pénétrer le mystère de l'aministration des deniers appartenant à ces mineurs. Tout ce que nous avons pu parvenir à savoir c'est que, au lieu de s'accroitre par les intérêts composés, ces capitaux diminuent, le saint personnage en prélevant un tant pour cent comme droit de garde

La seule réforme que nous ayons à proposer quant aux conseils des prêtres, c'est de les abolir. Aussi avons-nous vu avec

---

[1] W. R. I. no. 583. Comme la composition n'est fixée par aucune loi, il est absurde de l'exiger *légale*. Du reste, elle varie suivant les localités.

[2] W. R. I. no. 722.

[3] 5 mai 1878; W. R. I. n°. 783.

[4] Suppl. B. d. L., 2e édition, tome I, p. 211.

satisfaction que la législation introduite nouvellement (1875) dans le gouvernement de la Côte occidentale de Sumatra, n'en parle pas.

Nous n'avons jamais observé que le Javanais fût attaché à cette institution, ni aux personnages qui en font partie. L'indifférence religieuse est assez générale, le vernis musulman bien transparent; les vieilles moeurs, d'avant l'introduction de l'islam, percent partout; et la justice ne fera que gagner à cette suppression.

Quant aux mineurs, qu'on nomme des fonctionnaires — jamais de Collèges—, chargés de veiller à leurs intérêts.

Les Arabes, musulmans convaincus, sont *réputés* justiciables du conseil des prêtres indigène.

Quant aux Chinois, il existe dans les trois grandes villes des conseils chinois *(kongkoan)* qui décident des affaires de famille, les héritages exceptés: ceux-ci sont du ressort des Chambres d'Orphelins.

La première mention du C. chinois que nous ayons trouvée est dans l'Instruction de 1829 (B. d. L. no. 10), pour le capitaine et les lieutenants chinois à Sourabaya (déclarée applicable en 1857, B. d. L. no. 108, à Samarang).

Art. 36: «Il y aura un conseil, composé du capitaine, des 3 «lieutenants, de l'administrateur des successions [1], qui fera fonc«tions de secrétaire, et d'un huissier».

38. «Toutes les amendes fixées par ce règlement seront en«caissées par le capitaine; celles qui ont un maximum et un mini«mum seront fixées par le conseil chinois, à la majorité des voix».

40. «En cas d'insolvabilité, le conseil convertira l'amende, «d'après l'art. 3 du réglement de police, en telle peine qu'il «jugera convenable».

En 1868 (B. d. L. no. 24) on fixe la composition du conseil à Batavia. En 1871 (B. d. L. no. 70), elle est changée.

Voilà tout. Rien de leur juridiction.

En fait, le conseil chinois dans les trois grandes villes, ailleurs

---

[1] *Boedelmeester*. Membre chinois de la Chambre des Orphelins.

le capitaine [1] ou le lieutenant, décident des questions de famille, ce qui est parfaitement contraire aux institutions de la Chine, où l'on se marie, procrée des enfants et meurt, sans importuner l'autorité.

Jamais, pour autant que nous avons pu fouiller dans les archives ou consulter des gens expérimentés, il n'a été sollicité d'exécutoire pour la décision d'un conseil chinois.

Si les intéressés ne sont pas de la même nationalité, c'est le tribunal civil du défendeur qui juge les différends. Si l'un des époux est européen, comme l'autre a dû se soumettre aux lois civiles des Européens, ce sera toujours le C. de J.

Remarquons que l'arrêté royal de 1867, [dont nous traiterons plus bas, à l'art. 84 R. G.,] énonçant les privilèges judiciaires de l'aristocratie indigène, paraît ne point prévoir le cas où l'un de ses membres aurait à comparaître devant le conseil des prêtres. D'après les termes fort généraux dont se sert l'art. 2 de cet arrêté, surtout les mots «de quelque nature que ce soit», [2] il nous semble que les affaires qui, concernant de simples indigènes, seraient portées devant le tribunal ecclésiastique, sont du ressort des C. d. J., dès qu'il s'agit de la première catégorie de l'aristocratie.

Du reste, il est naturel de soustraire cette première catégorie, comprenant surtout les régents, à des tribunaux dont ceux-ci ont la surintendance.

L'art. 124 R. G. dit:

«Les prêtres des indigènes, ne professant point le christianis-
«me, sont placés pour tout ce qui touche la religion professée
«par chacun d'eux sous le contrôle supérieur des princes, ré-
«gents et chefs».

---

[1] Il paraît que ce titre provient du mot chinois *kap-thay*, corruption du mot portugais pour capitaine, et que nos ancêtres ont trouvé en usage à Java. Plus tard, par analogie, on a créé des lieutenants; enfin des majors. Ces fonctions ne sont maintenant rétribuées (et bien peu encore) qu'à Batavia. Par contre, le gouvernement perçoit de gros droits de timbre, même pour les simples titres. Cependant les Chinois sont extrêmement friands de ces distinctions, très onéreuses, en somme.

[2] *„Van welken aard ook."*

«Ceux-ci ont soin, que les prêtres n'entreprennent rien de «contraire à ce règlement ni aux ordonnances promulguées par «le G. G. ou en son nom».

Ce singulier article qui, pris à la lettre, permet aux prêtres d'entreprendre quelque chose contre les lois hollandaises et les arrêtés royaux, a l'air, d'un autre côté, de vouloir veiller à l'intégrité du dogme musulman.

L'instruction pour les régents (B. d. L. 1859 no. 102), art. 17, dit la même chose, mais ajoute:

«Il veille à ce que personne ne s'arroge un titre ecclésiastique «auquel on n'a point droit. Il tient un registre des prêtres, qui «est renouvelé tous les cinq ans."

En fait de titres ecclésiastiques, nous ne connaissons à Java que celui de *hadji*, signifiant une personne ayant fait le pélerinage de La Mecque. C'est l'usage d'exiger cette préparation des futurs prêtres.

Le titre est usurpé fréquemment par des gens qui n'ont été que jusqu'à Singapore, où l'on fabrique des diplômes, assez analogues à ceux bien connus que délivre Mgr le patriarche de Jérusalem. Mais, outre celà, la faiblesse du gouvernement fait que le nombre des pélerins s'accroît légalemeut tous les jours, ce qui est une lourde charge pour l'indigène, le *hadji* étant dispensé de la corvée. Autrefois, jusqu'en 1852, le gouvernement faisait payer le passeport nécessaire 110 florins. Quelqu'un ayant réclamé, le gouvernement fut condamné à restitution, l'arrêté en vertu duquel cet impôt était levé, n'ayant jamais été inséré au B. d. L. Depuis, on a laissé les choses aller comme elles voudraient, tandis qu'on pourrait, d'accord avec les préceptes de la religion, exiger p. e. une caution sérieuse pour l'entretien, pendant l'absence des pélerins, de leur famille. On s'en rapporte aux fonctionnaires indigènes. Maintenant, biens des gens se ruinent de fond en comble pour faire ce voyage, si funeste à tous égards. Ce n'est pas à Java que l'on peut donner carrière à des théories, conduisant à l'expansion d'un culte fondé sur la guerre à l'infidèle. Tout ce qu'on obtient ainsi, c'est d'exposer le pouvoir à des railleries.

Article 79.

Le pouvoir judiciaire n'est exercé que par des juges, désignés par A. L. G.

Voici l'une des phrases de la L. F., transcrite pour l'I. H. sans qu'on y ait pris garde. Le gouvernement a cru dire assez [1], en renvoyant pour motiver cette nouveauté dans le R. G., à l'art. 149 de la L. F.

Du coup, plusieurs tribunaux ont cessé d'exister *légalement* (la pratique est bien différente). Ainsi p. e. le conseil des *pangéran* [2] à Benkoulen, dont l'origine est inconnue, quoique l'art. 12 des D. T. en parle.

Le texte proposé d'abord sauvegardait expressément l'institution dont il est question à l'art. 78 al. 2, les tribunaux ecclésiastiques indigènes et les conseils chinois. Il va de soi, que ces véritables tribunaux continuent de fonctionner, quoiqu'on ait jugé inutile d'en parler encore *ici*.

L'art. 1 R. O. J., qu'il faut compléter par les art. 108 et 110, énumère les tribunaux non-militaires:

de district;
de régence;
le Résident;
le conseil du pays;
le tribunal de circuit;
le conseil de justice;
la haute cour.

Mais il faut ajouter:

1°. la chambre générale des comptes;

2°. le directeur des finances, ayant la faculté [comme en transigeant,] de fixer la somme à payer au lieu d'amende dans les affaires de douanes;

3°. le conseil de discipline pour les navires de commerce;

4°. les conseils de discipline des gardes bourgeoises;

5°. les juges d'instruction vis-à-vis de témoins réfractaires, etc.

D'après la loi de 1864 [B. d L. n°. 106], réglant l'administration et la comptabilité des finances de l'I. H., la chambre générale des comptes s'y compose d'un président et de six conseillers,

[1] K. II, 17.
[2] Princes, titre fort prodigué à Sumatra.

hollandais, ayant 30 ans révolus, nommés par le Roi, plus indépendants donc que les conseillers de la H. C.

On se rend fort peu compte, aux Indes, de ce que la Chambre est un véritable tribunal: sa décision (art. 65) qui apure le compte d'un comptable ou qui lui inflige une amende, est promulguée « au nom du Roi", la formule rendant exécutables les jugements et dispositions judiciaires. Cependant, la Chambre peut révoquer son jugement, hérésie s'il en fut [1].

A l'instar de la loi hollandaise de 1856, un conseil de discipline a été établi en 1873 et en 1874 [2] pour la marine marchande, et des instructions ont été données à ce conseil, composé de 2 officiers de la marine royale et de trois capitaines au long cours. Il peut e. a. interdire l'exercice des fonctions de capitaine aux I. H pendant deux ans; on a eu le tort de ne pas rendre cette interdiction appliquable à la métropole, et réciproquement.

L'article qui nous sert de texte, ainsi que le suivant, abolissent, à notre sens, l'art 48 de l'instruction provisoire (de 1819) pour la H. C M. :

« La Cour ne pourra exercer sa juridiction sur aucunes per-
« sonnes autres que celles nommées aux articles précédents, *à*
« *moins d'une autorisation expresse* par un décret spécial,
« et..... (suit le cas de connexité)".

L'autorité de laquelle devrait émaner cette commission n'est pas indiquée. Nous ne savons point qu'il ait jamais été fait usage de cette faculté.

---

[1] On a eu le tort de ne pas lui adjoindre un procureur général, en supposant que les choses marcheraient aussi facilement qu'en Hollande, où le public est en émoi, lorsque la Chambre des Comptes refuse de sanctionner une dépense.

En Hollande, ce poste est une sinécure, à laquelle on nomme des gens du monde. Aux Indes, peu de fonctions sont si difficiles et si absorbantes. Disons à la louange de la Chambre, qu'elle motive abondamment ses décisions; elle a le tort de ne pas les prononcer en audience publique.

[2] B. d. I. 119 et 135, 136.

Article 80.

Nul ne peut être distrait contre son gré du juge qui lui est assigné par A. L. G.

Encore une nouveauté, empruntée à l'art. 150 L. F.

Dans la Chambre, on a remarqué que l'exercice du droit «exorbitant" pouvait mener à une violation de cet article.

De fait, il en est toujours ainsi, quand le G. G. exerce le droit d'abolition, qui lui est encore accordé par l'art. 52 al. 2 R. G. lorsqu'il s'agit de princes et de chefs indigènes, sous la condition seulement de l'accord avec le C. d. I.

Nous renvoyons à ce qui est dit au sujet de l'art. 74 R. G. pour faire voir comme notre article est violé!

Quoique l'art. 43 R. G. donne des pouvoirs très étendus au G. G., nous ne croyons pas qu'il puisse mettre de côté l'art. 80, et introduire des cours martiales pendant l'état de siège.

Dn reste, la phrase est parfaitement inexacte; aux Indes, on est bien souvent distrait du juge que *vous* assigne la loi. Les cas de connexité; le *domicilium citandi* en matière de commerce; les règles spéciales régissant l'appel en garantie; les dispositions en vertu desquelles les tribunaux de district et de régence ne sont jamais compétents lorsqu'un Européen est demandeur — voilà autant de cas dans lesquels on est parfaitement distrait des juges qu'assignent les A. L. G.

Article 81.

Toute immixtion du gouvernement dans les affaires judiciaires, non accordée par ce réglement-ci, est interdite.

Voici les cas dans lesquels cette intervention est permise par le R. G.:

1°. le droit de grâce, art. 52;

2°. celui d'amnistie et d'abolition, quant à l'aristocratie indigène, exercé d'accord avec le C. d. I.; art. 52 al. 2;

3°. le droit de dispenser de la loi dans *les cas énoncés par celle-ci*; pour les affaires judiciaires, après avis de la H. C; art. 53 al. 1. Nous en avons donné des exemples dans notre commentaire sur l'art. 75 al. 1. R. G., en citant e. a. les art. 48 et 1469 C. C.;

4°. celui de dispenser des prescriptions d'une ordonnance coloniale (jamais d'une loi proprement dite ou d'un arrêté royal) même dans les cas, *non énoncés* dans cette ordonnance. Pour exercer cette faculté, il faut au G. G. l'avis conforme du C. d. I.; elle découle de leur pouvoir législatif: art. 53 al. 2;

5°. celui de vider, d'accord avec le C. d. I., les conflits entre le pouvoir judiciaire et le pouvoir administratif; art. 82;

6°. idem, entre les tribunaux et les prêtres ou chefs indigènes; art. 83;

7°. idem, entre le juge militaire et les tribunaux civils, art. 83;

8°. l'autorisation de poursuivre certains membres de l'aristocratie indigène, dont nous traiterons à l'art. 84;

9°. l'ordre d'exécuter les condamnations à mort, art. 92:

10°. l'autorisation d'emprisonner (excepté les cas de flagrant délit) certains hauts fonctionnaires dont il est question à l'art. 99; et de les poursuivre pour forfaiture, art. 100.

Une tentative de M. Thorbecke, tendant à intercaler dans le texte de notre article le mot «expressément» n'a point abouti [1].

Disons, pour être complets, que le G. G. a les prérogatives suivantes, d'après les codes pour les Européens:

1°. Il permet de changer le nom de famille ou d'en prendre un [2];

---

[1] K. III, 700.

[2] L'indigène change de nom quand cela lui plaît, p. e. à la naissance de l'aîné de ses enfants. Seulement, comme l'aristocratié et les fonctionnaires ont d'autres noms, plus distingués, toujours dérivés du sanscrit, et que le nom est toujours dans un certain rapport avec le titre et les fonctions, il faut l'assentiment du résident pour les petits nobles, ayant jusqu'à 50 florins par mois, du G. G. pour ceux qui dépassent cette limite; B. d. L. 1867 no. 168.

2°. il légitime les enfants naturels;
3°. octroie des lettres de majorité;
4°. autorise l'établissement de sociétés anonymes;
5°. accorde la personnalité civile à des corporations.

Le R. G. de 1854 a donc beaucoup limité l'intervention gouvernementale dans le cours de la justice. Le scandale produit par la défense faite aux tribunaux le 29 mars 1845 de recevoir, pendant une année, des actions civiles contre la Banque de Java, qui depuis 1839 ne payait plus en espèces sonnantes, a influé beaucoup sur la décision à cet égard du législateur de 1854, pourtant aussi peu libéral que possible, et dans l'oeuvre duquel l'opposition libérale n'a triomphé la plupart du temps que quant aux formes, irréprochables maintenant [1].

Sous le R. G. de 1836, qui, pour donner au G. G. toute liberté afin de faire prospérer le *système de cultures* au profit du trésor hollandais (obéré par l'entêtement de Guillaume I dans la question belge), avait réduit le C. d. I. au rôle d'une assemblée simplement délibérante, sous ce R. G. et celui d'O. J. de 1848 qui en découle, l'immixtion du gouvernement dans le cours de la justice était normale. Il disposait même des membres de la H. C., en les appelant à d'autres fonctions, s'il le jugeait utile au service de l'Etat (art. 16). Par ordre écrit, entendu l'avis (quoique non conforme) du C. d. I., il pouvait empêcher toute poursuite pénale

Avant de passer en revue les différentes espèces énoncées plus haut, nous devons traiter ici d'une question assez intéressante, parce qu'elle montre combien notre justice militaire représente encore un état de choses dont on s'est défait, pour le civil, depuis 1795.

Suivant en celà l'instruction provisoire pour la H. C. M. de la

---

Les noms de famille sont inconnus de l'indigène; leur introduction serait un bienfait immense et rendrait possible l'établissement d'un état civil.

[1] Même pour le droit d'expulsion. Les formes, cependant, ne garantissent pas grand'chose sous un gouvernement absolu; elles l'obligent seulement à avoir à son service des gens plus habiles, ce qui certainement est un progrès.

métropole, l'art. 60 de celle pour les I. H. [B. d. L. 1819 no. 21,] lui enjoint, dès qu'elle a fait droit *en première instance*, d'envoyer son arrêt avec les pièces de la procédure au G. G. [en Hollande au prince souverain, depuis roi.] Si, dans la quinzaine, elle ne reçoit point de »disposition contraire," la H. C. prononce l'arrêt, jamais avant.

Voilà une immixtion, grave même, qui semble incompatible avec l'art. du R. G. qui nous sert de texte.

Nous ne connaissons aucun cas où le G. G. ait fait usage de la faculté d'agir contrairement à l'arrêt de la H. C. M.

Revenons aux immixtions autorisés par notre article, et dont nous n'avons pas encore traité dans le cours de ce travail.

1°. L'exercice du droit de grâce, accordé déjà en 1650 au G. G., est soumis à trois conditions. En premier lieu, l'art. 52 R. G. exige que la H. C. [civile, même pour les condamnations militaires] ait été entendue; ensuite 2°. que la condamnation ait été prononcée aux I. H.; enfin 3°. que le condamné s'y trouve.

Se trouve-t-il ailleurs, le Roi rentre dans l'exercice de sa prérogative L'ordre du cabinet royal du 28 août 1855 [1], d'après lequel le Roi pourrait user de la prérogative quand même, nous semble en contradiction avec les principes de la loi, et est un peu oublié.

Le droit de grâce a été encore limité, selon nous, par l'art. 22 de la loi sur la comptabilité des finances de l'I. H. [B. d. L. 1864 no. 106.]:

«Les créances de l'Etat ne sont remises par le G. G. qu'en «vertu de notre autorisation."

«Lorsque la créance dépasse 10.000 florins, la remise entière «où partielle n'en est faite que par la loi."

Les amendes, une fois chose jugée, constituent une véritable créance. [2]

---

[1] R. N. I. XII, p. 315.

[2] Le G G s'est déclaré compétent pour remettre une amende, même au cas où elle devrait tourner au profit des délateurs ou de certains fonctionnaires, ce qui paraît assez dur (7 septembre 1861; S. B. d. L. I. p. 99).

Mais de là à un usage immodéré, il y a loin.

Enfin, on est dans l'usage à Batavia, de renvoyer au Roi pour les demandes en réhabilitation [1]. On ne saurait en donner une bonne raison. Le droit de réhabilitation du Roi n'est reconnu par aucune loi; ceux qui en admettent l'existence, le font simplement découler du droit de grâce en général. Dans ces conditions-là, il aurait été délégué avec le reste au G. G. Mais nous croyons qu'on a tort. Les deux institutions sont complètement étrangères l'une à l'autre. Il était traité de la réhabilitation dans l'art. 619 du code d'instruction criminelle français. Celui-ci aboli en 1838, on relégua la chose, en Hollande, dans le C. pénal, qui est encore à faire [2].

Pour qui comprend l'état politique et judiciaire de l'I. H., il est clair que le droit de grâce est un correctif indispensable à

Les amendes importantes sont presque toujours prononcées pour des contraventions aux monopoles affermés. Ainsi, un de nos clients a été condamné par le C., d P. de Touban à 41.000 florins d'amende.

Nous ne connaissons aucune grâce d'une peine infligée pour infraction à la ferme de l'opium, la plus importante de toutes.

Au contraire, d'après un arrêté du 24 janvier 1857, le gouvernement a adopté le principe, de ne comprendre dans les grâces à l'occasion de l'anniversaire du Roi que les condamnés pour crimes. R. N. I. XIV, 108.

Pour contravention d'opium on peut être condamné à 5 ans de prison ou de travaux forcés, et à des amendes exigibles par contrainte par corps à raison d'un mois pour 200 florins, de trois ans au plus pour chaque amende.

La sévérité montrée aux présumés fraudeurs fait monter, un adoucissement, p. e. pour la détention préventive, fait au contraire baisser le prix des fermes, dont l'influence corruptrice est incroyable pour qui n'habite pas les Indes. Un exemple: pour rendre possibles les condamnations exigées par le monopole, le législateur n'a point eu honte de biffer la disposition de l'art. 188 du Code de Procédure criminelle de la mère patrie (322 du Code d'Instruction criminelle français):

„Ne pourront être reçues les dispositions — 6°. des dénonciateurs dont la dénonciation est récompensée pécuniairement par la loi."

Les neuf dixièmes des condamnations pour délit d'opium — les fonctionnaires convaincus y poussant — sont prononcées sur des dénonciations de ce genre.

[1] Supplément au B. d L. 2775. D'après un arrêté du G G. de 1856, cette réserve aurait été faite dans ses instructions; R N. I. XII, 409.

L'histoire parlementaire de l'art. 52 R. G. ne nous apprend rien à ce sujet.

[2] Voir R. N. I. XVI, 369, l'avis d'un jurisconsulte éminent, M. BOOT, alors ministre de la justice.

la grande imperfection de la justice, et un moyen d'action politique bien souvent nécessaire. « Il peut se produire quelques cas parfaitement exceptionnels" disait le Conseiller d'Etat WICHERS, en 1846, dans un rapport qui, d'après l'arrêté du G. G. de 7 avril 1847, devra servir dorénavant de règle, où l'exécution d'une condamnation à mort serait un assassinat judiciaire. Il s'agissait de trois condamnations prononcées par ce mystérieux tribunal des pangéran (princes) à Benkoulen. Nous ne savons pour quel crime; mais tous les avis étaient pour une grâce pléniére. R. N I. XVIII, 79.

Dans la justice rendue au nom du Roi, il est de principe [1] que tout recours en grâce, adressé par n'importe qui, dans la huitaine [2] qui suit la signification du jugement définitif, suspend l'éxécution. Aussi, il est rare qu'on ne se serve pas de ce moyen p e pour prolonger la détention préventive (plus douce), vu que la peine est toujours comptée de la date où la condamnation a force de chose jugée.

S'agit-il de la peine de mort, et le condamné ou les siens refusent-ils de formuler un recours en grâce, le ministère public a l'ordre de le faire, afin de donner à S. E. l'occasion d'exercer sa prérogative.

Il a été arrêté en principe en 1851, que les maladies ou in-

---

[1] Les art. 334 R. P. C E. et 332 R. P. I. ne parlent que de requêtes du condamné lui-même. Un arrêté du G. G. de 185', B. d. L. no 29, étend cette disposition aux suppliques présentées par d'autres personnes. Nous ne savons pourquoi cet arrêté ne parle que des condamnations dont il est question au R. P. I.

[2] Pour les condamnations prononcées par les conseils de discipline des gardes bourgeoises, le délai est de 24 heures après la signification. B. d L. 1875, no. 174.

On peut se demander, ce qui arriverait si un militaire présentait une requête en grâce d'une peine disciplinaire. Les coups de rotin ou de plat de sabre, conservés pour les soldats placés dans la 2e classe de discipline, la dégradation pour les sous-officiers et caporaux, en vaudraient la peine. Dans les considérants de l'arrêté de 187', le G. G. parle de la généralité de la règle, qu'une requête en grâce suspend l'exécution de la condamnation; et l'on ne voit pas pourquoi alors l'armée sérieuse serait privée de ce bénéfice.

Du reste, le principe n'est jamais observé pour les condamnations prononcées au „rôle de police" contre les indigènes et ceux qui leur sont assimilés, et pouvant aller jusqu'à 3 mois de travaux forcés.

firmités corporelles ne sauraient être une cause de grâce pour le condamné, mais que l'administration peut faire traiter les malades dans des emplacements convenables.

De fait, les mauvaises prisons indigènes de Java, toujours trop pleines depuis l'abolition des coups de rotin, occasionnent bien des morts; et il y a des catégories de pauvres diables dont la détention préventive a d'ordinaire raison, p. e. les malheureux (souvent plutôt que coupables), accusés de piraterie pour avoir suivi leurs chefs. Tous ceux que nous avons connus, habitués au grand air, après un an de détention préventive, empestaient la salle d'audience [1].

Donnons un exemple des raisons politiques qui peuvent dicter une grâce.

Le gouvernement hollandais possède par-ci par-là (p. e. à Djambi, Côte orient. de Sumatra) des citadelles pour contenir des principules plus ou moins indépendants. Les soldats indigènes qui s'ennuient ou qui ont commis une peccadille un peu trop forte, désertent; le prince les accueille à bras ouverts; ou du moins il ne les livre (quoique la plupart du temps il s'y soit obligé par traité), que lorsqu'il a assez de ces braves gens. Quelques années plus tard, les choses ont marché, on fait une expédition militaire dans l'intérieur; le déserteur se présente, et rend quelquefois des services signalés. On le juge pour la forme, enfin on lui fait grâce.

Autre exemple, d'une application plus générale. En campagne, le gouvernement hollandais occupe, très illégalement d'ailleurs, des milliers de forçats indigènes; dans la guerre d'Atjeh actuelle, ils sont organisés militairement, en compagnies commandées par des officiers en retraite. Ils servent de bêtes de somme, pour

---

[1] Voir à ce sujet le travail sérieux du docteur SWAVING; Delft 1865.

En 1867, nous avons entendu le président des Hautes Cours, M. RAPPARD, dire dans sa harangue au G G., à l'occasion de l'anniversaire du Roi, que les prisons de Java étaient des foyers de peste (*pestholen*). Depuis, il a été fait beaucoup, mais il reste encore bien plus à faire, et les temps ne sont point propices aux réformes qui coûtent de l'argent. Du reste, la guerre d'Atjeh est là pour prévenir l'encombrement dans les prisons. Elles sont toujours le plus funestes aux détenus préventifs, qui ne travaillent pas au grand air.

transporter les bagages, les pièces d'artillerie de campagne etc. Quelquefois ils font le coup de feu avec un fusil ramassé. S'ils se conduisent bien — il y en a qui font preuve d'une grande bravoure — on leur fait grâce; au moins, une remise importante [1].

Quant aux motifs ressortant de la justice, il est certain que l'on a beaucoup abusé du droit de grâce, qui a, sous ce rapport, perdu de sa raison d'être, depuis l'adoption générale du système des circonstances atténuantes, et qui en perdra encore lorsque triomphera celui d'après lequel il n'y aura que des maximums de peine.

Sous certains G. G., le recours en grâce était une troisième instance; ils réduisaient p. e. la peine infligée par la H. C. au taux qui avait paru juste aux premiers juges [2].

Enfin, les raisons qui décidaient parfois S. E. restaient souvent un mystère, ou étaient blàmables. Tel négociant de Batavia p. e. était gracié [3] d'une peine de 2 mois de prison, encourue pour un coup de fouet donné à un sergent de ville indigène qui faisait son devoir etc.

Le gouvernement a décidé en principe que le droit de grâce ne devait point être exercé pour remédier à l'incompétence du juge, pour corriger de mauvais jugements [4] etc., etc.

En fait, il s'exerce pour remédier à tout cela. Et nous n'avons qu'à applaudir, sauf à déplorer que les horreurs de la justice militaire, indigène, et autonome [5] restent ainsi cachées.

---

[1] Au commencement de la guerre, plusieurs ont eu l'esprit de ne pas attendre les effets de la clémence de S. E.

Après chaque bataille, on trouvait que les forçats tués étaient ceux qui avaient encore de nombreuses années de service comme „fonctionnaires de 4ème classe" devant eux. Les drôles s'emparaient de l'écriteau portant le nom, la date de la condamnation et le temps à faire, dont l'autorité militaire les avait affublés lorsqu'un camarade ayant presque fini son temps, venait à être tué, et mettaient le leur à la place.

[2] Affaire AN......

[3] Affaire SU......

[4] Résolution de 1842; R. N. I. XVI, 469, S. B. d. L. 2850.

[5] On se sert même trop peu du droit de grâce dans ce sens, à notre avis Voyez p. e. le cas communiqué R. N. I. XXII, p. 431. Le jugement, du Conseil des

Le public, il est vrai, ne saurait user d'influence pour y remédier, dans un Etat où règne un pouvoir absolu, d'après des instructions données à 4000 lieues de distance

Ne parlons plus des abus, mais seulement de ce qui nous semble un usage légitime.

Il arrive que, certaines hautes influences ayant cessé, les témoins indigènes ayant servi à la condamnation, font une rétractation complète, ou que la personne prétendue asassinée reparaît [1]. On applaudit alors au courage du G. G. qui fait grâce, à l'encontre, d'ordinaire, de l'avis des premiers juges.

Il arrive enfin de ces choses qui n'arrivent qu'en Orient

On découvre un beau jour, que, dans un procès ayant occupé le tribunal du 1r circuit de Java pendant une vingtaine de séances, l'un des quatre juges indigènes avaït comparu comme témoin. Le jour qu'il avait porté témoignage, il avait simplement envoyé son secrétaire (*patih*, vizir) pour siéger à sa place. Le président, jurisconculte européen, ne s'était point aperçu de la chose, ce qui prouve bien le cas qu'on fait des assesseurs indigènes. Le jugement, condamnation à mort, avait déjà été approuvé par la H. C. en révision.

On sortit de ce mauvais pas comme on put, en accordant grâce plénière.

Nous avons parlé plus haut (page 90) de la grâce accordée à un journaliste qu'on avait trouvé après coup avoir eu raison dans un

---

Kertas, île de Bali, est assez court pour que nous puissions le rapporter en son entier: „Attendu que Idris et Samodin sont en possession de biens de l'assassiné Tahir, et que depuis Tangantik ils ont été dans la suite de Tahir; ils sont déclarés coupables d'assassinat d'un homme qui ne leur faisait pas de mal.

Le code *Outara Menawa* consulté, ils sont condamnés à l'amende de meurtre (*denda pati*), soit 90.000 sapèques (chinoises, ayant cours à Bali) chacun. Ainsi jugé le 25 septembre 1864, par trois *padandas*.

Au-dessous de la signature de ces juges, se trouve cette apostille. „Attendu que „Idris et Samodin ne sont point en état de payer l'amende, ils doivent être mis à mort, d'après le code de Bali. (signé)...... radja (roi) de Djambrana."

Heureusement, d'après les traités, il fallait le *fiat executio* du G. G., qui commua la peine La rédaction du R. N. I. ne dit point, en quelle peine.

[1] Affaire Ba...., et autres.

article violent contre le G. G. d'alors, à propos de la guerre d'Atjeh.

Pour qui comprend tout ce que présente d'anormal au point de vue politique et judiciaire cette vaste agglomération de peuples, gouvernée par une poignée de blancs, il est clair que le droit de grâce doit jouer un grand rôle dans l'archipel Polynésien.

Aussi, l'exercice en est-il régulier. Tous les ans, à la fête du Roi [1], quelques centaines de condamnés reçoivent des grâces plénières ou partielles, motivées surtout par la bonne conduite, et d'ordinaire seulement après que la moitié de la condamnation a été subie [2].

En 1877 il a été fait, à cette occasion,

grâce plénière à	24	Européens
remise d'un an »	1	»
» de 6 mois »	18	»
» » 3 » »	27	»
ont été graciés complètement	86	indigènes;
» obtenu remise d'un an	130	»
» » » de 6 mois	86	»
» » » » 3 »	95	»
» » » » 1 »	1	»
total:	468	grâces.

Ce qui rend le droit de grâce le plus intéressant à notre point de vue. c'est qu'il sert à tempérer, comme nous l'avons dit, les atrocités de l'autonomie judiciaire indigène.

Il est assez difficile pourtant d'en trouver *maintenant* des traces dans les décrets imprimés pour l'anniversaire du Roi. Celui de 1877 ne mentionne que les cas suivant, qui nous ont frappé:

A condamnation par un tribunal ressortant du Sousouhounan

---

[1] Nous avons vu des décrets du maréchal DAENDELS de cette teneur. Seulement, il prenait l'anniversaire du „grand" NAPOLÉON, et non celui du roi LOUIS, dont le caractère mou ne pouvait plaire à l'homme dont le nom est resté Java comme l'incarnation du pouvoir des blancs.

[2] Malheureusement on n'a pas le système des *ticket of leave men* et de la classification des condamnés, eu égard à leur conduite; système qui a donné les meilleurs résultats à Singapore, colonie anglaise.

de Sourakarta [le *pradhoto kaboupatèn*, siégeant à Sragèn] pour complicité d'un vol, commise par un individu trouvé en possession d'objets volés sans pouvoir en indiquer l'origine.

B. idem du tribunal analogue, résidant dans la capitale de S. A à 10 ans de travaux forcés, peine motivée par: inconduite qui le rend dangereux pour la tranquillité publique [1].

Autrefois, les décrets annuels pullulaient de condamnations de ce genre, mais il paraît qu'on préfère maintenant apporter le remède moins publiquement. Probablement aussi, le directeur de la justice propose-t-il souvent une grâce dès qu'une condamnation inique lui parvient pour qu'il fixe le lieu où le condamné subira sa peine; ce qui autrefois se faisait [assez mécaniquement] à la secrétairerie générale, avant la mise en vigueur du C. P. I. (art 3 de ses D. T.)

Il y a bien des exemples de lois accordant la faculté de dispenser au G. G.; e. a. l'art. 11 R. O. J. qui défend en principe que les membres d'un tribunal, ceux du ministère public et les greffiers en chef, soient parents ou alliés au troisième degré.

Une dispense célèbre, d'après laquelle le beau-frère d'un conseiller à la H. C. en a été nommé procureur général, en 1866,

[1] Voici deux jugements du même tribunal reportés W. R. I. 1865, no. 121: A. qu'il resort des déclarations des témoins, nonobstant les dénégations de l'accusé, que dans le temps il a été condamné à 4 années de (travaux forcés à faire en) bannissement, pour avoir vendu une vache appartenant à un Chinois du village de Ngawèn; attendu qu'après sa libération il a été arrêté de nouveau, comme étant connu pour troubler l'ordre et pour être dangereux pour la sûreté générale;

Vu etc;

Le déclare coupable d'avoir troublé l'ordre;

Le condamne à 3 ans etc.—

A. qu'il appert de . . . . que l'accusé a été soupçonné autrefois de vol. . . . . qu'il s'est rendu coupable d'héberger des buffles volés, et d'un usage immodéré d'opium, jusqu'à un demi-florin par jour; qu'il a été en conséquence arrêté le 19 décembre 1864 par monsieur Berghuis, d'autant plus qu'il est connu comme étant d'une mauvaise conduite, et dangereux pour la tranquillité publique;

déclare Tjokromenggolo coupable d'inconduite,

le condamne à 5 ans de travaux forcés.

Et le gouvernement hollandais laisse subsister cet état de choses, au lieu de faire maison nette, comme le lui a proposé un fonctionnaire connu, qui s'engageait à le faire sans effusion de sang!

a été accordée, avec violation de la loi (art. 53 R G.) c'est-à-dire, sans avoir entendu l'avis de la H. C., et sans que les tribunaux aient réagi, comme l'aurait fait probablement une magistrature indépendante. Peut-être aussi n'en a-t-on point trouvé l'occasion.

Mais les gouvernements aiment à tourner ces sortes de difficultés [1].

Quant aux catégories 5 à 10, elles trouveront leur place dans le cours de ce travail.

Les cas d'immixtion non autorisée deviennent de plus en plus rares. On peut à peine considérer comme tels le blâme, infligé au C. d. J. de Samarang il y a quelques années, pour avoir refusé de viser et de parapher, d'après un ancien usage ou abus, des livres de caisse de l'administration; les démarches faites il y a peu de temps par le G. G. pour ramener l'accord entre le président de la H. C. d'un côté et les conseillers de l'autre etc.

Article 82.

Les matières sur lesquelles, de par leur nature, ou en vertu d'A. L. G., le pouvoir administratif statue, restent soumises à ce pouvoir.

Les conflits de compétence entre les pouvoirs judiciaire et administratif, sont vidés par le G. G., d'accord avec le C. d. I., d'après des règles à poser par A. L G.

Cet article est une nouveauté dans le R. G.

---

[1] Dernièrement, on a nommé secrétaire du gouvernement un parent d'un autre (voyez à l'art. 18 R. G.), d'une manière assez ingénieuse, en lui donnant le titre de secrétaire du C. d. I., fonction qui jusque-là avait toujours été remplie par l'un des secrétaires du gouvernement, et qui le sera encore par un de ces titulaires, dès que l'une des deux personnes en cause aura été appelée à d'autres fonctions.

Le premier alinéa n'a point varié depuis qu'il a été proposé. Le second, au contraire, a eu trois rédactions. Nous croyons faire bien de les mettre en regard l'une de l'autre [1].

Projet de 1851.	Projet de 1853.	Projet de 1854 et loi.
Les conflits de compétence entre le pouvoir judiciaire et l'autorité administrative sont vidés par le G. G. d'après des A. L. G. à fixer par Roi.	Les conflits de compétence entre les pouvoirs judiciaire et administratif sont vidés par le G. G., le C. d. I. consulté, et d'accord avec lui, d'après des règles à poser par arrêté royal.	Les conflits de compétence entre les pouvoirs judiciaire et administratif sont vidés par le G. G., d'accord avec le C. d. I., et d'après des règles à poser par A. L. G.

Le texte proposé d'abord, disait le Ministre [2], était emprunté à l'art. 2 R. O. J. En attendant les A. L. G. dont il y est question à la fin, un arrêté royal de 1849 (B. d. L. no. 61) avait maintenu l'art. 57 de l'instruction pour la H. C. de 1819 (B. d. L. no. 20) «dans les conflits entre les collèges ou fonction«naires politiques ou judiciaires, ainsi qu'entre les collèges de «justice civils et militaires, sur la compétence pour terminer une «affaire, il est décidé par le G. G. en conseil.»

D'accord avec ce principe, l'art. 26, g, du projet, déclarait le G. G. tenu de consulter le C. d. I. dans ces occasions.

Le lecteur connaît assez l'esprit des Chambres hollandaises pour supposer que ce projet devait soulever des discussions.

Plusieurs membres, dit le premier rapport [3], étaient d'avis que de cette manière l'indépendance du pouvoir judiciaire aurait à souffrir. Que ce soit d'après des A. L. G. émanés du Roi, toujours le G. G. sera juge dans sa propre cause, et d'après la nature des choses, il décidera d'ordinaire en faveur de l'autorité administrative. Ainsi, la garantie contenue dans l'art. 81 actuel ne signifiait plus grand'chose. On désirait qu'une autorité différente décidât, ou que du moins le pouvoir accordé à S. E. fût

---

[1] K. I. 12, 35, 98, 156.
[2] K. II, 17.
[3] K. II, 132, 136.

entouré de plus de garanties. Quelques membres demandaient qu'à cet effet des règles fussent fixées par la loi. D'autres voulaient se contenter d'un accord avec le C. d. I.

Le Ministre [1] déclara avoir l'intention de transporter l'art. 57 cité de l'instruction pour la H. C. (exigeant l'accord avec le C. d I.) dans l'arrêté royal qui donnerait les règles à observer. Il se déclara, d'ailleurs, prêt à poser ce principe dans la loi; et sur une observation de la Chambre [2] le précepte de consultation disparut de l'art. 28 R. G. (actuel). Comme toujours, le Ministre se débattit contre l'ingérence du législateur de la métropole. La difficulté de faire la loi prescrite par l'art. 150 L. F. [3], faisait présager que celle qui devrait en ce cas être faite pour les I H. se ferait attendre longtemps.

D'ailleurs, si le gouvernement des I. H. devait décider, il était plus naturel que ce fût le Roi, ayant en vertu de la L. F. la direction suprême des possessions d'outre-mer, qui posât les conditions auxquelles cette décision devait être prise; argument qui nous fait l'effet d'une phrase, d'une pétition de principe.

Comme, dans la Chambre, il restait des membres désirant que le législateur de la métropole réglât la matière [4], on prit le biais ordinaire, en laissant la chose indécise, par l'emploi du terme d'A. L. G.

Un amendement de M. VAN ECK, tendant à faire lire simplement « les conflits sont vidés d'après des règles à fixer par A. L. G.," laissant donc la faculté de constituer une juridiction spéciale, a été rejeté à une forte majorité, quoique l'assemblée devait être encore sous l'impression des résultats déplorables obtenus dans la métropole avec le système des conflits, que le gouvernement s'obstinait quelquefois à ne pas vider.

---

[1] K. II, p. 277.

[2] K. II, p. 386.

[3] „La loi régle la manière, dont les conflits de compétence entre les pouvoirs „administratif et judiciaire sont terminés." L'un des articles qui n'ont jamais été exécutés.

Il n'y est point question de conflits avec la justice militaire.

Voir l'excellente thèse pour le doctorat de M. J. P. DE BEAUFORT, Utrecht 1873, „*de conflicten van attributie.*"

[4] K. II, p. 483, 526.

L'A. L. G. qui doit découler de notre article n'a pas encore été publié. La seule excuse, assez pauvre, de cette incurie d'un quart de siècle, consiste en ce que l'art. 150 al. 2 de la L. F. de 1848, n'a pas encore non plus reçu d'exécution

Remarquons que le juge suprême de ces conflits est, en réalité, le Roi, qui décide au cas (assez rare), qu'il y ait désaccord entre son représentant et le C. d. I. (art. 30 R. G.).

Quant au premier alinéa (que le lecteur nous pardonne d'avoir interverti l'ordre des matières), il fut l'objet, dans les débats parlementaires, d'une charge à fond de train.

On le trouvait dangereux [1]. S'il y avait par hasard une vieille ordonnance qui déférât à l'autorité administrative la décision d'un point de droit civil, il faudrait continuer dans cette voie, et la non-intervention du gouvernement dans le cours de la justice serait lettre morte. L'expression «*par leur nature*" était assez élastique, d'ailleurs.

Le Ministre, cependant, était d'opinion [2] que la disposition de l'al 1 était primée par les art 71, al 1 et 81 (actuels). L'état social aux Indes et l'incertitude qui y régnait au sujet de beaucoup de droits, faisaient d'ailleurs que l'expression « par leur nature" convenait parfaitement, selon lui.

L'argument est assez curieux, on l'avouera: parce que bien des choses sont incertaines, il faut une loi qui prolonge cette incertitude. M JOURDAIN n'aurait pas mieux trouvé.

Le chef du parti libéral, M. THORBECKE, proposa [3], lors de la discussion publique, de rayer l'al. 1, parfaitement inutile, puisqu'il ne règle rien, et trop vague pour figurer dans une loi; enfin parce qu'il reprend ce que donne l'art. 78 al. 1 (actuel). En dépit d'une argumentation serrée, la Chambre ne sortit point de l'ornière, et lui donna tort, par 33 voix contre 23.

On a réagi d'une manière assez curieuse. Au dernier moment, lors de la discussion publique sur l'article final [maintenant 132]:

---

[1] K. II, p. 433.
[2] K. II, p. 526.
[3] K. III, p. 701.

«Tous les A. L., règlements et arrêtés, en vigueur à l'époque «indiquée à l'article précédent, sont maintenus jusqu'à ce qu'ils «soient remplacés par d'autres.», M. VAN NISPEN VAN SEVENAER présenta un amendement qui, appuyé par M. THORBECKE, fut adopté sans discussion. Il ajoutait un second alinéa, de la plus grande importance, ainsi conçu:

«Les dispositions des ordonnances, dont il est fait mention «à l'al. 1 de l'art. 82, qui ne concordent point avec l'art. 78 «al. 2, *ne gardent force de loi que pendant deux ans après «l'entrée en vigueur du présent règlement.*»

L'abus qu'on craignait n'a pas eu lieu, du moins à Java. En général, les fonctionnaires administratifs y respectent les tribunaux européens, et ceux-ci prouvent par mainte déclaration d'incompétence qu'ils ne songent point à empiéter sur les attributions administratives; même la H. C. semble souvent plus gouvernementale que le gouvernement, en se déniant p. e. le droit de juger de la légalité d'une nomination. Et les fonctionnaires judiciaires n'ont jamais eu à s'applaudir des conflits soulevés par eux.

ARTICLE 83.

Les conflits de compétence entre les tribunaux et les prêtres et chefs indigènes, ainsi qu'entre le juge civil et le juge militaire, sont vidés par le G. G., de la manière et sur le pied indiqués au précédent article.

Après ce qui a été dit à l'article précédent, nous pouvons traiter de celui-ci fort sommairement. Qu'une disposition de ce genre, parfaitement nouvelle dans les R. G., soit nécessaire, on n'en peut douter, disait le Ministère en la proposant [1].

Quelques membres des Etats-Généraux voulaient faire régler ces conflits par la H. C. [2].

---

[1] K. II, 17.
[2] K. II, 132.

Ils oubliaient que, par le système alors en vigueur à Java, d'après lequel chaque procès criminel devait être jugé en révision [1] par la H. C., celle-ci serait impliquée dans presque chaque conflit.

Ceux au contraire qui demandaient l'accord obligé avec le C. d. I. eurent gain de cause; le gouvernement entra dans leurs vues [2]. Les partisans de la réglementation par la loi subirent un échec, comme toujours dans cette discussion —

Les conflits entre juges civils et militaires sont assez fréquents, par suite de la rédaction extrêmement obscure du premier titre du C. P. M. [3].

Il arrive fréquemment que d'anciens soldats indigènes, condamnés aux travaux forcés, réussissent à s'échapper et s'engagent ailleurs sous un autre nom. S'ils sont reconnus, on peut jouer aux dés pour savoir s'ils seront jugés en définitive par un tribunal civil ou un conseil de guerre. De même, lorsqu'un soldat doit être jugé pour un fait commis avant son entrée au service.

Pour les conflits entre les tribunaux et les «prêtres et chefs» indigènes, le gouvernement a adopté en principe, à différentes époques [4], qu'il ne se mêlait point de la chose lorsque:

1°. le C. d. P. se déclare incompétent sur une demande tendant à mettre à néant la décision d'un conseil des prêtres.

2°. le régent est empêché de décider en dernier ressort, et que le gouvernement est requis d'indiquer un autre fonctionnaire pour le remplacer.

3°. une affaire a déjà une fois été déclarée, par le gouvernement, être de la compétence des tribunaux ordinaires.

Il y a une catégorie de conflits non prévue par la loi; c'est celle où est impliqué un conseil de guerre maritime. Celui-ci juge, en rade de Batavia p. e., d'après les lois hollan-

---

[1] Système parfaitement inconnu de la Chambre, même de M. Thorbecke.

[2] K. II, 277.

[3] Van der Hoeven, „Opmerkingen over de Nederlandsche Strafwetgeving voor het krijgsvolk te Lande." (Remarques sur les lois pénales hollandaises pour l'armée de terre); 2e édition. Breda, 1866, page 38.

[4] S. B. d. L., 2e édition, I, p. 211.

daises et non coloniales, et est parfaitement indépendant du pouvoir colonial et de ses lois, condamnant p. e., et à raison, des matelots indigènes à des peines européennes; ne punissant l'abus de confiance que lorsque la remise des objets détournés avait eu lieu à l'effet d'un travail salarié, etc.; bref, comme au Helder.

Enfin, les conflits entre les tribunaux de la métropole et ceux des colonies n'ont point été prévus.

Article 84.

Pour intenter des actions civiles ou des poursuites pénales contre des princes ou chefs indigènes, indiqués par A. L. G., il faut l'autorisation du G. G., ou, hors de Java et de Madoura, de l'autorité provinciale la plus élevée.

Les lois des I. H. fourmillent de dispositions en faveur des nobles indigènes [1], dispositions présentant le caractère de »lois de garanties" et d'une importance majeure pour la connaissance des principes et des traditions de gouvernement. En 1854, l'opposition libérale dans la seconde Chambre des Etats-Généraux, surtout M. Thorbecke et le baron de Hoëvell, ont vivement attaqué cette tendance, et la disposition de l'art. 84, qui remonte seulement à 1829. Certes, le gouvernement usait dans ce sens, de son droit d'alors, d'immixtion dans les affaires judiciaires, bien avant cette époque, et un arrêté de 1841, dont nous parlerons à l'art 100, rendait déjà bien des services

Il est probable que si jamais on se résout à une révision du R. G., cette disposition ne sera pas perpétuée, du moins pour les affaires civiles. Commençons par étudier l'article historiquement.

---

[1] C'est une tradition. Voir p. e. l'art. 7 de l'Instruction pour le résident de Bonthain à Célèbes (1759), lui défendant de juger les nobles indigènes *(kraëng)*, qu'il devait au contraire envoyer à Macassar. R. N. I. VIII, 93.

Il ne se trouve dans aucun R. G. avant celui de 1854.

Le premier projet législatif, celui de 1851, parlait de: *princes indigènes et autres personnes de qualité* [1].

Il avait été copié, disait le gouvernement, tout en le modifiant un peu, de l'al. 1, art. 4 R. O. J. (de 1848), dont on passait les deux autres alinéas, comme ne contenant point de règles fondamentales [2].

On remarqua, dès le premier rapport parlementaire, que l'art. 4 R. O. J. était plus explicite; il parlait de «princes, régents ou autres grands indigènes ou leurs proches," et de «chefs indigènes notables" [3].

D'un côté, on s'éleva contre ce privilège, contraire au principe de *l'égalité devant la loi*, principe qu'on oubliait simplement n'avoir jamais été proclamé à Java; d'un autre, on applaudissait à la disposition proposée, eu égard au caractère du peuple javanais, facile à tromper. La réponse, que le résultat désiré pourrait seulement être obtenu en prévenant la tromperie, était toute prête.

Le gouvernement changea seulement l'indication des privilégiés par celle qui s'est maintenue, celle de l'article 84 en vigueur.

Pour défendre la disposition proposée, il prétendit que la faculté de refuser l'autorisation était la seule manière qu'il y eût de protéger les personnages en question contre les escroqueries et tromperies auxquelles ils ne sont que trop souvent en butte.

De part et d'autre, on persista dans les opinions énoncées ci-dessus.

La discussion publique fut assez chaude.

Pour en rendre compte, commençons par parler du criminel.

L'art. 80 du R. G. (actuel), dit le baron DE HOËVELL, est déjà adopté: Nul ne pourra être distrait, contre son gré, du juge que lui assigne la loi. Dernièrement, un chef indigène niait les

---

[1] „*Van rang en aanzien.*"

[2] L'al. 2 dit qu'en cas de refus, par le Gouverneur d'une possession hors de Java, le G. G. décide; l'al. 3 ordonne le huis clos.

[3] „*Van aanzien*"

crimes qu'on lui imputait, et demandait des juges. Cependant le G. G refusa l'autorisation requise. Il a donc été distrait du juge que des A. L. G. indiquaient.

Le ministre de la justice, M. Donker Curtius, répondit assez subtilement: il ne pouvait y avoir de juge compétent, de juge indiqué par la loi, qu'après l'autorisation de poursuivre accordée; à peu près comme en droit civil, certaines personnes ont besoin d'autorisation avant d'intenter un procès; une fois autorisé, le procès vient devant le juge compétent; tant qu'il n'y a point d'autorisation, il ne saurait être question de compétence.

Enfin, M. Thorbecke demanda si l'on voulait établir des classes, p. e. les régents, ou bien les chefs de district ou de village.

A cette question, un peu obscure dans le compte rendu — auquel on change souvent tant de choses le soir, heureusement pour l'histoire sans consulter son interlocuteur du matin — le ministre des colonies, M. Pahud, répond en renvoyant à l'art. 165 R. O. J. qui traite de tout autre chose, c'est-à-dire de la compétence de la H. C. pour les crimes et délits commis par certains fonctionnaires *européens*. D'après l'art. suivant, 166, ils ne peuvent être emprisonnés, pendant les quatre premières semaines, sans l'autorisation du G. G., lequel doit prendre les mesures dictées par les besoins du service.

Voilà tout. L'incident n'eut pas de suites. Il est clair, que le compte rendu n'est pas bien fidèle. Probablement, on se sera empêtré des deux côtés, et plus tard on aura biffé bien des choses dans les notes sténographiques. Dans toute cette discussion du R. G., les personnes au courant des affaires coloniales n'étaient point jurisconsultes, et les jurisconsultes de la Chambre et du ministère n'étaient point au fait des affaires coloniales. Chacun parlait de son côté, et l'on croyait discuter.

On n'a jamais donné — la chose vaut la peine d'être constatée — de raisons politiques pour justifier cette immixtion du G. G. dans le cours de la justice pénale, ni dans les nombreux rapports et mémoires, ni dans la discussion orale.

Mais il se peut qu'on ait été trop à la discussion quant à l'autorisation de procès purement civils.

M. Thorbecke, cet homme éminent, dont on ne peut qu'admirer

la perspicacité même dans ces affaires coloniales si difficiles, tout en déplorant qu'il ne les connût que de très loin, M. THORBECKE désira être édifié sur le privilège si excentrique, proposé quant au civil.

Voici la réponse textuelle du Ministre [1]:

« Afin de préserver et de protéger autant que possible ces « personnes contre la séduction, à laquelle elles sont exposées « fort souvent, de s'endetter considérablement en achetant plus « qu'elles ne sauraient payer. Tant de fois il a été spéculé sur « leur cupidité [2]; il y a tant d'exemples, que pour se tirer d'affaire, « elles ont eu recours à des moyens répréhensibles [3], qu'une « mesure préservatrice comme celle-ci est vraiment utile et néces- « saire; elle a, d'ailleurs, déjà prouvé répondre parfaitement au « but proposé."

Nous avons cité mot à mot cette naïve réponse, qui a l'air d'avoir été apprise par coeur, puis débitée tout d'une traite, comme une fable par un bébé.

Le baron DE HOËVELL fit remarquer, assez caustiquement, que les personnes que le gouvernement croyait devoir surveiller si paternellement, qu'il considérait comme des enfants crédules, à protéger contre la rouerie de gens habiles, que ces personnes étaient les mêmes auxquelles, un jour plus tôt, on avait donné en mains l'arme si dangereuse de l'hérédité. Le résultat serait que les protégés payeraient quatre fois le prix véritable; en second lieu, qu'on leur refuserait le crédit p. e. aux ventes publiques [4], offense très grave aux yeux de l'indigène, mais qui avait déjà eu lieu plusieurs fois.

---

[1] K. III, 716.

[2] Le Ministre dit „*begeerlijkheid*." „*Koopziekheid*" aurait mieux valu.

[3] „*Verkeerde*."

[4] Ce n'est que dans les trois grandes villes et à Amboina que, en 1854, les bureaux des ventes publiques étaient une institution gouvernementale. Depuis, ce système a été introduit aussi à Buitenzorg, à Chéribon, à Pékalongan, à Grissé, à Passourouan, à Sourakarta, à Padang, à Macassar.

Ailleurs, le maître des ventes exploite ce monopole à son profit personnel, et le

M. THORBECKE se moqua du rôle «organique» qu'à Java, selon M. BAUD, jouaient dans l'Etat les indigènes de qualité, ces personnages qu'on devait protéger ainsi contre leurs propres désordres. Dans tous les cas, l'article n'avait point besoin de paraître dans la loi proposée, puisqu'il était déjà dans le R. d'O. J.

M. ROCHUSSEN (du parti conservateur), cet homme si fin, ancien gouverneur général, tout en prétendant qu'il tenait peu à l'article proposé, voulait le maintenir. Mais il surprit la religion de la Chambre, en prétendant qu'il n'était point nouveau. Il supposait, la mesure introduite par le G. G. VAN OVERSTRATEN [1].

Celui-ci a dit au § 177 de ses mémoires: «en général les «Javanais, par conséquent aussi les régents, sont très dissipa-«teurs, ce qui est cause que la plupart d'entre eux sont et res-«tent pauvres; et j'ai dû donner des ordres [2] généraux qu'au-«cunes de leurs dettes aux résidents ne soient valables, si el-«les ne sont approuvées par moi».

Il est clair qu'il s'agit de tout autre chose dans ce texte; le G. G. VAN OVERSTRATEN avait parfaitement raison; il n'aurait même dû permettre à aucun résident européen d'être le créancier de son inférieur, le régent indigène.

M. ROCHUSSEN prétendit encore qu'à Java [3] les régents et plus encore les princes sont entourés de gens spéculant sur leur désir de se procurer des byoux, surtout à crédit. Un byoutier français, dit-il, a cessé de venir à Java depuis que cette disposition a été insérée au R. O J. L'orateur déplorait que cette mesure protectrice fût encore jugée nécessaire. Il la jugeait absolument telle pour nombre de chefs indigènes, *parmi lesquels il y a quelques régents.*

L'article passa à 44 voix contre 12.

Ce qu'il y a de curieux, c'est que personne ne soupçonnait

---

gouvernement est caution civile pour les payements que ces messieurs ont à faire, après six semaines si la vente a été au comptant; après six mois, si elle a été faite à 3 mois de crédit.

On est en train de réorganiser cette mauvaise institution, dont le gouvernement est souvent la dupe; mais, à ce qu'il paraît, pas dans un sens libéral.

[1] Qui a gouverné de 1796 à 1801.

[2] Littéralement: circulaires.

[3] N'en serait-il ainsi qu'à Java?

que le principe avait été adopté le 8 octobre 1829, par arrêté du G. G. vicomte du Bus de Gisignies, publié cependant dans le B. d. L., no. 98.

Le G G. y décide, qu'à l'avenir:

a) les régents et autres grands indigènes seront justiciables, provisoirement tant au civil qu'au criminel, en 1e instance, des C. d. J. de Batavia, de Samarang et de Sourabaya; et qu'au civil, ils pourront en appeler à la H. C.;

b) toutes procédures criminelles dans lesquelles ils seraient impliqués, auraient lieu, *sur leur requête*, à huis clos;

c) avant de prononcer, soit au civil, soit au criminel, le prêtre et le grand-djaksa seraient consultés, afin de modifier, selon les us et coutumes indigènes, les décisions dans l'esprit du règlement sur la procédure indigène, et dans l'intérêt de la personne en cause;

d) personne ne pourra saisir le juge d'une plainte ou d'une demande contre l'une de ces personnes sans le consentement du G. G.

Cet arrêté est le véritable fondement de toute l'institution.

Remarquons cependant:

1°. qu'il ne pense qu'à l'île de Java, défaut qu'il a en commun avec presque toutes les mesures gouvernementales, sans en excepter le R. G.;

2°. que pour qu'il y ait appel à la H. C., il n'est point fixé de minimum et que l'article semble dire que les seuls privilégiés indigènes jouiront de cette faculté;

3°. que le huis clos est ici une faveur, non une mesure dictée par la politique.

La *modification* dont parle le § C donnerait lieu à trop de commentaires. Nous nous abstenons, en attendant la publication des mémoires du temps.

On peut soutenir que l'autorisation gouvernementale n'a point de raison d'être suffisante, quant aux affaires civiles du moins. Nous nous rangeons pleinement, en ceci, du côté des adversaires de l'article.

Pour les affaires pénales, il *peut* y avoir, à soustraire les nobles indigènes à l'action de la loi, des raisons politiques [1]. Pour le civil, s'il est peu séant qu'un indigène d'un certain rang reçoive une assignation, ce que celà pouvait avoir d'offensant avait déjà été prévenu par l'art. 6, 4°. du R. P. C. E.:

« Les assignations et tous autres exploits seront faits, en ce qui « concerne les personnes dont il est question à l'art. 9" (nos privilégiés) « au chef du gouvernement local, ou à celui qui le « remplace".

« Le fonctionnaire auquel est fait l'exploit, visera l'original sans « frais, et enverra la copie à l'intéressé, par lettre cachetée". [2]

Nous avons été témoins d'une saisie-exécution pratiquée chez un personnage de ce rang. Personne ne s'est avisé d'y voir un danger politique; et, quant à la contrainte par corps, si le gouvernement voulait la prévenir, autant vaudrait en revenir à l'ancienne législation qui, dans l'intérêt du service de l'Etat, défendait d'écrouer en matière civile ou commerciale aucun de ses employés, mais ordonnait des retenues sur les traitements.

Il va sans dire que l'autorisation une fois accordée, sert à toute la procédure, donc aussi à l'exécution éventuelle du jugement, même au moyen de la contrainte par corps.

Le gouvernement ne s'est point réservé le droit de la retirer, une fois accordée. Mais il a interprété la loi de manière à ce qu'une nouvelle autorisation fût nécessaire pour poursuivre les héritiers, au cas où la personne privilégiée serait décédée avant l'action intentée.

Il s'est fondé sur ce que des raisons politiques peuvent mener à interdire tout procès en général contre un noble indigène, ou bien tel procès plutôt que tout autre [3].

---

[1] La proposition d'autoriser des poursuites doit être accompagnée d'une enquête sur l'état des affaires, la conduite, le genre de vie *et la parenté* de la personne en cause (Circulaire du S. G. 24 juin 1853; S. B. d. L. 118).

[2] Les fonctionnaires européens doivent saisir l'occasion d'arranger l'affaire à l'amiable, quand, pour abréger, on leur envoie la requête en autorisation adressée à S. E. le G. G., afin qu'elle ne passe point deux fois par la filière administrative (Circulaire du S. G. du 2 mai 1856 n°. 796, S. B. d. L. 96).

[3] Décret du G. G. du 29 janvier 1858 n°. 81; R. N I. XVI p. 385.

Cependant, l'art. 7 R. P. C. E., qui permet de citer les héritiers, en bloc et à la maison mortuaire, pendant six mois après le décès, nous semble basé sur une continuité, en contradiction avec l'interprétation du gouvernement.

Aux Indes, comme en Hollande [1] il est certains actes authentiques, exécutables comme jugements, sauf la contrainte par corps:

1°. les obligations par-devant notaire;

2°. les actes judiciaires établissant hypothèque;

3°. les contrats notariés passés entre le gouvernement et les adjudicataires des fermes (art. 443 R. P. C. E.; art. 8 du règlement pour l'affermage des revenus de l'Etat pour Java et Madoura, B. d L. 1853 no. 86) [2].

En vertu de l'art. 5 D. T. de 1848 (B. d. L. n°. 10), il fallait l'autorisation du gouvernement pour exécuter ces actes contre nos privilégiés; sans cette disposition expresse, la chose aurait été au moins douteuse, sous l'empire d'un R. G. qui ne traitait point de la matière. Ce n'est point *intenter* une action, que d'exécuter une obligation notariée, acte authentique qui remplace un *jugement*.

Aussi nous croyons [3], que l'art. 5 D. T. a été tacitement révoqué par l'art. 84 R. G., loi fondamentale, de 1854.

Si le législateur avait voulu qu'on demandât l'autorisation du G. G. pour l'exécution, il l'aurait dit expressément. Certes, il est singulier, que les privilégiés pour raison d'Etat puissent aliéner leur privilège, en se reconnaissant débiteurs par-devant notaire. Mais cet acte, qui rend superflu un jugement, est parfaitement valable, tant qu'une disposition spéciale n'aura pas déclaré nulles les obligations souscrites par nos privilégiés sans autorisation du gouvernement.

---

[1] Voir le commentaire sur l'article 104 R. G.

Cette institution n'existe point en France, que nous sachions.

[2] L'art. 6 exclut les chefs indigènes de la participation aux fermes.

[3] M. DE LOUTER, dans son Manuel de droit public et administratif des I. H., La Haye, 1877, page 290, est d'un avis contraire. Il paraît que la révocation dont nous arguons, lui a échappé.

On ne peut que regretter que la langue hollandaise, dans laquelle est écrit cet ouvrage excellent, le rende peu accessible au monde savant.

Pour la contrainte par corps, on peut douter. Elle ne peut être appliquée qu'en vertu d'un jugement.

Mais est-ce bien «intenter une action" que de demander en justice que tel acte puisse être exécuté à l'aide de la contrainte par corps?

Nous ne le croyons pas.

Quant aux demandes reconventionnelles, il nous semble au contraire qu'on ne peut les former contre nos privilégiés que muni de l'autorisation du gouvernement.

Cette autorisation est donnée par le G. G. sans que le C. d. I. soit consulté. Nous ne connaissons au civil qu'un seul exemple, [1] du moins à Java, où, sous le R. G. en vigueur, celui de 1854, elle ait été refusée.

M. VAN DEN BIESEN, ayant eu à souffrir de mauvais traitements de la part du régent de Brebes, s'est vu refuser, en 1860, l'autorisation nécessaire afin de le poursuivre en dommages-intérêts

Remarquons que l'article qui nous occupe n'est applicable qu'aux indigènes dans l'acception stricte du mot, et aux orientaux étrangers, tels que Chinois, Arabes, Bengalais, seulement par suite des liens de parenté qui pourraient les unir à la noblesse indigène, mais jamais de leur propre chef.

Le texte de l'art. 84 n'est pas bien clair; en premier lieu, pour savoir si l'autorité devant accorder les poursuites est celle dans le ressort de laquelle l'inculpé a son domicile, ou bien celle dans le ressort du tribunal devant connaitre de l'affaire.

Le gouvernement général a embrassé ce dernier système, en accordant lui-même l'autorisation de poursuivre un noble indigène de Bornéo, île entièrement du ressort du C. d. J. de Batavia [2]. Il s'ensuit que le gouverneur d'Atjeh, les résidents de

---

[1] On trouve W. R. I., 3 avril 1871, n⁰. 405, un refus de citer le directeur d'empire de Sourakarta et le Grand-djaksa de ce royaume. Mais le demandeur avait oublié que ces personnages ressortent des tribunaux du Sousouhounan, et non de ceux du Roi des Pays Bas.

[2] Décret du 28 septembre 1857 n⁰. 65, R. N. I. XV[1], p. 384. S. B. d. L. II, p. 94.

Palembang, de Riouw, de Banda, des districts Lampong, de Benkoulen; l'assistent-résident de Billiton, enfin le résident de Timor n'ont jamais à autoriser de poursuites, ces contrées étant du ressort des C. d. J. de Batavia et de Sourabaya.

Ensuite l'art. 84 manque de clarté quant à savoir si l'autorisation étant refusée par l'autorité supérieure dans les ressorts des autres C. d. J., ceux de Padang, de Macassar, d'Amboina, de Banda et de Ternate, les intéressés, ministère public ou autres, peuvent en appeler au G. G. La question a été tranchée par l'art. 1 al. 2 de l'arrêté royal du 3 novembre 1866 n⁰ 73 (B. d. L. 1867 n⁰. 10)

Cet arrêté est l'A. L. G. dont parle notre article. Avant ce temps, on consultait d'ordinaire, pour connaitre la qualité de tel ou tel indigène, le règlement de 1824 (B. d. L. n⁰. 13) sur les titres, grades, apparat et suite des fonctionnaires indigènes dans l'île de Java; ainsi que l'ordonnance du 19 mai 1847 n⁰. 1 (B. d. L. n⁰. 25); mais les limites n'étaient pas bien nettement tracées; encore moins savait-on, à quel degré de parenté s'étendait le privilège; si l'affinité pouvait le donner et si, une fois l'autorisation accordée, le juge pouvait se déclarer incompétent, et renvoyer la cause à un juge inférieur, en déclarant l'autorisation superflue [1].

Mais l'art. 4 al. 2 du R. O. J de 1848 décidait déjà: «l'auto-«rité supérieure provinciale, refusant l'autorisation demandée, fait «part de sa décision au G. G., sans délai, afin qu'elle soit ra-«tifiée; sinon, l'autorisation est accordée".

Telle est encore la loi.

Si le G. G. refuse, le ministère public ni les autres intéressés n'ont d'action que contre les autres personnes impliquées dans l'affaire. Il est vrai que l'art. 5 du R. O. J donnait au G G. la faculté d'empêcher aussi cette poursuite, le C d I. entendu, mais cet article est aboli [2] par l'art. 81 du R. G actuel, défendant

[1] Cf. p. e. le jugement du C. d. J. de Samarang du 28 avril 1863, cassé par la H. C. le 2 juillet 1863. R. N. I. XXI, p. 330.

Sur cette dernière question, le procureur du Roi à Samarang était d'avis que non; le conseil et la H. C. (implicitement), que oui.

[2] Il en est de même, à notre sens, de l'ordonnance de 1841 n⁰. 2, qui sans cette autorisation (dans Java et Madoura), défend les poursuites de tous chefs indigènes,

toute immixtion dans le cours de la justice, non autorisée *par ce dernier règlement.*

L'arrêté royal dont nous parlons, celui de 1866, va bien plus loin que le texte de l'art. 84 qui nous occupe. Déjà en ceci, que celui ci ne parle que des princes et chefs indigènes, et non, comme l'arrêté, de leurs épouses, parents ou alliés. Quant à ces dernières classes, la légalité de l'arrêté royal nous parait douteuse. Il contient, du reste, bien plus que ne le ferait présumer son intitulé:

«Indication des princes et chefs indigènes, contre lesquels une «action civile ou pénale ne peut être intentée, sans avoir obtenu «l'autorisation exigée par l'art. 84 du R G."

L'article 1 suffirait à justifier cet intitulé. Il nomme:

«les princes indigènes, les directeurs d'empire, régents ou «sous-régents, tant qu'ils n'ont point cessé leurs fonctions ou ont «été révoqués."

Passons en revue ces quatre catégories:

A. Princes Il ne peut être question que des membres de familles princières *médiatisées,* telles que celles de Chéribon. Quant aux familles régnantes de Sourakarta et de Jogjokarta, et celles des princes «indépendants" Mangkou Negoro et Pakou Alam, elles ne sont point soumises à notre juridiction. Elles ont leurs propres tribunaux dans leurs Etats respectifs, le *kadipatèn* à Solo p. e. — Voyez à l'art 75.

---

de quelque grade qu'ils soient, pour concussion, abus de pouvoir ou vol de deniers publics.

L'ordonnance n'a jamais été promulguée, d'ailleurs.

On peut s'étonner que les rédacteurs du supplément (non officiel) au Bulletin des Lois, M M. Nederburgh et de Waal, la citent encore par deux fois (I., p. 380 et 381) comme ayant force de loi.

Il est vrai qu'elle a été expliquée encore en 1857 par une circulaire du secrétaire général.

Le gouvernement (Décret du 18 juin 1857; S. B. d. L. I, p. 384) prétend que chaque fonctionnaire supérieur dans son ressort peut décider qu'un coupable de concussion, de vol de deniers publics ou d'abus de pouvoir, ne sera point poursuivi. Ce n'est que lorsqu'ils jugent la poursuite nécessaire, qu'ils ont à demander l'autorisation du G. G.

Celà est vrai aussi pour Madoura, dont les deux princes, les Panembahan de Soumenep et de Bangkalan [1] «quoiqu'ils portent «le titre de régent, ne sauraient être assimilés aux régents de «Java, n'étant point comme ceux-ci des fonctionnaires supérieurs «indigènes, mais des princes, dont la position vis-à-vis de la po- «pulation indigène et du gouvernement de l'I. H. est réglée par «contrat" [2].

B. Directeurs d'empire. Traduction mauvaise, mais littérale, du mot *Rijksbestierder*. Ce sont les vizirs des princes indigènes, le Sousouhounan de Solo et le Sulthan de Jogjokarta, nommés et payés, ainsi que celui du Panembahan de Soumenep (Madoura), *par le pouvoir hollandais.*

Les vizirs des deux princes «indépendants" à Sourakarta et à Jogjokarta (faisant contrepoids au Sousouhounan et au Sulthan) et celui de Soumenep (Madoura) n'ont que le titre modeste de «*patih*", second.

Comment ces personnages pourront-ils jamais être soumis à la juridiction d'un tribunal émanant du pouvoir hollandais? Ils sont nommés par celui-ci, il est vrai; mais n'en restent pas moins, ce nous semble, sujets du prince indigène.

Même à Jogjokarta, où la justice pénale est administrée par le pouvoir hollandais, le Sulthan s'est réservé la juridiction sur les princes et les grands de son royaume.

Nous ne voyons que l'état de guerre, les fraudes des monopoles affermés, exploités par le Gouvernement Hollandais, et les dispositions du C. P. M., qui pourraient les amener par-devant un tribunal statuant au nom du roi de Hollande. La mention faite de ces personnages est une preuve nouvelle, que le législateur ne s'est pas bien rendu compte des limites de la juridiction du pouvoir hollandais.

C. Régents. Ce sont les fonctionnaires indigènes les plus élevés en grade (ils ont celui de capitaine, de chef de bataillon

---

[1] La troisième partie de l'île, le pays de Sampang, est administrée directement par un fonctionnaire hollandais.

[2] Texte de l'ordonnance du G. G. du 13 juillet 1877 n°. 12. R. N. I. XXIX, p. 281.

ou de lieutenant-colonel, le résident européen ayant celui de colonel), jouissant seuls d'une hérédité, restreinte il est vrai, mais constituant néanmoins un véritable privilège [1].

Il y en a maintenant 68 dans la partie de Java administrée directement par le G. H. On s'en passe tout à fait dans la régence d'Ambarawa (résidence de Samarang); on les a remplacés par de simples *patih* ayant peut-être le sixième des revenus, dans celles de Loumadjang et de Kraksaän (résidence de Probolinggo), d'Anjer (résidence de Bantam) et dans celles de Tjitjalengka, Soukaboumi, Tasikmelaja et Soukapoura Kollot (dans les Préanger); il n'y en a pas dans la résidence de Batavia, où, d'ailleurs, il ne reste plus même d'indigènes aisés, et encore moins de nobles, et où le gouvernement n'a presque plus rien d'indigène. Enfin, dans la résidence de Krawang, dans les terres concédées à des particuliers, ceux-ci nomment des chefs indigènes d'une position moindre, et croient avoir raison.

D. Les sous-régents, *Ronggo.*

A Java, il n'y en a plus, du moins dans la partie administrée directement; à Madoura il s'en trouve un qui remplace le régent, autrefois prince vassal, dont on a cru pouvoir se passer [2]; enfin on retrouve le titre à Bandjermasin (Bornéo).

Pour toutes les actions civiles et pénales contre les personnes de ces catégories, il n'y a qu'un seul juge en première instance: les C. d. J. (tribunaux européens) même pour les affaires de simple police [3] (al. 1 art. 2 de l'arrêté royal).

Il est remarquable combien peu le gouvernement a tenu à user encore de la faculté d'empêcher les poursuites civiles, qu'il préten-

---

[1] Voir l'art. 69 R. G.

[2] Madoereesche toestanden door Mr. Wop; III, p. 304.

(Etat des choses à Madoura, par maître Wop — pseudonyme transparent qui cache M. Tadema, qui a été juge de circuit dans cette île, où il se commettait, il y a peu d'années encore, trois meurtres par jour, sur une population de 750,000 âmes).

Cet opuscule est remarquable par des aperçus fort exacts sur l'administration de la justice indigène, écrits dans un style négligé, mais saisissant par son accent de vérité.

[3] Il va de soi, que dans le cas de connexité avec des personnes ou des affaires justiciables de la H. C. (voyez à l'art. 99), celle-ci serait compétente.

dait si nécessaire. Qu'on lise les discussions de la Chambre, on dirait que presque chaque chef indigène serait protégé ainsi, et il y en a une centaine tout au plus, tout compte fait.

La procédure vis-a-vis de ces privilégiés est l'ordinaire, (des Européens); mais ils ont le bénéfice de tous les indigènes *proprement dits*, de pouvoir comparaître en personne sur la première citation, auquel cas il leur sera accordé un bref délai pour constituer avoué (art. 108 R. P. E.); les séances doivent avoir lieu à huis clos, même si d'autres personnes étaient impliquées dans l'affaire (al. 2 de l'arrêté royal). Celles-ci sont alors sacrifiées à la raison d'Etat.

Avant de porter uu jugement, le C. d. J. ne prend pas seulement l'avis du grand-prêtre (al. 3), il consulte aussi deux chefs indigènes, indiqués chaque fois par l'autorité ayant accordé les poursuites [1]. Quel grand-prêtre il faudra consulter, le texte ne le dit pas; sans compter les personnages pour qui ce titre est purement honorifique, il y en a un dans la capitale de chaque province (résidence). On se tire d'affaire en ayant recours à celui qui siège d'habitude au tribunal indigène de la ville.

Le texte ne dit pas, si le jugement doit être prononcé en public. On remarquera que l'art. 29 R. O. J. n'excepte du prononcé en public que les dispositions sur simples requêtes et les arrêts en révision de jugements au criminel. Le législateur royal de 1866 ne disant rien du prononcé, il nous semble n'avoir point voulu user en faveur des privilégiés indigènes de la faculté que lui accorde l'art. 91 du R. G.; donc, que les jugements dont il s'agit doivent être prononcés en public.

---

[1] Et nommés dans l'arrêté qui les accorde. Celui qui demande l'autorisation doit demander aussi, par la filière administrative européenne, la nomination de ces assesseurs, pour l'espèce.

Le juge ne provoque point cette nomination d'office (R. N. I. XI, p. 466 et 400. Circulaire du Secrétaire général aux chefs de gouvernement provicial, du 24 avril 1857 no. 1059).

Le juge en appel, en renvoyant l'affaire aux premiers juges, pour oubli d'avoir consulté ces assesseurs, réserve les frais de ce préparatoire, pour les comprendre dans la condamnation à prononcer contre la partie qui, en définitive, perdra sa cause. H. C. 6 mai 1858, R. N. I. XVI, p. 198 cf. XVIII, p. 420.

Pour ce qui est de l'avis du grand-prêtre et des deux chefs indigènes, nous renvoyons le lecteur à l'art. 75 al. 4 R. G. [1].

Comme beaucoup de nos produits législatifs, même de ceux élaborés à Batavia, l'arrêté qui nous occupe a le défaut de tenir surtout compte de Java. Aussi, lorsqu'a été introduite la justice au nom du Roi dans le gouvernement de la Côte occidentale de Sumatra, on éprouva le besoin de dire quels personnages feraient partie de la classe privilégiée.

L'arrêté royal de 1874 (B. d. L. n°. 94ª) comprend *dans la première classe* tous les chefs de *laras*, de *kouria*, enfin tous ceux, qui exercent un pouvoir sur l'indigène proprement dit, sans être sous les ordres d'un autre chef indigène. Nous croyons cette nouveauté assez inutile. Ces gens n'occupent point du tout des positions sociales pouvant être comparées à celles des régents à Java.

L'arrêté royal de 1866 contient, disions-nous, plus que son intitulé ne le ferait présumer. Nous l'avons déjà vu par son art. 2. Le troisième énumère la seconde catégorie de la noblesse indigène; seconde — au point de vue de l'administration de la justice [2]. Cette classe est bien plus nombreuse que la première; elle s'en distingue en ce que

1°. non les C. d. J. seuls, mais les tribunaux et juges des Européens en général en connaissent, chacun selon sa compétence ordinaire;

2°. il ne s'agit que des affaires pénales;

3°. la procédure est l'ordinaire, et le ministère public n'a pas besoin d'autorisation pour poursuivre.

Quant à savoir si les séances sont publiques, c'est difficile. L'arrêté royal n'en dit rien; mais il a le tort de ne pas *annuler*

---

[1] Une espèce remarquable a été décidée le 26 août 1853 par le C. d. J. de Batavia (R. N. I. IX, p. 196). Nous en avons traité à l'art. cité.

[2] Nous préférons embrasser ici toute la situation judiciaire de la noblesse indigène, quoique le texte de l'art. 84 que nous commentons ne parle que du premier groupe.

l'art. 4 du R. O. J. de 1848; il le *modifie* seulement. Dans ce dernier article, qui ne partage point l'aristocratie indigène en deux groupes [comme maintenant], la non-publicité des débats est générale. Mais si le législateur royal avait voulu continuer ce système, il aurait répété l'al. 2 de l'art 2, ordonnant le huis clos, dans l'art. 3 qui traite du second groupe, celui qui nous occupe présentement.

Nous tenons donc pour la publicité.

Remarquons que l'arrêté royal ne dit rien de chefs indigènes à consulter. Cependant, on consultera toujours le prêtre, en vertu de l'art. 7 du R. O. J. [1], modèle de phraséologie:

« Lorsque des Orientaux, professant la religion mahométane,
« ou des Chinois, sont impliqués comme défendeurs ou accusés
« en première instance, en matière civile, ou en matière pénale
« de quelque nature que ce soit, et qu'ils ne sont point justicia-
« bles, quant au litige, ou qu'ils ne se sont point soumis volon-
« tairement aux lois pour les Européens, les séances seront tenues
« en présence, pour ce qui est des mahométans, d'un prêtre de
« leur religion, et quant aux Chinois, d'un ou deux de leurs chefs,
« ou, à défaut, d'une ou deux personnes capables de leur nati-
« onalité, à indiquer par le juge ou par le président du tribunal;
« et l'opinion de ces aviseurs sera demandée, surtout, quant
« aux lois ou coutumes religieuses ou autres, ayant rapport à
« l'affaire, afin d'en tenir compte en jugeant".

« La teneur de ces opinions doit être consignée au procès-verbal
« de la séance. Le jugement portera, que les conseillers ont été
« consultés".

Voilà pour la forme.

Le lecteur a dû s'apercevoir, que le privilège de ce second groupe n'a point de caractère politique. La raison en est plutôt que la noblesse indigène a un caractère si *fonctionnaire*, et que la polygamie produit des parentés et des alliances si nombreuses, que les juges indigènes ne seraient jamais assez étrangers à l'affaire et à l'accusé.

---

1. Cf. art. 75 al. 4 R. G. p. 122.—

Les témoins, s'il s'agit d'accusés indigènes de qualité, diront aussi plutôt la vérité à des juges européens.

Notre second rang se compose:

AA. des princes, directeurs d'empire, régents et sous-régents, déposés ou n'étant plus en fonctions;

BB. des indigènes ayant droit au titre de prince, même sans avoir jamais régné;

Cette seconde catégorie a été introduite par un arrêté royal de 1869 (B. d. L. no. 27); elle comprend p. e. la famille médiatisée de Chéribon;

CC. Les épouses, parents et alliés jusqu'au 4ème degré inclusivement, et tant légitimes qu'illégitimes, des princes, directeurs d'empire, régents et sous-régents.

Remarquons que l'expression de «légitime» est européenne, en contradiction avec l'Islam, qui n'admet ni la supériorité des enfants nés de légitime mariage ni l'infériorité de ceux dont la mère est d'une naissance moins distinguée. Elle se rapproche plutôt des vieilles coutumes javanaises.

La loi ne dit pas, si les épouses et les alliés continueront à jouir de ce privilège après le divorce, ou après la cessation de l'affinité, par la mort p. e. de la femme qui la causait.

Les art. 148 et 265 du R. P. I. assimilent, quant au témoignage, l'épouse divorcée à celle dont le mariage dure encore.

L'art. 297 C. C. (européen) déclare que l'affinité ne cesse point par la dissolution du mariage.

Mais en droit *public* hollando-indien, elle cesse par la mort de la femme qui la causait (art. 8 R. G.).

On peut donc douter; il y a du pour et du contre. D'un côté, la loi exceptionnelle dont nous parlons a pour but de soustraire la juridiction pénale sur la noblesse indigène aux influences de famille et de caste. Mais de l'autre, précisément parce qu'il s'agit d'une loi d'exception, elle doit être interprétée dans un sens restreint. Nous penchons pour la négative.

Du reste, ce cas ne se produira que rarement. D'ordinaire, même après le divorce ou la mort de la femme qui était cause de l'affinité, l'accusé aura bien encore un parent quelconque au quatrième degré, qui lui procure le privilège, fort apprécié, d'être jugé à l'européenne.

DD. Cette 4ème catégorie comprend, tous tant qu'ils sont en service effectif,

1. les patih (secrétaire ou plutôt remplaçant, vizir, du régent);

2. les wedhono (chef de district, subdivision d'une régence); il y en a environ 400 dans la partie de Java administrée directement par le G. H., et 25 dans l'île de Madoura;

3. les autres chefs indigènes, qui, sous quelque titre que ce soit, exercent sur les indigènes proprement dits (non les étrangers orientaux) un pouvoir égal ou supérieur à celui des chefs de district.

(Cette formule générale nous semble avoir été écrite en vue des possessions du dehors, où l'organisation de l'administration indigène varie à l'infini.)

4. les sous-collecteurs d'impôts.

Il y en a un dans chaque régence.

5. les grand-prêtres.

6. les grand-*djaksa* et *djaksa*.

Djaksa est le titre du ministère public indigène [1]. Le grand djaksa et le grand-prêtre n'ont pas de position plus élevée que le simple djaksa ou *panghoulou;* leur titre pompeux leur vient seulement (art. 55 al. 2 R. P. I.), de ce qu'ils résident au chef-lieu d'une province (résidence). Du reste, jusqu'en 1848, il n'y avait qu'un seul Conseil du pays par résidence, et le grand-djaksa y siégeait; les autres djaksa n'étaient que des espèces de délégués.

7. leurs adjoints (substituts) [2];

8. les prêtres siégeant en permanence (toujours avec voix délibérative), dans les tribunaux indigènes présidés par un fonctionnaire européen (les tribunaux de circuit et les C. d. P. Voyez à l'art. 79) [2].

9. les membres de tribunaux indigènes.

---

[1] Chargé aussi (art. 56, 57, 63 et 64 du R. P. I.) sous les ordres tant du régent indigène que du résident européen, mais *point* sous ceux du procureur général près de la H. C. ni du directeur de la justice,- de la police judiciaire, des prisons indigènes, de l'instruction des affaires et de bien des choses encore.

[2] Ces deux catégories ont été introduites par arrêté royal de 1869, B. d. L. no. 101.

Nous indiquerons la composition de ces tribunaux dans un appendice à ce travail. Bornons nous à dire, pour le moment, que même les assesseurs des tribunaux de district et de régence en sont, quoique n'ayant que voix délibérative; les art. 78 et 82 R. O. J les nomment expressément parmi les éléments dont se composent ces chétifs tribunaux. Ce sont de bien minces personnages pour occuper un tribunal européen . . . . mais ne critiquons pas un bienfait que nous voudrions plutôt voir étendu que restreint.

L'arrêté royal qui nous occupe, et dont l'importance, on le voit, [ainsi que l'illégalité, en tant qu'il se présente comme dérivant de l'art. 84 R. G.,] grandit à chaque pas, a encore un 4ème article formulant le privilège le plus formidable de la noblesse indigène; privilège monstrueux et qui devrait du moins être restreint aux personnages les plus éminents des différentes catégories dont il a été question jusqu'ici, les princes et les régents p. e.

Pour *toutes* les personnes indiquées ci-dessus, un autre système de peines a été imaginé par la raison d'Etat; du moins par la tradition du gouvernement hollandais.

L'art 4 leur déclare applicable à toutes l'art. 8 du C. P. I., par conséquent un régime pénitentiaire spécial. Seules, la peine de mort et l'amende seront communes entre elles et la plèbe indigène. Au lieu de subir les travaux forcés de 3 mois à 20 ans, les privilégiés seront simplement envoyés en exil. Lorsque cette peine remplace les travaux forcés infamants («dans la chaîne",) le juge le déclare [1] expressément. Si nous connaissons le caractère de la classe, voilà une déclaration qui les touchera beaucoup [2].

Au lieu des travaux forcés jusqu'à 3 mois [3], un simple emprisonnement de durée égale.

---

[1] Pareille déclaration a lieu pour les femmes (art. 9 C. P. I.): elles ne subissent que les travaux forcés hors de la chaîne.

[2] Il y avait, lorsque nous écrivions ceci, août 1878, treize affaires criminelles de nobles indigènes dont l'instruction se poursuivait dans le seul ressort du C. d. J. de Samarang.

[3] Peine portant le nom édulcoré et qui sonne singulièrement aux oreilles européennes de: „emploi aux travaux publics, sans gages, contre ration."

Dans la pratique, cette peine du bannissement pour des crimes non politiques n'en est pas une. L'exil pèse beaucoup moins sur les privilégiés dont il s'agit, que sur le paysan indigène. On envoie les criminels de distinction dont l'exil dure un peu longtemps [1] p. e. à Ternate [aux Moluques,] séjour ennuyeux, il est vrai, mais où l'on vit bien, avec 10 à 40 florins par mois, alloués par le gouvernement pour ne rien faire, et en assez bonne compagnie, p. e. avec des personnages princiers indigènes qui, pour des raisons politiques qu'il n'est pas même besoin de spécifier, [2] y sont internés.

Ces ménagements exagérés envers des criminels sont un des côtés les moins sains de la politique hollandaise aux Indes.

On comprend que la politique exige que le gouvernement ait beaucoup de liberté d'action sur la noblesse indigène; que, p. e., outre le droit de grâce, le G. G., d'accord avec le C. d. I. (art. 52 al. 2 R. G.), ait, quant aux princes et aux chefs, le droit d'amnistie et même celui d'abolition, quoique ces droits soient supprimés en principe depuis 1854; on peut admettre, à la rigueur, quil doive autoriser les poursuites pénales. Mais est-ce de la bonne politique, que d'assurer l'impunité à la noblesse indigène?

Oui, l'impunité. En effet, nous avons concouru ou assisté à la condamnation:

1°. d'un membre de la famille médiatisée de Chéribon, ayant par hasard, par tolérance (d'autres diraient par faiblesse) du gouvernement, le titre de prince, à une année d'exil pour vol;

2°. d'un Arabe [3], parent d'un régent indigène [4] à 1 mois de voyage d'agrément de Pékalongan à Sourabaya, pour avoir maltraité une sentinelle à l'occasion de réjouissances publiques;

[1] Le G. G., non le directeur de la justice, fixe le lieu du bannissement.

[2] Art. 47 R. G. Les souverains indigènes en envoient aussi, mais payent alors eux-mêmes la pension à allouer; le gouvernement hollandais se fait l'exécuteur de ces mesures politiques, du sulthan de Jogjokarta p. e.

[3] Sjarif Alouwi bin Abdoullah bin Brahim bin Jahya. C. d. J. de Samarang' 10 novembre 1857. H. C. 29 décembre 1857.

[4] Cette noblesse recherche les alliances arabes, qui ont le prestige dû au fanatisme religieux, et ne dédaigne pas les métisses chinoises ayant beauté ou fortune.

3°. d'un instituteur [1] à une année d'exil pour détournement de deniers appartenant à la caisse de l'école indigène gouvernementale;

4°. d'un chef de district à 5 années de bannissement pour exactions et extorsions [2]; d'un autre à 3 mois pour les mêmes raisons [3];

5°. d'un sous-collecteur d'impôts [4] à 3 années d'exil à Macassar et 1250 florins d'amende (ou un mois de contrainte par corps par 200 florins), pour concussion de plus de 3000 florins et pour faux en écriture authentique, par un fonctionnaire dans l'exercice de ses fonctions;

6°. d'un autre sous-collecteur [5] à 2 années de villégiature à Bandoung, séjour délicieux, et à 1000 florins d'amende, pour concussion de plus de 3000 florins;

7°. du chef d'un magasin à café du gouvernement [6], à un an de séjour à Batavia pour dilapidations et faux en écriture authentique.

Tous ces gens n'occupaient pas une position sociale assez élevée pour craindre des complications, si on leur avait fait sim-

---

[1] Radhèn Soumo di Prodjo. C. d. J. Samarang 27 avril 1876. H. C. 12 juillet 1876.

[2] Nous ne saurions indiquer le nom, ni la date de la condamnation, *quorum pars minima fuimus,* comme substitut au greffier du C. d. J. de Batavia. Nous prions le lecteur de nous croire sur parole.

En ce temps-là, 1866, les traitements de ces pauvres diables étaient encore si dérisoires, les obligations que leur imposent leurs fonctions, p. e. de donner l'hospitalité aux fonctionnaires européens, si lourdes, que la H. C., et même les C. d. J., en faisaient mention comme d'une circonstance atténuante. C'est surtout la pression morale exercée ainsi, qui a fait augmenter notablement les traitements des fonctionnaires indigènes; preuve de plus des bienfaits d'une attitude indépendante de la magistrature.

Du reste, on est encore généralement convaincu de ce que la noblesse indigène „est élevée dans des idées de subordination complète de l'inférieur à la volonté de „son supérieur, et ne saisit point ce qu'il y a de criminel dans ses extorsions." C. d. J. de Batavia 15 décembre 1854; approuvé H. C. 23 janvier 1855; R. N. I., X, 782.

[3] Maas Arto di Redjo. H. C. 16 Juillet 1879. W. R. I. no. 862.

[4] Radhèn Mas Tjondro Winoto. C. d. J. Samarang 12 juillet 1877. H. C. 26 septembre 1877.

[5] Radhèn Ngabéhi Tirto di Pouro, C. d. J. Samarang 30 août 1877; H. C. 7 novembre 1877.

[6] Radhèn Tjitro Widjoyo; même C. d. J. 2 août 1865, H. C. 27 février 1866.

plement subir la peine normale, surtout loin de leur demeure ou pays natal. Et, puisque la plupart d'entre eux avaient déjà subi une prison préventive, (celui dont il est question sous 4°. a) même de 2 ans ,[1] pourquoi pas d'emprisonnement définitif? Pourquoi, puisqu'on les considère comme dès Européens quant à l'instruction de l'affaire, les traiter, du moment qu'il s'agit de la peine, mieux que des Européens, la race conquérante, la véritable noblesse des Indes? Enfin, s'ils ne sont pas redoutables, même réunis, dans leur lieu d'exil, jouissant d'une liberté assez grande, quittes à venir se présenter une fois par mois, ils seront encore moins à craindre dans une prison solidement construite.

Le systême actuel donne lieu à une foule de contresens assez ridicules. Ne relevons que les plus marquants.

L'officier chinois le plus élevé en grade, le plus riche, jouissant de la plus grande influence même en dehors de la société de ses compatriotes; l'Arabe le plus vénéré à cause de son orthodoxie, subissent les mêmes peines que le premier indigène venu, s'ils ne sont pas par hasard, cousins germains d'un régent quelconque,

---

[1] La prison préventive, dont on abuse pour l'Européen et qui est la règle pour les indigènes, même dans les affaires les moins graves, se prolonge quelquefois encore davantage. Les tribunaux, en nombre insuffisant, sont surchargés d'affaires. Enfin, il n'y a point de contrôle. Celui de la H. C., sous ce rapport, est purement nominal, elle-même ayant quelquefois des arriérés de p. e. 1200 affaires criminelles, et le plus mince arrêt en cassation correctionnelle durant au moins 4 mois. En 1865, nous avons vu des accusés européens, attendant l'arrêt en révision (appel sur pièces, obligatoire alors) de la H. C., pendant 22 mois. Ainsi, le 3 mars 1863, le résident des districts Lampong (Sumatra) ordonna que 10 indigènes seraient traduits par-devant le tribunal de circuit à Batavia. L'affaire commença le 6 août 1864, cinq des accusés étant morts du mauvais air régnant dans la prison indigène de la capitale. Le reste fut acquitté, parce qu'aucun témoin n'avait comparu (par un manque de soins de l'administration, sans qu'il y eût un empêchement quelconque de constaté). Le sixième mourut pendant que la H. C. étudiait l'affaire en révision (W. R. I. 1865, n°. 86).

Ces choses-là arrivent encore tous les jours, surtout dant les possessions du dehors. Dernièrement, le chef de district de Bodja, a pendant deux ans attendu les ordres du gouvernement à Batavia. Les inférieurs suspects de complicité, ont passé ce temps sous les verrous. Tout le monde a été acquitté.

Il y a peu de jours, le C. d. P. de Koudous (résidence de Djapara) a acquitté en bloc 7 Chinois, après 17 mois de prison préventive.

d'un principule titulaire. Par contre, une masse de hobereaux insignifiants — il ne faut pas s'exagérer la qualité nobiliaire p. e. de cousin germain d'un régent par une concubine — sont simplement envoyés en exil, c'est-à-dire gracieusement quoique maigrement pensionnés.

Ensuite, la peine principale des travaux forcés étant remplacée par un exil peu rude, la peine accessoire de l'amende, en cas de non-payement, l'est par un emprisonnement dans toutes les règles. L'Etat à donc l'air de tenir plus au payement de l'amende qu'à l'expiation du crime.

Selon nous, il serait facile de concilier les exigences de la justice avec celles de la raison d'Etat:

1°. en appliquant à la noblesse indigène le système pénitentiaire européen;

2°. en ne comprenant dans cette noblesse, *sous le rapport des peines*, que les princes médiatisés et les régents, leurs femmes, enfants, frères et soeurs;

3°. en autorisant le G. G. à substituer dans des cas spéciaux, pour des raisons à lui connues, par manière de grâce, les peines européennes à celles de l'indigène.

D'ailleurs, le système actuel n'a plus de raison d'être, maintenant que l'on sait par une étude plus approfondie des moeurs et des sentiments indigènes, combien peu le mot noblesse dans le sens européen, est exact en parlant des indigènes. Deux ou trois familles autrefois souveraines exceptées, et qui sont maintenant dans la misère, partant dans l'obscurité, on ne trouve parmi les Javanais qu'une aristocratie de fonctionnaires, à peu près à la turque [1].

---

[1] Il fut un temps, où, dans la législation hollando-indienne, l'indigène devait faire exception en tout. Jusqu'en 1873 p. e., il était de principe, que l'indigène ne devait être passible d'amendes que dans des cas spéciaux; ce principe était même formellement exprimé en 1848 (art. 35 al. 2 de l'ordonnance en B. d. L. no. 6): le juge, en condamnant des indigènes proprement dits, pour des faits prévus par cette ordonnance, pouvait se dispenser de prononcer l'amende.

Comme l'a fort bien remarqué le rédacteur du C. P. I., M. DER KINDEREN, (Mémoire explicatif, p. 12), les peines pécuniaires ont été de tout temps nationales

Le Javanais est positif de sa nature; il adore le pouvoir effectif. En Turquie, une fois destitué, le grand vizir lui-même rentre dans la foule. Il n'y a pas de société plus égalitaire que celle où règne l'islam.

Qu'on nous permette de finir en traitant ici du dernier privilège judiciaire de l'aristocratie indigène. Celui-là est purement d'étiquette.

Comme le Roi en Hollande, le G. G. à Java ne peut être cité comme témoin.

Son témoignage est reçu en audience privée du fonctionnaire chargé de l'instruction, et a l'autorité de tout témoignage reçu par écrit, lorsqu'il y a empêchement légitime du témoin, de comparaître aux débats [1].

Tel l'art. 413 du R. P. P. E.

L'article suivant, modifié en 1873 (B. d. L. no. 142) dit:

414. «Les princes indigènes, les directeurs d'empire, les régents « et sous-régents tant qu'ils sont en fonctions, ne peuvent être « cités en justice comme témoins sans autorisation préalable du « G. G.

à Java. Heureusement, on a aboli ce privilège; l'on est revenu aux amendes, depuis 1873; toutefois, en les réduisant souvent, comme de raison, à cause de la pauvreté de l'indigène.

[1] Nous jugeons utile de donner ici l'art. 132 du R. P. P. E., qui constitue en partie un retour déplorable à l'ancien systême de procédure par écrit, et qui ne figure pas dans le code d'instruction criminelle français:

„Lorsqu'un ou plusieurs des témoins entendus dans l'instruction préalable sont „morts, ou ne peuvent comparaître aux débats par empêchement légitime, *ou „bien n'ont pu être cités à cause de la trop grande distance de leur domicile ou lieu de „résidence*, le C. d. J. fera donner lecture de leur déposition.

„Si ces dépositions ont eu lieu sous serment, elles seront assimilées à des „témoignages oraux prêtés sous serment; sinon, le Conseil pourra leur accorder „l'importance qu'il jugera convenable, en se conformant aux prescriptions de l'art. 379."

(Art. 379: „Les dépositions non faites sous serment ne peuvent faire preuve, „même concordantes entre elles."

„Néanmoins, la déposition non faite sous serment peut servir à compléter „d'autres preuves légales, concordant avec la dite déposition et entre elles.)

»Pareille autorisation est nécessaire pour leurs femmes légiti-
«mes ou leurs parentes jusqu'au second degré inclusivement.
«Si cette autorisation est refusée, les préceptes de l'article «précédent seront observés."

Donc, en ce cas, le fonctionnaire chargé de l'instruction demandera audience etc., comme s'il avait affaire au G G. [1]

Ces personnages étant cités comme témoins, l'autorité locale de leur domicile fixe le montant des indemnités de voyage et de séjour; elles ne sont point soumises aux tarifs [2]; ce qui s'explique par le nombre de leur suite, différant pour chaque grade.

Nous présumons encore une fois que le rédacteur, en parlant de princes et de directeurs d'empire, ne s'est pas bien rendu compte de la différence existant entre le territoire de Java, administré directement au nom du Roi des Pays-Bas, et celui où le pouvoir hollandais n'a qu'une action diplomatique et les droits qui lui ont été cédés par traité.

Au Sousouhounan de Solo p. e. les articles cités ci-dessus ne sauraient être applicables. Pour lui, c'est une loi faite en pays étranger.

Quelquefois, les autorités judiciaires de Java oublient ces droits souverains, qu'il serait bon et facile de supprimer, mais qu'il faut respecter tant qu'ils existent.

En ces choses, transiger amène des conflits un peu ridicules. En voici un exemple:

Dans le procès du comte de Ranzow, on voulut, il y a quelques années, recevoir le témoignage du sulthan de Jogjokarta. Le juge d'instruction du C. de J. de Samarang, au lieu de suivre la voie diplomatique, se mit en tête de suivre le R. P. P. E. comme si S. A. était soumise à la loi hollandaise. Même dans ce système, il aurait dû commencer par demander l'autorisation

---

[1] L'art. 210 R. P. C. E. étend ces dispositions à l'instruction des affaires civiles. L'art. 419 R. P. *indigène*, tel qu'il a été modifié en 1873, est de même teneur que l'art. 414 actuel du R P. P. E. Il prévoit maintenant le cas, où le G. G. refuserait l'autorisation de citer. Ces personnes seront alors requises par lettre, de recevoir le djaksa, le greffier (qui sans celà, ne prend point part à l'instruction) et le prêtre. Leurs déclarations auront même force que d'autres témoignages recueillis seulement par écrit.

[2] Art. 1 al. 4 du Tarif; ordonnance de 1851, B. d. L. no. 23.

du G. G., et de cette manière, l'erreur aurait été bien vite redressée. Il agit comme si l'autorisation êut été refusée.

Quoi qu'il en soit, le juge demanda audience et reçut le témoignage désiré; mais S. A. refusa de prêter serment, alléguant qu'étant le représentant de Dieu sur terre, personne ne pouvait se poser en intermédiaire entre elle et Dieu. D'ailleurs, en sa qualité de *Chalifat'ollah* [1], sa parole était essentiellement vraie.

On passa outre; le ministère public ne demanda point l'autorisation de citer S. A. comme témoin; cependant la déclaration, reçue comme nous l'avons dit, fut lue à l'audience (la défense d'alors ne s'y opposant pas) et le C. d. J. argua du contenu dans l'exposé des motifs du jugement.

Appelés plus tard à rédiger un mémoire en faveur de l'accusé, nous avons fait remarquer à la H. C., jugeant en révision [2], ces différentes illégalités, et comme quoi, d'après la jurisprudence constante du H. C. des Pays-Bas, elles entachaient de nullité la procédure et la preuve.

La H. C., dans son arrêt, passa ces objections sous silence, négligeant, ce qui était dommage, de décider un point fort intéressant tant en droit international qu'en droit public hollando-indien [3].

Quant aux régents et à leur parenté féminine, ce privilège d'étiquette, nuisible comme prolongeant l'instruction et la prison

---

[1] Vicaire de Dieu, l'un des noms ou titres de S. A. Voir page 68.

[2] A peu près un appel sur pièces, facultatif alors, depuis 1872, pour de malheureuses raisons d'économie. Autrefois, la révision s'étendant à tous les procès criminels jugés à Java, rendait l'application de la loi très égale. Les hommes compétents regrettent généralement que la révision soit rendue facultative. La décision, si un jugement est bon, ne peut être prise par un djaksa ni par l'accusé, pauvre diable d'indigène n'ayant presque jamais de conseil. Voyez R. N. I. XXV, p. 1.

[3] Nous étant adressé, pour obtenir la grâce du condamné, au Roi, le législateur qui a promulgué les règlements contenant les dispositions que nous croyions violées dans l'espèce, et nous basant toujours sur la jurisprudence du H. C. des Pays-Bas, notre supplique fut rejetée, sans autre énoncé de motifs, sinon que le droit de grâce, d'après l'art. 52 al. 1 R. G., appartenait au G. G, tant que le condamné se trouve aux Indes. Puisque la H. C. des Indes et le H. C. des Pays-Bas avaient une opinion diamétralement opposée, sur des points aussi importants que la valeur d'un témoignage non porté sous serment, et le pouvoir du juge de dispenser un témoin de prêter serment, dans d'autres cas que ceux énoncés par la

préventive, est parfaitement inutile. Un conseiller des Indes est traité comme le premier témoin venu, et un indigène, qui vient deux fois par semaine faire son rapport de police au résident, qui est heureux de serrer la main du moindre Européen, ne pourrait être entendu en justice qu'en le traitant comme un prince du sang, dans un système qui a refusé de faire d'exception pour les femmes arabes!

Article 85.

Hors les cas, prévus aux articles 43, 45, 47 et 86, il n'est permis d'arrêter personne que sur l'ordre de l'autorité à ce compétente d'après les A. L. G. sur la procédure pénale, et de la manière et sur le pied y indiqués.

Cet article, nouveau dans le R. G., n'a subi dans le cours des négociations parlementaires que des changements de rédaction sans importance à notre point de vue.

Dans les D. G. de législation [1] (arrêté royal du 30 avril 1847, B. d. L. no. 23), on trouve un paragraphe, le 36ième, qu'il est bon de ne pas oublier :

«Ce qui a été dit aux art. 26 et 35 ne déroge pas à la fa-« culté qu'a le G. G. de prendre telles mesures politiques coër-« citives et de précaution qui seront ou auront été autorisées par « le Roi ».

Cet art. 36, qui, fidèle aux principes des R. G., finissait par reprendre au profit de l'autorité du G. G. toutes les garanties accordées jusque-là, n'a plus force de loi. Le R. G. actuel, de

---

loi, une discussion par la cour suprême, une interprétation authentique même, auraient été de saison.

Au point de vue scientifique, qui est le nôtre, on ne peut que regretter que la question n'ait pas été discutée sous toutes ses faces.

[1] Dont l'art. 26 est identique à notre art. 88; le 35 l'est à notre art. 85, excepté la réserve „hors les cas, prévus par les art. 43, 45, 47 et 86."

1854, dans cet ordre d'idées, ne donne plus au G. G. que les facultés exprimées aux art. 43 à 45, 47 et 86.

Les trois premiers de ces articles traitent du droit «exorbitant» d'expulsion. Le quatrième consacre implicitement le droit d'arrêter quelqu'un pour motif politique, dans des circonstances extraordinaires. Voilà à quoi sont limitées sous ce rapport et dans l'ordre des choses établi, les «mesures politiques, tant coërcitives que de précaution."

Donc, on peut être arrêté:

1⁰. d'après les lois de la procédure pénale;

2⁰. en vertu du corollaire d'un décret d'expulsion, de bannissement ou d'internement politiques;

3⁰. pour raisons politiques.

Il s'ensuit que les détentions de mineurs pour sujets de mécontentement grave, jusqu'à 3 mois et un an, dont parlent les art. 302 et 384 C. C., ainsi que les mandats de dépôt du failli à la maison d'arrêt pour dettes (art. 776 C. Co.), enfin les mesures, permises aux C. d. J. par les art. 134 à 139 R. O. J. et aux C. du P. par l'art. 230 R. P. I., sont parfaitement inconstitutionelles. Ces articles ne sont pas des lois de procédure pénale, et ils n'ont rien de commun avec la politique. Avant d'aller plus loin, traduisons-les:

134. «Les C. d. J. ont la faculté, sur requête de parents ou « d'alliés, le ministère public entendu ou bien sur réquisitoire « de l'officier de justice, [1] afin de maintenir le bon ordre ou de « prévenir des accidents, de faire enfermer, sans forme de pro- « cès, mais après enquête convenable, dans des établissements « à ce destinés, hospices ou autres lieux sortables [2], les person- « nes qui, par démence ou *une conduite continuellement mau- « vaise et excentrique,* [3] sont incapables d'être abandonnées à « elles-mêmes ou bien sont dangereuses pour la sécurité d'autrui, « et de les y faire retenir tant que dure cet état de démence, ou

---

[1] Procureur du Roi près de ces tribunaux, de première instance pour les Européens.

[2] L'autorité locale indique le lieu; si elle ne peut en disposer, elle s'adresse au G. G.; B. d. L. 1848 no. 50.

[3] C'est nous qui soulignons.

« que ces personnes ne donnent point de signes notables de réta-
« blissement [1].

« Ces requêtes et réquisitoires ont lieu indépendamment de la « curatelle, qui, n'étant pas encore accordée, et s'il y a d'ailleurs « suffisamment lieu, peut être demandée en même temps ou après, « suivant les lois existantes."

135. « Les dispositions, mentionnées dans le précédent article, « ne peuvent être prises pour plus d'un an. Ce terme peut être « prolongé chaque fois, après nouvelle enquête, sur requête ou « réquisitoire comme ci-dessus, mais jamais pour plus d'un an « à la fois."

136. « Les jugements [2] des C. d. J. dans les espèces prévues « par les deux articles précédents, sont exécutables par provision. « Il y a appel à la H. C., qui décidera aussi sans forme de « procès."

137. « Lorsqu'une personne, arrêtée d'après les dispositions des « art. 134 et 135, est assez rétablie, ou donne des preuves si « évidentes de rétablissement que sa séquestration n'est plus « nécessaire, le C. d. J. ayant prononcé le jugement ordonnera « sa mise en liberté, après enquête convenable et le ministère « public entendu, mais sans forme de procès, sur requête de la « personne arrêtée, ou de ses parents ou alliés."

« Le ministère public peut aussi requérir d'office la mise en « liberté."

138. « Les dispositions des quatre articles précédents ne sont « applicables qu'aux Européens et aux personnes qui leur sont « assimilées."

« Quant aux mesures à prendre envers les indigènes et les « personnes qui leur sont assimilées, en cas de démence, les dis- « positions existantes sont maintenues."

Ces articles diffèrent essentiellement de ceux qui leur correspondent dans la législation de la mère-patrie.

---

[1] Le terme hollandais: *beterschap*, s'applique aussi à une conduite meilleure.

[2] Puisque la loi emploie ce mot, il est clair que ces dispositions doivent être prononcées en audience publique, ce qui n'a pas lieu.

Ces derniers ne permettent d'enfermer que des aliénés ou des dissipateurs ayant déjà été placés sous curatelle.

Ensuite, en Hollande, il y a des formes à observer (509 à 513 C. C. hollandais).

Avant d'analyser les articles en vigueur aux Indes, chefs-d'oeuvre de mauvaise rédaction, et d'un style si diffus et si traînard (la première phrase ne contient que 117 mots en hollandais), traduisons ici l'art. 230 du R. P. I., qui simplifie encore la chose, en n'accordant à l'indigène *aucune* garantie, l'autorisation n'ayant point besoin d'être renouvelée chaque année pour lui.

«Le C. du P. peut, sur la requête des parents les plus pro-«ches, ou bien du *djaksa*, afin de maintenir le bon ordre ou de «prévenir des accidents, faire enfermer, après enquête convenable, «dans des hospices ou hôpitaux à ce destinés, ou dans d'autres «endroits à ce propres, les personnes qui, pour démence ou «conduite continuellement mauvaise ou excentrique, sont inca-«pables d'être laissées à elles-mêmes, et de les y faire garder, «tant que dure cet état de démence, ou que ces personnes ne «donneront pas d'indices notables de rétablissement.

«Ces requêtes sont indépendantes de la curatelle qui, si elle «n'a déjà été accordée, et, si d'ailleurs il y a suffisamment lieu, «peut être demandée en même temps ou séparément, d'après «les dispositions précédentes" (art. 226—230).

On s'est demandé à la Chambre, si la contrainte par corps, la prison pour dettes, ne constituaient pas une violation de notre art. 85.

Le gouvernement a prétendu [1] qu'il n'avait trait qu'à la procédure pénale, comme l'art. 151. L. F. Il se peut que telle ait été l'intention de ceux qui ont adopté et voté la loi; mais elle aurait été bien plus claire, et notre dénégation serait absurde, si les mots *sur la procédure pénale* (»op de strafvordering") avaient été supprimés, comme on l'avait proposé dans les sections [2].

---

[1] K. II, 78.
[2] K. II, 184.

Partout au monde, la magistrature, ou, comme en Angleterre, un collège spécial *(Lunatic commissioners)* peut faire arrêter et conduire dans une maison de santé les personnes en état de démence dangereuse.

On n'y voit pas une infraction au principe de notre art. 85.

Ce que les dispositions en vigueur à Java, que nous venons de traduire, ont de spécial, c'est que cette faculté est accordée aussi contre des personnes qui, sans être dangereuses pour autrui, sont seulement jugées *incapables d'être laissées à elles-mêmes à cause de leur conduite continuellement mauvaise ou* (sans que la continuité soit exigée) *excentrique* [1].

Voilà, ce nous semble, pousser le gouvernement paternel assez loin. Une conduite mauvaise, excentrique, dans un Etat bien organisé, n'est pas une raison suffisante pour mettre un homme en prison.

Si l'on appliquait toujours l'article, toute femme adultère, de moeurs légères ou même à allures excentriques, devrait y être envoyée; ce qui, pour la première p. e., serait en contradiction avec le principe, emprunté au C. Napoléon, que l'adultère de la femme n'est punissable que sur la plainte du mari.

Et qu'on ne croie pas que cette loi soit tombée en désuétude. Il y a deux ans, nous avons connu p. e. un métis adonné à la boisson, organisant chez lui des danses échevelées, glaçant d'horreur sa femme, cuisinière europeénne. Par un jugement qu'il trouvait d'ailleurs assez juste, ayant déjà été destitué de la tutelle de ses enfants, il a été détenu pendant un mois avec des gens subissant la prison préventive [2]. Ce jugement ratifiait l'ar-

---

[1] On les fourre simplement en prison, pêle-mêle avec toute sorte de détenus. Il est vrai ceci est contraire au règlement, mais l'argent manque pour bâtir des prisons selon le voeu de la loi.

[2] C. d. J. de Samarang, affaire H. DE H., du 7 février 1877.

Il n'y a pas eu d'appel. Nous avons devant nous encore un jugement du même tribunal, affaire J . . . . . . , du 19 novembre 1877, ordonnant un emprisonnement d'un an dans la prison centrale parce que, „quoique enfermé déjà une fois pendant „3 mois, J. continue à s'adonner à la boisson et à mener une conduite mauvaise „et excentrique."

Le jugement ne dit pas, si ce terme pourra être abrégé en cas d'amélioration de

restation ordonnée le 1r février 1877 par l'autorité administrative, le résident, agissant en vertu de l'art. 457 C. C. al. 1 et 2:

« En cas d'urgence, les chefs de l'autorité locale sont com- « pétents pour faire arrêter provisoirement, sauf approbation « ultérieure du C. d. J., les personnes indiquées dans l'article « précédent."

« Ils sont obligés de se conduire en ceci avec la plus grande « circonspection et de donner, quatre jours au plus tard, ou si « le C. d. J. a son siège dans une autre île, à la première occa- « sion, avis de l'arrestation provisoire, avec les pièces à l'appui, « à l'officier de justice, qui, aussitôt les pièces reçues, devra les « présenter au C. d. J. avec son réquisitoire."

Il est toujours regrettable que le législateur se serve d'expressions vagues comme « enquête convenable." La matière est épineuse; mais nous pouvons certifier que la plupart du temps, surtout quand il s'agit seulement de prolonger la durée de la détention, l'enquête est extrêmement sommaire. Elle consiste, le plus souvent, dans une simple visite du juge commis à cet effet. On s'en rapporte (pour les aliénés) un peu trop aux médecins.

Une fois, à Batavia, c'était en 1867, le C. d. J. a eu une opinion à lui, jugeant qu'un congé passé en Europe vaudrait mieux qu'une incarcération prolongée pour un pauvre diable d'employé des postes qui s'était mis en tête qu'il était déshonorant d'avoir commerce avec des femmes indigènes

A l'encontre de l'avis des médecins, le conseil ordonna l'élargissement; le sujet du conflit médico-judiciaire prit femme en Hollande et . . . . . le conseil a eu raison, jusqu'ici.

Mais une indépendance pareille est rare. On se sent ému, en voyant de pauvres indigènes, victimes d'intrigues de famille, souvent condamnés à la prison à perpétuité sans que jamais le pouvoir judiciaire s'occupe d'eux d'une manière efficace.

Dans cet ordre d'idées, tout reste à faire.

---

conduite Au contraire, ayant demandé son élargissement après 6 mois, il a été refusé, quoiqu'on ne puisse se livrer à des débauches dans la prison. Il y a fait son temps.

Les autres C. d. J. ne semblent pas se servir beaucoup de cette faculté.

Il faudrait multiplier les garanties, en précisant les formes à observer; enfin, étendre ces garanties aux indigènes [1].

Remarquons encore que, puisqu'il s'agit d'un danger public, le ministère public devrait pouvoir interjeter appel des sentences portant refus d'incarcération

Selon nous, les dispositions citées ci dessus sont inconstitutionnelles, en tant qu'elles admettent comme raison suffisante d'incarcération une conduite continuellement mauvaise ou seulement excentrique. Ces moyens-là sont accordés par le C. C. [art. 302, 384] au père et au tuteur d'un européen mineur [2]; il n'est plus dans l'ordre d'idées régissant l'Etat moderne et la caste blanche, d'étendre cette puissance paternelle aux citoyens en général.

Les dispositions de la loi, p. e. du R. P. I., pour assurer la liberté individuelle de l'indigène, peuvent être considérées comme lettre morte: il y a tant d'arrestations provisoires permises, et les poursuites pour arrestation illégale sont si rares!

Peut-être que si jamais il y a une police sérieuse à Java, les choses changeront.

Mais jusqu'ici toutes les garanties qu'accordent le R. G. et toutes les lois qui s'ensuivent, ne sont que des railleries, *quant à l'indigène.*

Nous ne pouvons passer outre, sans avoir traité des extraditions aux I. H.

Elles sont toutes illégales.

Les traités conclus à ce sujet par le Roi avec différentes puissances, ne parlent point des possessions d'outre-mer. Même avec les gouvernements anglais et portugais, dont les possessions sont si rapprochées [3], rien n'a été stipulé dans ce sens.

L'almanach officiel de 1877 dit que les extraditons se font par bienveillance, *comitas juris gentium.*

---

[1] Nous nous sommes parfaitement trouvés, à Palembang, de suivre les formes de la procédure pénale ordinaire, et d'interroger les malheureux en public; ce n'est qu'une question de tact.

[2] Quant à l'indigène, comme d'ordinaire, le cas n'est point prévu.

[3] Le trajet de Riouw à Singapore, en bateau à vapeur, se fait en six heures. La meilleure partie de l'île de Timor appartient aux Portugais.

Nous ne saurions cependant, comment faire mettre en liberté un homme, arrêté pour être agréable p. e. au gouvernement des Straits Settlements, ne connaissant aucune loi qui indiquât le juge compétent ni la procédure à suivre.

Article 86.

Lorsque dans des circonstances extraordinaires, une personne, n'appartenant point à la population indigène, a été arrêtée par l'autorité politique, hors le cas prévu aux art. 45 et 47, celui sur l'ordre duquel l'arrestation a eu lieu, est tenu d'en donner avis tout de suite au ministère public du tribunal européen dans le ressort duquel l'arrestation a eu lieu.

Cet article était une nouveauté dans les R. G. Quant aux L. F. de la métropole, celle de 1798 imposait déjà au pouvoir exécutif l'obligation de livrer aux juges, dans les 24 heures, la personne arrêtée.

C'est l'art. 152 de la L. F. actuelle qui a inspiré notre article. Le premier projet [1] en était conçu ainsi.

« Lorsqu'un habitant européen, dans des circonstances extra- « ordinaires, et hors le cas prévu par l'art. 39 [2], aura été arrêté « par le pouvoir exécutif, celui sur l'ordre duquel la chose a eu « lieu, est tenu d'en donner avis au plus vite à l'officier de jus- « tice près du tribunal européen, dans le ressort duquel l'arres- « tation a eu lieu."

Le gouvernement se défendit d'abord contre le reproche prévu, que la protection de la loi contre une arrestation arbitraire par le pouvoir exécutif, ne s'étendrait qu'aux Européens La raison pour laquelle il n'était question que de ceux-ci, disait-il, assez

---

[1] K. I, 13.
[2] Maintenant 45.

hypocritement [1], est que les fonctionnaires revêtus de l'autorité territoriale suprême, sont en même temps à la tête de la police judiciaire, en tant qu'il s'agit des indigènes.

La Chambre [2] demanda, si le pouvoir exécutif pourrait arrêter un indigène, sans qu'il en fût donné avis à un juge quelconque.

On s'étonnait encore [3] que le délai de trois jours, fixé par la L. F. du royaume, ne fût pas suivi dans le projet de R. G.

Comme nous l'avons remarqué, la première question avait été résolue d'avance par le gouvernement, mais à faux.

En droit public des Indes, nous ne connaissons pas de tribunal ou de juge qui pourrait ordonner l'élargissement d'un individu arrêté par le pouvoir exécutif, fût-ce même un Européen.

On peut donc aller plus loin que les membres de la Chambre qui craignaient que l'indigène ne fût point protégé contre les caprices des administrateurs: l'Européen lui-même ne jouit sous ce rapport d'aucune protection *efficace* (nous regardons comme illusoires dans une société coloniale les barrières qu'établit ailleurs l'opinion publique).

Au lieu d'ordonner la communication au juge local, comme le fait la L. F., art. 152, notre article veut qu'elle soit faite au ministère public.

Le gouvernement [4] fit observer, que ceci est plus en rapport avec les principes de procédure pénale.

La remarque est assez exacte. On pourrait objecter que le ministère public est dans la dépendance absolue du gouvernement, mais cela étant malheureusement vrai aussi des juges à Java, la chose revient absolument au même.

On changea l'expression « *habitant européen* », en celle de

---

[1] K. II, 18.

[2] K. II, 74.

[3] Sans penser à l'étendue du ressort des tribunaux européens. Celui de Batavia comprend p. e. l'île de Bornéo.

[4] K. II, 278.

«n'appartenant pas à la population indigène». On pensait aux Américains, dont le gouvernement venait de rendre la vie si dure au ministère hollandais, à propos du procès GIBSON [1], et qui ne s'étaient tenus satisfaits que par des concessions assez importantes, l'établissement p. e. de consuls, qui jusque-là n'étaient point tolérés dans les colonies.

Le changement était, du reste, assez inutile, depuis la forme qu'on avait fini par donner à l'art. 109 R. G.

L'opposition revint à l'assaut [2]; mais au lieu de demander des garanties efficaces, elle se jeta sur les détails; elle aurait préféré p. e. que ce fût le président du tribunal (européen?) à qui la notification serait faite dans l'occasion. Elle demanda encore une fois, s'il n'y aurait pas de garanties du tout en faveur de l'indigène? Enfin, quelles circonstances extraordinaires pourraient exister en dehors de l'art. 45 et suivants du R. G. actuel?

Nous avouons que le «droit exorbitant», nous semble en effet rendre inutile la faculté d'arrestation, accordée implicitement au pouvoir exécutif par notre article.

Quant à ce que l'indigène ne serait point protégé contre une arrestation arbitraire par ce pouvoir, le ministre [3] s'en défendit avec indignation, en renvoyant à plus de *neuf* articles du C. P. I., qui tous (14, 16, 44, 45, 48, 50, 59, 80 et suivants) contiennent des dispositions de procédure pénale, n'ayant point trait aux raisons tirées de la politique, et disant d'ailleurs, qu'avant de pouvoir être relâchée, la victime passera du chef de village au chef de district, de celui-ci au djaksa, enfin au résident européen; tous doivent décider dans les 24 heures, dans 3 jours etc., mais ne le font pas et souvent ne le pourraient pas.

Nous l'avons dit, l'indigène est arrêté par tout le monde et pour les raisons les moins graves.

Résumons notre opinion sur l'article qui nous sert de texte: il

---

[1] R. N. I. VIII, 232, 309.
[2] K. II, 435.
[3] K. II, 328.

ne fait aucun bien. Les garanties qu'il prétend donner sont illusoires, et ne s'appliquent d'ailleurs qu'à l'aristocratie, aux Européens.

D'un autre côté, étant donné le droit «exorbitant", des art. 45 et suivants, l'art. 86 ne renforce en rien le pouvoir exécutif.

Voilà une preuve de plus, s'il en fallait, quelle valeur ont les phrases que l'homme moderne aime à lire dans les constitutions, transplantées dans des sociétés organisées à l'orientale, sur le principe d'autorité.

Si jamais on désirait donner des garanties sérieuses contre l'emprisonnement arbitraire, ce devrait être en autorisant un recours à la H C., qui jouit, comme nous le verrons, d'une espèce d'indépendance; celle-ci pourrait ordonner l'élargissement, et condamner le fonctionnaire coupable à des dommages-intérêts. Il est vrai que cela n'avancerait pas les choses de beaucoup: l'indigène n'a que très rarement le moyen de plaider devant la H. C. ou même de lui adresser une requête; puis, d'après la législation existante, on a peine à se figurer une arrestation arbitraire: elles sont toujours assez légales.

Ce serait donc un petit progrès, mais un progrès cependant.

Article 87.

Le secret des lettres confiées à la poste ou toute autre agence de transport est inviolable, excepté sur l'ordre du juge, dans les cas énoncés par A. L. G.

L'article correspondant (154) de la L. F. de 1848 était une nouveauté en Hollande, qui n'a jamais connu de cabinet noir [1], que nous sachions.

Aux Indes, sous l'ancien régime, cette institution florissait.

---

[1] M. Block, Dictionnaire général de politique, nouvelle édition; Paris 1873; in voce Cabinet Noir et Postes (III: Le secret des lettres): tome I, p. 276 et II, p. 621.

Nous en trouvons p. e. la trace dans l'Instruction générale (R. G.) de 1650, où il est dit que les pasteurs n'auront de correspondance avec l'église en Hollande, que par l'entremise des XVII (exerçant en Hollande le pouvoir suprême dans la Noble Compagnie) qui, après lecture, feraient remettre ces missives à leur adresse, «selon l'usage" [1].

On se défiait donc même des ecclésiastiques protestants, dont le coup d'oeil commercial cependant ne pouvait être bien dangereux.

Mais le système était général; toutes lettres envoyées des Indes en Europe étaient lues, de crainte qu'elles ne donnassent des détails sur le commerce, et ne nuisissent par là au monopole de la Compagnie [2]. On n'avait pas honte de l'avouer.

Déjà, dans l'instruction donnée au G. G. par les XVII le 22 août 1617, deux ans avant la fondation de Batavia, instruction approuvée par le Stadhouder et les Etats-Généraux le 3 novembre, l'art. 32 [3] dit:

«Le G. G., les vice-gouverneurs, ni aucune autre personne «étant au service de la Compagnie ou assermentée à icelle ne «pourront rien écrire à leurs amis ou connaissances, de ce qui «concerne l'état des Indes."

On alla plus loin encore: le 15 septembre 1636, il fut absolument défendu d'envoyer des lettres particulières en Hollande. Mais il paraît que cette rigueur fut reconnue impraticable, car le 17 mars 1701, on décida que toutes lettres particulières seraient arrêtées, les suspectes (comme traitant du com-

---

[1] Myer, p. 112.

[2] Rien n'en égalait l'atrocité, dit M. Blancard, Manuel du Commerce des Indes, Paris 1806; page 335.

L'auteur a vu brûler en 1772, à Batavia, en grande pompe, 37500 pieds cubes d'épices, pour que le marché en Europe ne fléchît pas.

On ne saurait croire, quelle haine le système de la Compagnie avait suscitée parmi les contemporains. Dans l'avertissement qui précède l'édition française (Paris, 1780) du Voyage aux Moluques et à la Nouvelle Guinée, par le capitaine Forrest, il est dit:

„Les Hollandais ont jusqu'ici induit volontairement les autres peuples en erreur, „relativement à la position des Moluques, et aux autres difficultés de la navigation „dans ces parages; ils ont fait, de propos délibéré, de fausses cartes. Le capitaine „Forrest rectifie toutes ces cartes, et dévoile toutes leur manoeuvres."

[3] Myer p. 33; v. aussi l'annotation.

merce libre ou l'état de la Compagnie) ouvertes, et les autres remises à leur adresse.

On persista dans ce système tant que dura la Noble Compagnie.

Feu M. L C. D. VAN DIJK, dans sa thèse, cite quelques passages de la Constitution dite «*Artikelbrief*" (lettres patentes par articles), publiée par les XVII en 1742:

Art. 102. «Personne, de quelque qualité qu'il soit, homme « d'état ou d'église ou d'autres fonctions quelconques, des plus « hautes jusqu'aux plus humbles, étant au service de la Com-« pagnie dans l'I. O., ne pourra révéler à ses amis ou connais-« sances ni à aucune autre personne, quoi que ce soit de ce « qui lui serait connu des affaires de la Compagnie, mais seule-« ment aux directeurs" (les XVII) « ou à la Chambre qui l'a « envoyé" [1].

Art. 103. «Et toutes lettres particulières seront ouvertes, lues « et visitées de par la Compagnie. On pourra les retenir ou les « remettre, en tout ou en partie, comme il sera jugé convenir « au service de la Compagnie."

(Instruction pour les négociants [2]. Middelbourg 1779.)

Art. 19. «A tous négociants, ainsi qu'aux capitaines et aux « autres employés de la Compagnie, il est expressément défendu « d'écrire aucunes lettres à d'autres personnes qu'aux directeurs « sur l'état des choses dans l'Inde orientale."

Art. 20. »A cet effet, toutes lettres, conformément à l'*Arti-« kelbrief*, seront d'abord remises aux directeurs, ensuite ouvertes « et examinées par eux, s'ils le jugent convenable."

Art 21. «Les papiers délaissés à leur décès par les pasteurs « et consolateurs de malades [3] seront inventoriés et scellés, et « envoyés ainsi à la Compagnie"

---

[1] Il y en avait six; à Amsterdam, à Rotterdam, à Delft, à Hoorn, à Enkhuizen, et un pour la province de Zélande; c'étaient des groupes d'actionnaires: chacune de ces Chambres faisait le commerce. Dans la métropole on avait donc décentralisé dès le principe.

MEINSMA, Geschiedenis van de N. O. I. Bezittingen. (Histoire des possessions hollandaises aux Indes orientales), Delft 1872; tome I, p. 26.

[2] Ce terme indiquait un grade, le second dans le service de la Compagnie.

[3] Ces fonctionnaires étaient des espèces d'ecclésiastiques inférieurs, analogues, croyons-nous, aux catéchistes qui subsistent encore en Hollande.

Les R. G. subséquents se taisaient à cet égard; si le nôtre en parle, c'est qu'on aimait à flatter les tendances doctrinaires qui avaient déjà fait parler de la chose dans la L. F. de 1848. Avouons cependant que, sous un régime autocratique, la disposition de notre article, parfaitement inutile en Hollande, peut être un frein.

La seule question importante que l'article proposé souleva dans les Chambres, fut de savoir, si un A. L. G. pourrait accorder au G. G. le droit d'ordonner l'ouverture de lettres p. e. en cas de guerre ou de révolte [1]. On renvoya les membres qui avaient posé cette question à l'art. 43, qui dans ces circonstances, permet tout à S. E. Dans d'autres, disait le gouvernement, il n'aurait pas cette faculté. L'A. L. G. en question, selon lui, était le règlement de P. P.

Comme nous le verrons tout à l'heure, celui-ci n'en parle pas.

Cependant, deux A. L. G. découlent en partie de notre article L'arrêté royal de 1862, B. d. L. n°. 103*a*, art. 19 al. 1 dit: « Les lettres et paquets, se trouvant dans les bureaux des postes « ou au dehors, mais sous la garde de fonctionnaires ou em- « ployés des postes dans leurs fonctions ou en service, ne peuvent « être séquestrés, sauf les dispositions *du règlement sur* la procé- « dure pénale dans les I. H."

Plus tard, en 1868, B. d. L. n°. 42, les mots soulignés ont été remplacés par le mot *de* Le R. P. I. y est donc compris aussi, désormais.

L'art. 2 de ce dernier arrêté indique le mode d'application par les tribunaux indigènes: d'ordinaire, ce sera le C. du P. qui donnera le mandat nécessaire; si le juge de circuit [connaissant des affaires criminelles les plus graves] est saisi, ce sera lui. Comment les tribunaux européens doivent exercer la faculté dont il est question ici, le texte ne le dit pas.

Ce qu'il y a de curieux, c'est que le R. P. P. E. et le R. P. I. se taisent tous les deux sur ce point; preuve de plus, s'il en fallait encore, combien peu les législateurs qui ont confec-

---

[1] K. II. 135, 279.

tionné le R. G. étaient au courant des lois existantes. C'est l'art. 23 de l'ordonnance (de 1871) sur l'ordre et la discipline dans les prisons (B. d. L. no. 78) qui traite de la matière:

«Aucunes lettres destinées à des prisonniers ou écrites par «eux ne doivent leur être remises ou être expédiées pour eux, «avant d'avoir été montrées»:

a. «pour les prisonniers en cause devant un tribunal euro-«péen, au ministère public du tribunal saisi de l'affaire en pre-«mière instance, ou bien, tant que dure l'instruction, au juge «(conseiller) commissaire, qui en est chargé».

b. «pour tous les autres [1], au chef de l'autorité locale. «Ces fonctionnaires sont compétents pour prendre connaissance «du contenu des lettres, et pour décider, si elles seront remises «aux prisonniers ou expédiées pour eux, ou non».

On le voit, il s'agit de dispositions de procédure pénale, qui ne sont point à leur place dans un règlement ayant pour objet: «l'ordre et la discipline parmi les détenus dans l'I. H. et la «réglementation provisoire du travail».

Ce règlement, d'après le préambule, annule l'instruction des geôliers de 1819 (B. d. L. no. 20), qui se tait sur notre sujet.

Quoique promulgué avec l'autorisation du Roi, il est provisoire, en attendant celui qui découlera de l'art. 11 C. P. E. et d'une réorganisation du système pénitentiaire indigène.

Nous croyons l'art. 23 cité ci-dessus parfaitement illégal.

L'intention du législateur était que le secret des lettres ne fût violé que dans l'intérêt d'une instruction pénale, d'après des lois supposées exister à ce sujet.

On ne voit nulle part, que ces lois pourraient être faites encore; et surtout on ne voit pas, que l'intention du législateur ait été d'aggraver les peines des travaux forcés et de la prison, par une violation systématique du secret des lettres. La loi n'a point dit: «le détenu n'aura plus de secrets de famille; tant

---

[1] Donc aussi pour les détenus en cause devant un tribunal indigène. C'est le djaksa qui fait l'instruction, mais il est sous les ordres du fonctionnaire administratif.

«qu'il sera sous les verrous, tout épanchement lui sera interdit». Au contraire, elle n'a voulu cette violation que comme remède aux maux de la société, afin de découvrir la vérité *dans une instruction pénale.* Il faut *l'ordre du juge;* et, là où l'affaire est jugée, il ne reste plus rien à faire au juge; le détenu n'a plus de rapports qu'avec l'administration

Pour les détenus dont le sort est fixé, la mesure est odieuse, inutile L'instruction criminelle ne s'occupe plus d'eux, et ce sont cependant les lois sur l'instruction criminelle qui doivent décider.

Remarquons que si, d'un côté, l'art. 23 cité plus haut va trop loin, est illégal, en permettant à un fonctionnaire administratif d'ouvrir les lettres, adressées à un condamné prisonnier, d'autre part, il ne va pas assez loin.

Il faudrait que les juges d'instruction eussent la faculté de séquestrer entre les mains de l'administration des postes toutes lettres destinées à ou remises par (ou au nom de) tel individu.

Maintenant, si pour telle ou telle raison, la personne contre laquelle il se fait une instruction criminelle n'est point détenue préventivement, le juge est privé d'une des ressources les plus puissantes pour la découverte de la vérité.

L'art. 23 cité n'est donc point ce qu'annonce l'art 87 R. G: un A. L. G. énonçant les cas où, *sur l'ordre du juge,* le secret de la correspondance pourra être violé. Ce n'est pas une disposition d'instruction criminelle. Telle cependant était l'intention du législateur.

De là, il s'ensuit encore que l'art. 793 C. Co., d'après lequel la Chambre des Orphelins ouvre les lettres adressées au failli, qui pourra, étant présent, assister à l'ouverture, article datant de l'art. 471 C Commerce de Napoléon, est inconstitutionnel.

Les art 127 C. P. E. et 134 C. P. I. punissent la suppression ou l'ouverture de lettres confiées à la poste, commise ou facilitée par un fonctionnaire ou toute autre personne attachée aux postes; mais au lieu de 3 mois à 5 ans de prison et d'une amende de 16 à 500 francs, comminés par le C. P. Napoléon (art. 187), la peine n'est que de 8 à 150 florins. Il est vrai qu'on a copié dans ce dernier code l'interdiction de toute fonction publique pendant 5 ans au moins et 10 ans au plus [1].

Nous ne savons pourquoi la peine a été tant adoucie, surtout pour une société aussi sceptique que celle des Indes, où ces interdictions ne font pas grande impression sur le public, ni grand tort au condamné.

Remarquons, que le même fait, commis par une personne étrangère à l'administration des postes, n'est point punissable.

Les lettres refusées ou n'ayant pu être remises au destinataire, sont ouvertes et brûlées par devant et sur l'ordre du substitut au procureur du Roi à Batavia, qui n'a pas le droit de les lire, mais qui séquestre seulement les valeurs incluses. On avait commencé par déférer cette fonction (difficile!) au premier huissier de la H. C.

Tout le monde ayant jeté les hauts cris, parce qu'en Hollande, cette razzia se faisait sous les auspices du juge de paix de La Haye, le gouvernement a eu la complaisance de charger de la chose un substitut, qu'on pourrait employer plus utilement, et qui, la première fois, en a eu pour huit à neuf mois.

Voilà encore une application, ou à peu près, de notre article. Nous disons *à peu près;* ni un huisssier ni un substitut ne sont des juges, et le législateur a pensé seulement aux exigences d'une instruction criminelle.

On ne saurait en vouloir au législateur de 1854 de n'avoir point songé au télégraphe. Mais il est assez singulier que les rédacteurs du C. P. E. de 1866 et du C. P. I. introduit en 1873, n'y aient point pensé.

L'art. 11 de l'ordonnance coloniale de 1876 [B. d. L. no. 257,] a comblé cette lacune, en déclarant simplement appliquables les art. 127 C. P. E. et 134 C. P. I.

---

[1] Le projet présenté au Roi en 1875, porte des peines de 1 mois à 6 ans (art. 430 et 431).

ARTICLE 88.

Nul ne peut être poursuivi au pénal ni condamné à une peine, que de la manière et dans les cas prévus par A. L. G.

Sauf le changement de l'expression *loi* en celle d'A. L. G., notre texte est le même que l'art. 26 D. G., qui n'est que la condensation de l'art. 377 P. P. E. [concordant avec l'art. 284 R. P. I. et dérivant de l'art. 427 du code d'instruction criminelle hollandais.]

«Personne ne peut être condamné pour crime ou contraven-«tion, si le juge n'a, par des moyens de preuve légaux, acquis la «conviction qu'un fait punissable a eu lieu effectivement, et que «l'accusé en est coupable."

«Personne ne doit être condamné sur simples présomptions"

Un article de cette tendance se trouve dans tous les R. G. depuis 1818 [1] [art. 45, 46, 48, 40 des R. G. de 1818, 1827 [2] 1830, 1836].

Surtout ici, il faut se rappeler la restriction par laquelle commence l'art. 74: dans les pays d'autonomie judiciaire, des condamnations violant le principe de notre article, ont lieu tous les jours.

Même »au nom du Roi" il en est prononcé, qui échappent

---

[1] MYER, p. 411, 444, 478, 508.

[2] Ce qui n'a pas empêché de faire des lois *„pratiques"*: Nous ne croyons pas p. e. que l'art. 31 de l'instruction pour le capitaine et les lieutenants des Chinois à Sourabaya (B. d. L. 1829 no. 10) ait jamais été aboli formellement:

„Le capitaine chinois donnera tous les ans au résident, vers le départ des „jonques, une liste, contenant les noms de tous les Chinois parresseux, inutiles „et propres à rien, afin qu'on puisse les renvoyer en Chine sans forme de procès.

On le voit, avec le vicomte DU BUS DE GHISIGNIES, G. G. en ce bon temps, on n'avait qu'à bien se tenir.

Cette disposition est tombée en désuétude.

au contrôle de la H. C. Ainsi, le conseil de guerre en campagne (guerre d'Atjeh) a condamné [21 juillet 1876] [1] par jugement confirmé par le général en chef, deux indigènes à 10 ans de travaux forcés simples [peine n'existant pas, au-dessus de 5 ans les travaux forcés étant toujours *dans la chaine*], après les avoir acquittés de l'accusation d'espionnage.

Voici le texte:

« ne jugeant point convenable de les remettre, dans les circon-
« stances de guerre actuelles, à l'administration civile; les déclare
« coupables de faits punissables, comme, par exemple, de vaga-
« bondage, d'être de la canaille [2] non soumise à notre autorité,
« et qui, vu les circonstances exceptionnelles où nous nous trouvons
« encore à Atjeh, doivent absolument être proscrits de cette
« contrée."

Voilà un cas dans lequel, à l'encontre de tous les principes européens, l'exercice du droit de grâce [3] sert de correctif aux jugements.

L'art. 88 a pour conséquence, que seules, les peines fixées par la loi peuvent être prononcées. Or, l'art. 35 C. P. E., 38 C. P. I., font que les 2 systèmes de peines que nous avons exposés plus haut (art. 75 R. G.) s'appliquent à toutes les lois pénales.

Les art. 388 et 390 consacrent cette règle: le juge prendra la peine la plus rapprochée de celle qui fait partie du système.

Uue espèce remarquable s'est produite dernièrement Quelques dispositions du règlement sur « le transport du café, produit sur « des terres particulières" (B. d. L. 1836 n°. 24) prononcent pour toute peine la confiscation du café. Or, la confiscation, d'après l'art. 6 C. P. E. de 1867, n'est jamais qu'une peine accessoire. Qne faire alors? Le C. d. J. de Samarang [4], jugeant au correctionnel (les contraventions) fut d'avis que depuis l'introduction

[1] R. N. I. XXIX, p. 132.

[2] „Zeer slecht volk."

[3] Grâce plénière; décret du G. G. du 15 mai 1877 no. 30.

[4] Affaire REGENSBURG.

du C. P. E., ces dispositions du règlement de 1836 n°. 24 avaient perdu tout caractère pénal, et s'est donc déclaré incompétent.

Du reste, comme jusqu'en 1848, sous l'ancienne procédure, le correctionnel n'existait pas, les affaires qu'on classe maintenant dans cette catégorie étant alors considérées comme civiles, ces dispositions, à leur origine, n'avaient point eu de caractère pénal.

Ce système, qui nous semble logique, n'a pas été goûté de la H. C., qui, en appel, a cassé le jugement et prononcé la confiscation. Il est regrettable que (comme à l'ordinaire) les considérants de l'arrêt n'en disent pas long sur les raisons qui ont fait dénier aux art. 35 et 388 C. P. E., leur tendance, très prononcée cependant, à l'uniformité des peines.

Il y a encore d'autres peines illégales maintenant, prononcées et peut-être appliquées par-ci par-là; nous en avons parlé à l'art. 75 al. 1 R. G.

Remarquons enfin que l'art. 88 aussi défend les extraditions de personnes se trouvant aux I. H, matière dont nous avons traité à l'art. 85 R. G.

Article 89.

Aucune peine n'entraine la mort civile ni la perte de tous les droits civils.

L'article 4 C. C. hollandais de 1838 dit la même chose; il a été copié dans l'art. 3 C. C.

La mort civile a été l'institution que le peuple hollandais goûtait le moins dans la législation napoléonienne.

Tout ce qui ressemble à une mort civile, même partielle, lui répugne.

Cependant, elle n'a été abolie qu'en 1838. Mais, comme par arrêté du prince souverain du 11 décembre 1813 (B. d. L.

hollandais no. 10), les peines perpétuelles furent abolies, elle ne pesait plus que sur les condamnés à mort, auxquels il avait été fait grâce.

La mort civile n'a jamais existé aux I. H., que nous sachions, et notre article était une nouveauté dans les R. G.

C'est un des griefs contre «l'oeuvre des ténèbres», le règlement sur la presse (B. d. L. 1856 no. 74) que son art. 30: «En «cas de récidive de l'un des crimes ou contraventions, le juge «peut élever la peine d'un tiers au-dessus du maximum, *et «défendre l'exercice de la profession* [1], pendant un temps n'ex-«cédant pas 5 années».

Les habitants des I. H. peuvent être déprivés de quelques droits civiques, spécifiés par les art. 20 C. P. E. et 22 C. P. I., pour une durée de 5 à 10 ans.

Ce sont, pour les Européens:

«l'exercice de toutes fonctions publiques;»

«d'être tuteur ou curateur d'étrangers;»

«idem de ses propres enfants;»

«de pouvoir être récusé comme témoin sous la foi du serment, au civil».

Pour les indigènes, on a ajouté les droits électoraux, tant passifs qu'actifs.

Ces interdictions aggravent quelquefois les peines de la prison simple pour les Européens, des travaux forcés hors de la chaîne pour les indigènes.

Les Européens condamnés aux travaux forcés, les indigènes ayant à les faire «dans la chaîne», sont privés, de droit, de toutes ces facultés. Ils ne peuvent disposer de leurs biens, et le juge leur nomme un curateur, en tant que de besoin. Ils ne peuvent être témoins dans les actes authentiques, ni prêter serment comme témoins, dans une affaire pénale; ni, enfin, servir dans l'armée, les gardes bourgeoises ou autres corps armés.

---

[1] C. à d. celle d'imprimeur, éditeur ou marchand d'imprimés, *non celle de rédacteur d'un journal.*

Ainsi jugé, il y a peu, par le C. d. J. de Batavia; affaire VAN DAALEN.

L'interdiction du port d'armes n'est point praticable dans un pays, où plus de cent personnes par an, dans la seule île de de Java, sont mangées par les tigres.

Cependant l'autorisation (pour les indigènes) d'avoir des armes à feu, est quelquefois refusée; l'on ne peut en importer que d'une valeur qui les fasse considérer comme objets de luxe, au-dessus des moyens de l'indigène.

Article 90.

Aucun crime ni contravention ne peut être passible de la confiscation des biens du coupable.

Sauf les mots «crime ni contravention» au lieu de «crime», ce texte est identique avec l'art. 155 de la L. F. actuelle, qui a paru pour la première fois dans l'art 101*d* de celle de 1814.

Sous l'ancien régime, la confiscation générale était prononcée quelquefois, et l'art. 37 C. P. Napoléon l'admettait encore.

Mais déjà (art. 2) le décret du prince souverain du 11 décembre 1813 (B. d. L. hollandais no. 10) l'abolissait

Dans l'Inde elle a existé, comme faisant partie de l'ancien droit hollandais, jusqu'en 1848. Les art. 8 et 20 de l'ordonnance de cette année (B. d. L. no. 6) énumèrent les peines que le juge pourra seules infliger: ils ne parlent point de la confiscation générale.

L'article qui nous occupe, et qui ne figurait pas dans les R. G. antérieurs, parle des biens du condamné. Mais on n'a pas pensé, ce qui aurait été bien plus pratique, au lieu de poser un principe en vigueur depuis longtemps, quoique non formellement exprimé, à interdire la confiscation, partielle il est vrai, de biens appartenant à des innocents.

Celà existe, et le lecteur a déjà dû pénétrer assez dans l'esprit de la législation hollandaise à Java, pour soupçonner que ce sont les intérêts du fisc qui ont fait décréter des mesures aussi odieuses. L'art. 23 al. 5 du règlement pour la ferme de l'opium dans Java et Madoura (B. d. L. 1874 n°. 228) porte:

« Les navires, véhicules et attelages, au moyen desquels il a « été commis des contraventions aux dispositions de ce règlement, « pourront être déclarés exécutables pour les amendes infligées « et les frais de la poursuite judiciaire."

Nous avons vu des cas où le propriétaire du navire était brillamment acquitté par le tribunal *indigène* de première instance, et où cependant ce même propriétaire fut ruiné, le navire étant déclaré exécutable pour l'amende, toujours colossale, infligée au capitaine.

Bref, vour êtes exposé tous les jours, à Java, à voir confisquer votre voiture, si votre cocher est sensible aux petits profits; heureux encore, si l'on ne vous condamne pas sur la simple présomption, tirée de votre droit de propriété sur le véhicule coupable, comme nous en connaissons des espèces.

ARTICLE 91.

Tous jugements exposent les motifs sur lesquels ils se basent et, en matière pénale, outre le crime ou la contravention, les lois positives sur lesquelles ils se fondent.

Des A. L. G. règlent, pour le juge indigène, les modifications nécessaires de la règle que les jugements doivent être motivés.

Les séances sont publiques, sauf les exceptions indiquées par A. L. G.

Les jugements sont prononcés en audience publique, sauf les exceptions indiquées par A L. G.

Tous [1] jugements *exposent* les motifs [2] sur lesquels ils se

[1] Même les criminels; en Hollande, il n'y a pas de jury.
En 1811, les Anglais en ont fait fonctionner à Java. Comment, nous ne savons, mais lors du rétablissement de l'autorité hollandaise en 1816, le jury a disparu avec les Anglais.

[2] On sait que, sous l'ancien régime, le juge était dispensé d'en donner.

basent: voilà comment nous avons traduit les premiers mots du texte, copié de l'art. 156 L. F. de 1848. Disons cependant que le mot hollandais « vermelden » ne veut dire que *mentionner*, ce qui certes ne suffirait pas. L'al. 2 emploie une autre formule, plus explicite: « *met redenen omkleed*, » pourvus de motifs.

Cette disposition est cependant changée pour le juge indigène: les modifications à ce nécessaires, dit l'al. 2, sont réglées (indiquées) par A. L. G.

Il n'y en a jamais eu d'autre que l'art 31 R. O. J. Après avoir prononcé la nullité des jugements qui dérogeraient à cette règle salutaire, il dit que les dispositions de l'art. 30 (entre autres l'exposition des motifs) *ne lieront point absolument* (« volstrekt ») les tribunaux indigènes, non présidés par un européen. Avouons que c'est assez élastique.

Ces tribunaux sont ceux de district et de régence. On voit combien le législateur avait foi dans ces aréopages. Un juge, dirait-on, qui ne sait point exposer ses motifs, ne devrait point être juge: ses audiences ne sont que de la haute comédie. Tel n'a point été l'avis du gouvernement hollandais, dont nous traduisons ici les motifs [1] pour l'édification du lecteur: «La disposition de l'al. 2 a sa principale raison d'être dans la circonstance, que la juridiction sur les indigènes, dans des affaires de «mince importance, est et doit rester dévolue à des chefs indigènes, même de grade inférieur.

«Exiger de ceux-ci des jugements détaillés, serait demander «l'impossible; l'expérience fait voir que même les tribunaux «indigènes présidés par un fonctionnaire européen souvent n'atteignent pas ce but; il est donc nécessaire de laisser au législateur aux I. H., quelque latitude à ce sujet.»

La plupart, les trois quarts environ, des tribunaux de district et de régence vont encore plus loin: ils ne rédigent pas leurs jugements du tout, n'en tiennent aucun registre. Nous avons [2] appelé l'attention sur ce point, à propos des communi-

---

Voir p. e. le jugement du C. d. J. du château de Batavia, du 7 août 1768 (I. W. R. no. 559). Cependant, le président et quatre conseillers sur sept étaient jurisconsultes.

[1] K. 11, 18.

[2] Tijdschrift voor Neêrlandsch Indië (Revue coloniale) 1871.

cations annuelles du gouvernement aux Chambres, sur l'état des colonies, prescrites par l'art. 60 al. 1 L. F. [1].

Quant aux C. du P. et C. d. J., ils se conforment assez à la loi. La H. C. ne s'en dispense que trop; surchargée de besogne qu'elle est, on ne saurait lui en faire un crime dans la plupart des cas. Nous ne parlons cependant que de la révision des affaires pénales; et hâtons-nous d'ajouter que les arrêts en cassation correctionelle, rendus fort lentement, et faisant trop souvent bon marché des nullités, sont toujours circonstanciés. Ceci tient peut-être à la nature de cette procédure, dans laquelle chaque grief doit être exposé, traité et examiné à part, et à ce que cette besogne incombe à la première Chambre, qui, chargée surtout des affaires civiles, n'a pas beaucoup plus d'occupations que ses soeurs en Europe.

Mais la loi n'est point observée pour toute une classe de jugements, pour celle qui intéresse le plus l'indigène: le «rôle de police".

Le résident ou assistent-résident, juges de police, sont certainement tenus d'exposer les motifs qui les guident. Ils ne le font jamais (quand il s'agit d'indigènes), ou seulement d'une manière extrêmement succincte. Mais ne soyons pas trop sévères envers eux: le rôle de police *indigène* de Samarang comptait, en 1877, 3387 *affaires;* le nombre des *accusés* est bien plus grand.

Abordons un autre point, ayant un rapport intime avec la première disposition de notre article. L'art. 313 du R. P. I. dit: «le jugement sera écrit dans la langue hollandaise et dans celle «du pays.» [2]. Cette disposition, très judicieuse, et nécessaire si

---

[1] „Le Roi fait donner annuellement aux Etats-Généraux un rapport circonstan„cié sur l'administration de ces colonies et possessions, et sur l'état dans lequel „elles se trouvent."

Le premier est de 1849. Autrefois, ils étaient toujours en arrière de trois ans. Quelquefois, on les a combinés.

Maintenant, le rapport paraît régulièrement et est discuté dans les Chambres. Le premier surtout est important; c'est une espèce de cours d'administration, très minutieux.

[2] La loi ne dit pas, quel texte, en cas de différence, doit être suivi.

l'on prend au sérieux les membres indigènes, est assez ancienne. Elle date de 1819 [1].

Du reste, elle n'est écrite que pour les C. du P. et les tribunaux de circuit. Les autres jugements, ceux des C. d. J. et de la H. C. ne sont jamais rédigés qu'en hollandais, même s'il y a des indigènes impliqués dans l'affaire.

Malheureusement, dans ces derniers temps, pour des raisons d'économie, [2] on a décidé que dorénavant le jugement serait traduit dans la langue du pays, le principal excepté, l'exposé des motifs. La signature des membres indigènes n'est donc plus qu'une formalité inutile.

Au lieu d'affaiblir la garantie que présente la traduction du jugement en son entier dans la langue du pays, nous aurions désiré qu'elle fût étendue à tous les jugements pénaux dans lesquels un indigène a été impliqué comme accusé.

Celà faciliterait aussi l'exécution de l'art. 24 C. P. I. [3] dont nous avons parlé plus haut; du moins, si la publication des jugements pénaux doit servir à autre chose qu'une simple notification, bien superflue alors.

Passons au second précepte de notre article.

Il exige en matière pénale la mention 1°. du crime ou de la

---

[1] Art. 126 et 136 de l'ancien règlement sur l'administration de la police et de la justice civile et criminelle parmi les indigènes dans l'I. H.; B. d. L. 1819 no. 20.

[2] Nous n'avons connu qu'un seul membre indigène, à Palembang (Sumatra) capable de traduire un jugement européen en malais.

A Java, il y en deux ou trois, tout au plus, qui sauraient s'en tirer, à ce qu'on dit. L'ordonnance du G. G. de 1851, B. d. L. no. 58, permet au tribunal de se faire éclairer par un interprête. On s'adressait donc à l'interprête juré, oiseau rare (il ne s'en trouve dans Java qu'à Batavia, à Samarang, à Sourabaya, à Sourakarta, et à Jogjokarta; dans les possessions extérieures, il y a par-ci par-là un métis qui est supposé savoir sa langue maternelle, mais qui jamais ne sait la nôtre), soit à un autre, ce qui coûtait cher: *f* 5 la première feuille, *f* 3 la seconde, et *f* 1.25 pour chaque feuille suivante (Résolution du G. G. de 1819, B. d. L no. 79, étendue par une ordonnance de 1866, B. d. L. no. 107)

[3] „Les arrêts en matière pénale, contenant condamnation pour crime, sont pu„bliés dans la dernière résidence du condamné, par l'entremise de l'autorité."

„Le mode de publication, est fixé par le G. G."

Indiqué en 1872 (B. d. L. no. 183), il n'offre rien de saillant.

contravention; 2o. des lois positives sur lesquelles le jugement est fondé.

Cette seconde clause ne se trouvait pas dans le premier projet de loi [1]. A la Chambre, on s'étonnait de ne pas la trouver [2], puisque la L F. exigeait, en matière pénale, la mention des articles de la loi, sur lesquels la condamnation était fondée; d'autant plus que l'art. 30 R. O. J. de 1848 parlait dans le même sens, quoiqu'il fût rédigé différemment, disaient les rapporteurs, probablement à cause des jugements des tribunaux indigènes.

On se tromprait en ceci. Il est vrai, l'art. 30 R. O. J. exige, en matière pénale, l'exposé des motifs, et la mention du crime ou de la contravention. Il ajoute: « Dans les arrêts et jugements, *basés sur des lois positives*, celles-ci doivent être mentionnées."

Mais cette réserve prudente des législateurs de 1848, tous jurisconsultes, tenait à autre chose: il n'y avait presque pas de lois pénales positives; pas même pour l'Européen, comme nous l'avons fait remarquer à l'art. 75, al 1.

On n'a pas saisi cette raison, et la Chambre [3] a insisté sur un changement, trouvant mauvais qu'il pût y avoir des jugements non fondés sur des A. L. C'était très mauvais, mais c'était comme çà. Quoi qu'il en soit, le ministre, qui ne brillait pas par la connaissance de la législation en vigueur aux I. H., céda; la rédaction actuelle fut adoptée, sans discussion orale. C'est ainsi qu'on a eu dès 1855 une loi qui n'a pu être exécutée qu'en 1873 [4], par la promulgation d'un C. P. I.

Un bon commissaire du gouvernement, [5] versé dans la partie, répondant aux questions de la Chambre, eût empêché ces contresens.

---

[1] K. I, 13.

[2] K. II, 135.

[3] K. II, 435.

[4] On prétend même que dans les possesion hors de Java, des farceurs, éprouvant le besoin d'égayer l'administration de la justice criminelle, ultra-ennuyeuse selon le vieux dicton hollandais, citaient les art. 1 et suivants du C. C. et autres lois et coutumes en vigueur aux I. H.

[5] Cette institution n'existe pas en Hollande; l'accusé doit avoir réponse à tout.

Tel qu'il est rédigé maintenant, l'art. 91 R. G. est bien inférieur aux art 29, 30 et 31 R. O. J. de 1848.

Il nous semble utile de traduire ces trois articles en leur entier:

29. «Dans toutes affaires, tant civiles que criminelles, les sé-
« ances sont publiques, à moins que les dispositions législatives
« n'en aient décidé autrement, ou que le juge, pour des raisons
« graves, à consigner dans le procès-verbal de la séance, n'or-
« donne qu'elle aient lieu à huis clos en tout ou en partie."

«Excepté les décisions en révision en matière pénale et les
« dispositions sur simples requêtes, tous arrêts et jugements sont
« prononcés en public par le juge."

30 «Tous arrêts ou jugements doivent contenir les motifs sur
« lesquels ils sont fondés, et, en outre, en matière pénale, énon-
« cer le crime ou la contravention.

« Dans les arrêts ou jugements, fondés sur des actes législa-
« tifs positifs, ceux-ci doivent être mentionnés."

31. « Les dispositions des deux précédents articles doivent
« être observées, sous peine de nullité, en ce sens cependant, que
« les préceptes de l'art. 30 ne lieront pas absolument les tri-
« bunaux indigènes, non présidés par un juge européen."

Quant à la publicité des séances, après ce que nous avons dit à propos de la noblesse indigène, à l'art. 84 R. G., notons seulement que:

1°. l'audition des témoins et des parties en matière civile ou commerciale a toujours lieu à huis clos; routine détestable, confirmée par la loi;

2°. les procès en divorce ou en séparation sont *plaidés* à huis clos.

3°. d'après l'art. 29 R. O. J., le juge peut toujours ordonner, «pour des raisons graves, à énoncer dans le procès-verbal," que la séance ait lieu à huis clos, en tout ou en partie.

On peut douter s'il ne faudrait pas, pour se conformer à l'article qui nous occupe, un A. L. G., précisant un peu les cas. « *Raisons graves*" est une expression par trop vague. En dehors des cas, où partout, dans les pays civilisés, la séance a lieu à huis clos, on ferait peut-être bien de préciser les pouvoirs du juge, dans le cas où des troubles de l'ordre public seraient à craindre. Ajoutons cependant que le caractère de l'indigène est si paisible, qu'on a peine à s'imaginer une occurrence pareille [1], du moins à Java

Le troisième alinéa de notre article est toujours violé, tant aux Indes qu'en Hollande, pour les séances des conseils de guerre. On se fonde sur l'esprit de l'ancienne procédure hollandaise; oubliant que l'art. 156 al. 2 L. F. n'excepte pas les tribunaux militaires. Preuve nouvelle, s'il en fallait encore, de l'indifférence du peuple hollandais pour les affaires militaires. Si pareille violation de la L. F. avait lieu par le suppléant d'un juge de paix, la Chambre se lèverait comme un seul homme.

Dans le Grand-Duché de Luxembourg, où la législation militaire promulguée par GUILLAUME I en 1813 est encore en vigueur, on a eu le bon esprit de comprendre que l'art. 88 de la constitution du 17 octobre 1868 était décisif: les conseils de guerre y siègent publiquement.

Le Cour ou plutôt la « Chambre générale" des Comptes, qui généralement a peu le sentiment de ses attributions judiciaires [2], ne prononce point ses arrêts en audience publique; en revanche, elle les motive quelquefois parfaitement.

---

[1] Nous n'avons parlé que de la publicité *de droit*. En fait, les séances des tribunaux indigènes, se tenant excepté dans les trois grandes villes, dans la *pendoppo* (galerie couverte devant ou derrière la maison, servant de salon, et ouverte de trois côtés au moins), du régent (ou dans la galerie, devant la maison de l'assistent résident, à une vingtaine de mètres de la voie publique, comme nous l'avons vu), l'indigène et le Chinois sont tenus éloignés, soit par le respect, soit par la police. Ils ne peuvent rien entendre. Là où les C. d. P. ont à leur tête un juris consulte spécial, le local, toujours très misérable depuis que les fonctionnaires administratifs ne président plus, est ouvert aux quatre vents. Nous ne connaissons à Java aucune salle servant à un tribunal où l'acoustique soit satisfaisante. Les excellents aménagements p. e. pour les affaires criminelles, que l'on voit aux Indes anglaises, sont inconnus à Java; l'architecture officielle y est dans l'enfance.

[2] Voir à l'art. 79.

Le gouvernement [1] avait proposé un article de même teneur que l'art. 29 R. O. J. existant (exceptant les arrêts en révision et les dispositions sur simple requête). Il disait à l'appui, que les procès en révision pénale sont jugés en chambre du conseil, sans que le coupable (!) soit présent.

A la Chambre [2], quelques membres trouvaient cette raison peu concluante. Il se pourrait, que le prévenu fût acquitté par l'arrêt. Du reste, il valait mieux ne pas énumérer les exceptions, et en laisser le soin à des A. L. G..

Le gouvernement [3] se rendit sans peine à cette argumentation

L'al. 2 art. 29 R. O. J, de 1848, est toujours le seul A L. G qui énumère les exceptions.

Les arrêts en révision pénale sont toujours expédiés à huis clos. Du reste, à prononcer plusieurs (jusqu'à 9 milliers) de ces sentences, même motivées peu ou prou, on passerait un temps précieux. Certainement, il serait agréable d'entendre déclarer publiquement son innocence, mais toute formalité qui peut donner prétexte à une prolongation de détention préventive est à déconseiller dans un pays aussi routinier que Java, où les abus s'enracinent si facilement qu'ils semblent un produit naturel du sol.

La loi n'est point observée pour les jugements prononçant une curatelle, ordonnant la garde d'aliénés, ou l'emprisonnement de gens excentriques, dont nous avons parlé plus haut (art. 156 et 457 C. C.; 134 à 138 R. O. J.; 230 R. P. I.); pour ceux intervenant dans les faillites, déclarant p. e l'insolvabilité; et probablement dans bien d'autres cas. Cependant la H. C. vient de rappeler [4] que la non-publicité est une exception, qui doit avoir été prononcée expressément par la loi.

La publicité des jugements a déjà été ordonnée par les R. de

---

[1] K. II, 280.
[2] K. II, 436.
[3] K. II, 598.
[4] Arrêt du 2 novembre 1876; R. N. I. XXVII, p. 358.

1819 (B. d. L. no. 20): art. 109 du R. criminel et 218 du R. de procédure civile [1].

Article 92

Excepté en état de guerre ou de siège déclarés, nulle part où la justice est rendue au nom du Roi, une condamnation à mort ne peut être exécutée sans autorisation du G. G., le juge suprême civil ou militaire entendu.

Le décret, refusant l'exécution, est porté à la connaissance du ministre des colonies par le G. G.

Les autorités suprêmes dans les possessions hors de Java et de Madoura ont la faculté d'ordonner l'exécution immédiate d'une condamnation à mort, si elle est d'impérieuse nécessité, entendu l'avis du juge qui a prononcé le jugement.

Elles portent leur décret à la connaissance immédiate du G. G.

En vertu de l'Instruction [2] donnée en 1617 par les XVII au G. G. et au C. d. I, ceux-ci auraient le pouvoir e. a. de faire justice dans toutes affaires civiles, criminelles et capitales, et de faire exécuter les sentences.

Dans celle de 1632, dont le préambule considère la justice comme la base de tout gouvernement régulier, l'art. 3 défend aux vice-gouverneurs et directeurs de toutes possessions extérieures, sans autorisation du G. G. et du C. d. I., des procédures dans des affaires graves, comme celles de lèse-majesté, de trahison

---

[1] Tous les deux provisoires, durant encore pour plusieurs catégories d'affaires, quoique abolis pour la plupart en 1848.

[2] Art. 8: Myer, p. 27.

ou de conspiration. La raison, M. Myer [1] la soupçonne avoir été les désagréments qu'avait attirés l'assassinat judiciaire commis en 1623 à Amboina sur des sujets anglais [2]

En 1650 déjà, on trouva urgent de restreindre l'exercice du droit de grâce. Les XVII ne le permirent que pour accorder la vie sauve, ce qui avait lieu à la pluralité des voix, dans l'assemblée du G. G. en Conseil. Les gouverneurs des possessions extérieures s'étant arrogé ce droit, souverain par excellence, on le leur défendit en 1659. Les XVII trouvaient, d'ailleurs, que l'exercice trop général du droit de grâce tendait à déconsidérer le C d. J. de Batavia [3]. Mais en 1669 déjà, on obligea ce même C. d. J. de rendre compte de ses jugements, s'il en était requis [4], au G. G. Le Conseil avait le droit de faire des remontrances aux XVII, mais dans l'intervalle, il était obligé de suivre les ordres du G. G. (ordre des XVII, du 17 octobre 1779).

Sous l'ancien régime, l'ingérence du pouvoir aux Indes dans les affaires judiciaires était donc normale, et l'on peut admettre qu'aucun jugement capital n'était exécuté sans son autorisation.

La Commission de 1803 proposa [5] d'accorder le droit de grâce au G. G. en conseil, d'accord avec la H. C.

A l'encontre de cet avis, le droit de grâce n'appartiendrait qu'au Conseil (qu'on proposait de constituer dans la métropole) des établissements en Asie, et le G. G. ne pourrait que faire surseoir à l'exécution.

---

[1] P. 50.

[2] Voir à ce sujet la thèse déjà citée de feu M. L. C. D. van Dijk.

[3] Myer, p. 108.

[4] Ainsi p. e. en 1732, dans l'affaire du gouverneur de Ceylan, P. Vuyst; van Dijk, p. 74.

En 1742, dans le procès du G. G. Valckenier, le C. d. J. exigea (sur l'ordre des XVII) du C. d. J. de Batavia, de nommer ceux des membres qui auraient fait preuve de partialité en faveur de l'accusé.

On se soumit par l'interdictiou au conseiller de la Faille avec trois de ses collègues, de s'occuper de l'affaire. On donna même copie des avis qu'ils avaient émis (Ibidem, p. 102).

[5] Art. 20 de la „Charte". Myer p. 167, 209, 231 et 249.

C'est dans son projet de « Charte" que nous trouvons exprimé formellement, pour la première fois, le principe de notre article. Il y est dit, art. 73 (répété dans l'art. 81 de l'Instruction pour la H. C.), qu'aucune condamnation à mort ne pourra être exécutée dans l'île de Java, sans le *fiat* du G G., qui ne pourra le refuser, sinon en accordant surséance des procédures jusqu'à décision du Conseil des établissements en Asie, ou en faisant grâce.

Voilà donc le droit de grâce dédoublé, et c'est ainsi que l'intitution s'est continuée jusque de nos jours

L'Instruction donnée en 1807 par le roi Louis [1] ne parle que du droit de grâce, sans s'occuper de la formule du *fiat executio.* Mais le R G. de 1815 [qui ne fut jamais mis en vigueur, du reste], copie [2] l'art. 73 de la Charte proposée, sauf qu'il n'est plus limité à l'île de Java.

Celui de 1818 [3] parle pour la première fois des fonctionnaires revêtus de l'autorité suprême dans les possessions extérieures.

Le *fiat* ne peut être refusé, sauf surséance, accordée par le G. G. [4]. Si la H. C. ou les tribunaux s'opposent à cette surséance, le Roi décide.

Les R. G. de 1827 et de 1830 [5] disent exactement la même chose.

Celui de 1836 exige [6] le *fiat* du G. G., même pour les possessions extérieures. Mais dans celles-ci, des circonstances pressantes l'exigeant impérieusement, les fonctionnaires revêtus de l'autorité suprême peuvent ordonner l'exécution immédiate, entendu l'avis du tribunal ayant prononcé la condamnation à mort. Sauf cette modification, le texte de 1818 est encore suivi.

En 1851, le ministre proposa un article dont le premier alinéa [7] disait:

---

1 P. 363.

2 Art. 64. Myer, p. 389. Le mot *„niet"* (point) a été omis dans le texte, comme le démontre la suite.

3 Myer, p. 413.

4 Et sauf le droit de grâce, accordé par l'art. 22.

5 Myer, p. 446 et 479.

6 P. 509.

7 K. I. 13.

«Excepté en état de guerre ou de siège déclarés, aucune con-«damnation à mort ne peut être exécutée, sans autorisation du «G. G., qui ne dispose pas sur la requête à ce tendante, sans «avoir pris au préalable l'avis de la H. C., ainsi que sur la «question de savoir, si, en cas de refus, la peine de mort sera «remplacée par une autre, et laquelle» [1].

Le ministre [2] désirait: «maintenir ce qui existait, afin que dans chaque cas le G. G. pût juger s'il n'y aurait point de raisons *politiques ou autres* contre l'exécution.»

Dans les sections de la Chambre [3], on fit remarquer que ce pourrait être la H. C. militaire, que le G. G. devrait consulter et que l'avis du C. d. I. serait toujours désirable.

Dans le projet de 1853, le ministre [4] ajouta la phrase qui sauvegarde l'autonomie judiciaire des contrées où la justice n'émane point du Roi, mais refusa de rendre obligatoire la consultation du C. d. I.

Ce ne fut qu'après [5], que l'on remarqua dans les sections, combien peu il était rationnel que la H. C. et non le C. d. I. donnât son avis sur l'exécution d'un jugement, qui, logiquement, ne pouvait être refusée, en dehors de l'exercice du droit de grâce, que pour des raisons politiques.

Des voix s'élevèrent aussi contre la faculté proposée pour les gouverneurs des possessions extérieures, d'ordonner l'exécution immédiate.

On demanda encore, à quoi servirait la communication au ministre des colonies?

Le gouvernement répondit [6] que celui-ci ferait son rapport au Roi, mais qu'il ne saurait être question d'appel.

Le refus d'exécution impliquerait grâce de la peine de mort.

---

[1] Les 3 autres alinéas concordent avec ce qui existe maintenant, sauf des changements de rédaction sans importance.

[2] K. II, 18.

[3] K. II, 136.

[4] K. II, 280.

[5] K. II, 436.

[6] K. II, 529.

En séance publique, l'article passa sans qu'on allât aux voix.

L'usage veut que le G. G. écrive les mots *Fiat executio*, et la date, de sa main.

En campagne, d'après l'art. 279 du R. de procédure pour l'armée de terre, (applicable aussi aux Indes, comme nous l'avons remarqué à l'art. 76 R. G.), le f. e. est donné pour chaque condamnation, par le commandant en chef; s'il refuse (art. 279) il porte la chose à la connaissance du prince souverain (depuis Roi); aux Indes, du G. G. (B. d. L. 1860 no. 100).

Il est clair que là où les indigènes ont conservé leur autonomie judiciaire, il ne saurait être question du f. e. du G. G. [1], à moins que celui-ci ne fût stipulé par traité, comme p. e. celui de 1847 (B. d. L. no. 30) avec le Sousouhounan de Sourakarta. Suivant l'avis du conseiller d'état WICHERS, le gouvernement [2] a adopté comme principe que le *f. e.* n'était point en rapport *direct* avec l'exercice du droit de grâce; et ce principe est suivi encore aujourd'hui [3] Il est vrai qu'en 1855 on a paru [4] dire le contraire; mais on n'a parlé que du cas où la grâce aurait déjà été accordée, ce qui rendrait assez ridicule un *fiat executio*.

Finissons en énumérant quelques interprétations données par le gouvernement au sujet de l'article qui nous occupe.

1°. les fonctionnaires revêtus de l'autorité suprême dont parle l'al. 3 sont ceux qui reçoivent des ordres directement du G. G. [5]; donc, maintenant: les gouverneurs d'Atjeh, de la Côte

---

[1] P. e. pour le „Conseil d'empire" de Ternate, aux Moluques. Cependant les jugements de ce conseil, nommé par les indigènes *hakim-hakim*, expression qui en dénote l'origine arabe et musulmane, sont soumis à l'approbation du résident hollandais d'après l'art. 17 du traité conclu le 27 mai 1824 avec le sulthan. R. N. I. XVII, 218.

[2] Décret du 7 avril 1847 no. 8; R. N. I. XVIII, p. 79.

[3] Dans la pratique, la H. C. envoie l'arrêt et les pièces du procès à S. E., avant qu'il soit question d'un recours en grâce.

[4] Décret du 11 juillet 1855; R. N. I. XVIII, p. 79.

[5] **Décret du 17 février 1860; S. B. d. L. I, 136.**

occidentale de Sumatra, de Célèbes; les résidents de la Côte orientale de Sumatra, de Benkoulen, des districts Lampong, de Palembang, de Riouw, de Banka, de la Côte occidentale et des Côtes méridionale et orientale de Bornéo, d'Amboina, de Ternate, de Menado, et de Timor, et l'assistent-résident de Billiton.

2°. On leur a fait comprendre — ceci peint bien la confiance qu'on a dans leurs capacités judiciaires, — qu'il ne saurait être question du f. e. que lorsque le jugement était désormais inattaquable [1].

3°. Le condamné doit avoir la faculté d'y joindre une requête en grâce [2].

L'institution est parfaitement inutile. Elle ralentit l'allure de la justice, déjà si boîteuse aux Indes. On demande grâce après le f. e. Il vaudrait bien mieux statuer qu'aucune condamnation à mort ne serait exécutée sans que le G. G. eût délibéré sur une requête en grâce, à présenter d'office par le ministère public, en cas de refus du condamné, et défendre l'exécution, tant que la grâce n'aurait point été refusée. Les possessions extérieures sont maintenant en relations bien plus directes avec Batavia.

Depuis 1855, les moyens de communication ont décuplé. Sumatra est même relié à Java par un télégraphe. Le nombre des fonctionnaires qui, en temps de paix, peuvent faire exécuter une condamnation à mort, devrait du moins être limité autant que possible. Le gouverneur de Célèbes peut recevoir les ordres du G. G. en 4 jours. De même, les résidents de Bornéo. Seules, les Moluques sont encore assez éloignées.

Article 93.

Le collège judiciaire suprême de l'I. H. est établi à Batavia, et porte le nom de Haute Cour de l'Inde hollandaise.

---

[1] Décret du 16 août 1855; S. B. d. L. I, 196.

[2] Décret du 21 avril 1858; S. B. d. L. I, 197.

Article 94.

Le président de la H. C. de l'I. H. est nommé et révoqué par le Roi.

Il ne peut être placé par le Roi dans un autre poste que de son assentiment.

Le vice-président et les membres de la H. C. ne peuvent être placés par le G. G. dans un autre poste que de leur assentiment.

Article 95.

Sauf les déplacements indiqués au précédent article, et leur démission sur leur propre demande, le président, le vice-président et les membres de la H. C. ne peuvent être révoqués que lorsqu'ils sont condamnés à la peine de l'emprisonnement pour crime, déclarés en état d'insolvabilité notoire, écroués pour dettes, placés sous curatelle ou lorsqu'ils perdent de vue la dignité de leurs fonctions, ainsi que pour inconduite reconnue, immoralité, insouciance notable, incapacité par vieillesse ou maladie continue du corps ou de l'âme.

Lorsque le G. G., le C. d. I. entendu, juge que pour l'une des causes indiquées au précédent alinéa, il y a lieu à révocation, il envoie sa proposition à cet effet, avec tous les actes relatifs à l'affaire, au ministre des colonies, avec une défense écrite du fonctionnaire en cause, à qui les griefs existant contre lui sont communiqués à cet effet.

Le G. G. a la faculté, en attendant la décision du Roi, de suspendre de ses fonctions le fonctionnaire en cause, en lui allouant un traitement d'attente, et de pourvoir son remplacement provisoire.

Si le fonctionnaire en cause le désire, il lui est fourni l'occasion d'aller se justifier en Hollande, en lui allouant un traitement de congé et des frais de voyage.

Le Roi accorde ou refuse la révocation.

Le lecteur a vu quel rôle peu digne le C. d. J. «*du Château*» de Batavia a joué sous l'ancien régime, combien il était dans la dépendance de l'administration.

Aussi avons-nous été fort étonnés de trouver un auteur écrivant vers la fin de cette époque [1], qui lui décerne les éloges pompeux de *Praesidium innocentiae, remedium contra oppressiones, saluberrima theriaca contra venenum judicantium.* Mais il est probable que cet auteur optimiste a été sous l'impression d'une de ces velléités d'indépendance et de dignité qui, en 1798, portèrent le C. d. J. à prendre le titre de *Haut* Conseil [titre ratifié par le pouvoir exécutif de la motropole, nonobstant l'opposition du gouvernement de Batavia]. Il ajoute que l'avocat fiscal [2] pouvait *autrefois* prendre connaissance de tous les documents provenant des possessions extérieures, afin de découvrir les fourberies, et de rechercher par quels moyens tant de gens devenaient si riches en peu de temps. Il est donc clair que, de son temps, le chef du ministère public ne s'acquittait plus de ce devoir.

Quoi qu'il en soit, la commission de 1803 [3] porte un jugement bien sévère sur ce corps de l'Etat: «Nous préférons ne point entrer dans des détails, nous croyant cependant obligés de déclarer avec une insistance sérieuse, comme l'exige l'intérêt de la patrie et de ses possessions asiatiques, que, sans la composition d'une cour suprême entièrement nouvelle, dont les membres et les *ministres* soient envoyés d'ici pour la première fois, nous

---

[1] ARY HUYSERS, Beknopte beschrijving der O. I. etablissementen (Description succincte des établissements aux I. O.), Amsterdam 1792, page 16.

[2] Ce titre, équivalant à celui de procureur général, est encore en usage pour le titulaire de ces fonctions auprès de la H. C. M.

Il avait 50 florins par mois de traitement. Les membres effectifs 200, les „assumés" 150 florins (R. Général de 1753; A. HUYSERS, page 233). Le moyen d'être indépendant!

[3] MYER, p. 201.

tenons pour impossible, que l'administration de la justice y soit améliorée sérieusement et efficacement.»

Les propositions faites alors sont pleines de sagesse, et il serait à désirer que maintenant, après trois quarts de siècle, on les adoptât.

Les traitements doivent être tels que les présidents et conseillers puissent tenir leur rang, et amasser en quelques années une fortune honnête, qui, jointe à leur pension de retraite, suffise à assurer leur sort.

Nous sommes bien loin de la mesquinerie actuelle, qui alloue 1000 florins de traitement par mois, 3000 de pension par an, aux conseillers, lorsque les derniers nommés avaient 18 années de service.

Eu égard au climat, le nombre de dix conseillers, y compris le président, ne semblait point trop grand.

En 1848, il fut fixé à 7; depuis 1872 il est de 15 au plus (les présidents compris) alors qu'en 1803 on ne s'occupait presque pas de la justice indigène, et que la colonie européenne n'atteignait pas le quart du chiffre actuel.

Le lecteur verra par la suite, comme la H. C. est accablée de travaux, qui ne lui laissent point de temps pour des études scientifiques, pourtant bien nécessaires dans un pays où l'on se laisse si vite prendre dans les engrenages de la routine. Les infortunés composant la 3ème Chambre ont eu (en 1876) 8762 accusés à juger en révision; en mettant 312 jours de travail, dont 104 remplis par une délibération en conseil de 4 heures [avec une demi-heure pour les signatures] et 6 heures de travail de cabinet, les 208 autres de 8 heures passés dans le silence de l'étude [l'Hercule qui résisterait à ce travail, sous les tropiques, est encore à naître, croyons-nous], on arrive à un total de 1888 heures d'étude par année, soit 13 minutes par accusé [y compris la rédaction des arrêts], avec un peu moins de 3 minutes pour la discussion.

La commission désirait que la cour siégeât, non à Batavia, climat insalubre, société corrompue, intrigante et regorgeant de luxe, mais dans un endroit tranquille, entre Chéribon et Tegal, où la vie fût à bon marché.

Les mêmes raisons militeraient maintenant p. e. pour Salatiga, où le climat est délicieux, salubre, portant au travail autant que celui de Batavia est énervant.

D'un autre côté, on proposait un contrôle peut-être trop sévère, puisqu'il s'exercerait aussi sur les mérites scientifiques des jugements. La cour nationale de La Haye corrigerait les devoirs — qu'on nous passe l'expression — des conseillers coloniaux, et proposerait au gouvernement la destitution des incapables.

Le maréchal DAENDELS aussi, se plaignait du peu de capacités et de moralité des conseillers [1], et d'un esprit fâcheux d'opposition au gouvernement. La H. C. se mêlait de politique, refusait p. e. d'exécuter les lois sur l'exportation du numéraire, et servait de point d'appui aux fonctionnaires accusés de concussion.

Un autre grand homme, STAMFORD RAFFLES, gouverneur de Java sous la domination anglaise, confirme le dire de DAENDELS, que l'acquittement des gens riches était chose ordinaire.

L'art. 47 du R. G. de 1815, resté à l'état de projet, nous surprend lorsqu'il dit:

« Il sera établi une cour suprême . . . . . composée de neuf membres, dont un président *permanent* » [2].

L'expression en dit long sur l'indépendance dont jouiraient les huit autres.

Celui de 1818 se borne à dire que le tribunal suprême sera nommé etc. [3]. En 1827, on est plus explicite: Il y aura six conseillers; le président et le procureur général seront nommés par le Roi; l'intérim même est réglé. Les conseillers sont nommés par le G. G. en conseil, avec l'approbation du Roi. [4].

---

[1] Lettre au ministre du commerce et des colonies du 16 octobre 1809, citée par le baron D. J. MACKAY, dans sa thèse: „De handhaving van het Europeesche gezag en de hervorming van het regtswezen onder het bestuur van den Gouverneur Generaal Mr. H. W. DAENDELS over Java en onderhoorigheden „(Le maintien du pouvoir européen et la réforme judiciaire sous l'administration du G. G. Maître H. W. DAENDELS, sur Java et ses dépendances), La Haye 1861, page 89.

[2] *„Aanblijvenden."* MYER, p. 385.

[3] Art. 51; p. 412.

[4] P. 445.

En 1830, on revient au laconisme de 1818, et l'on y persiste en 1836 [1].

Dans le premier projet présenté aux Chambres, il est dit [2]: «Il existe à Batavia un tribunal suprême, etc." Comme on ne peut qualifier [3] de tribunal suprême une cour dont quelques arrêts sont susceptibles d'appel, la rédaction actuelle a été substituée dès le second projet. Quant à la suppression des mots «à Batavia», le gouvernement refusa, disant [4] que la chose était déjà prévue par l'art. 151 R O. J. En cas de guerre, le G. G. aurait toujours la faculté de suspendre l'exercice de l'article proposé.

Quant à l'art. 94 actuel, un débat sérieux s'éleva, le gouvernement donnant toutes espèces de raisons [5] pour l'amovibilité en général.

Tàchons de les énumérer:

1°. on fait bon droit tout de même;

2°. les magistrats aux I. H. sont cependant très indépendants;

3°. hors de Java, plusieurs ne sont point rétribués;

4°. quant aux indigènes, le principe d'inamovibilité susciterait de graves inconvénients;

5°. le gouvernement fait déjà preuve de bon vouloir, puisqu'il se désiste en partie du pouvoir à lui accordé par l'art. 16 R. O. J.:

«Dans l'I H. il n'y a pas de nomination de magistrats «à vie».

«Le G. G. peut appeler les fonctionnaires européens à d'autres «fonctions publiques, lorsqu'il le juge convenable au service de l'Etat».

A la Chambre [6], on trouva ces motifs assez faibles. Le G. G. sera presque omnipotent; raison de plus pour établir un contrepoids, une magistrature indépendante.

---

[1] P. 477 et 507.

[2] K. I, 13.

[3] K. II, 136.

[4] K. II, 281.

[5] K. II, 19.

[6] K. II, 29, 136.

Ce n'est d'ailleurs qu'ainsi que la garantie donnée par les art. 99 et 100 (actuels) R. G. signifiera quelque chose.

Nous faisons grâce au lecteur des opinions diverses. La plus curieuse est peut-être, que les magistrats des I. H. ne préféraient point l'inamovibilité. Malheureusement, il y a du vrai. Jusqu'il y a une dizaine d'années, les magistrats les plus haut placés tâchaient d'entrer dans l'administration, carrière favorisée, comme récoltant les millions qu'on tirait de Java au moyen du travail forcé. La dignité la plus élevée, celle de président de la H. C., n'était considérée — et tel est encore le cas — que comme le dernier échelon conduisant au poste envié de Conseiller des Indes, avec 5000 florins de plus par an, et une pension de retraite de 10,000 florins d'ordinaire, celle du président n'étant que de 6000.

On trouve la trace de cette ambition dans le texte de notre art. 94.

Comme remède, le gouvernement propose alors l'art. 95 actuel.

Quant à faire nommer les conseillers de la H. C. par le Roi [1], ... le G. G. connaitrait plutôt les magistrats.

Rien de moins vrai. Venant une fois par mois, pendant quelques heures, à Batavia, S. E. ne connaît personne moins que les magistrats.

Ce qui est admirable, c'est le nombre de raisons qu'on sut donner dans la Chambre même [2] pour l'amovibilité:

a. sous l'ancien régime, le juge hollandais, amovible, jugeait bien. Accordé — mais celui-là sortait d'une classe de gens distingués par la naissance ou par la richesse, comme celà se voit encore de nos jours en Hollande, et le génie aristocratique de la Hollande, favorisé par le système de cooptation, est frondeur de sa nature [3]. D'ailleurs, aux Indes, il n'y pas d'opinion publique, ni de gens indépendants, tout le monde étant plus ou moins fonctionnaire ou négociant; la plupart du temps dans la dépendance du gouvernement, l'agriculteur et l'industriel par excellence;

---

[1] K. II, 283.

[2] K. II, 439.

[3] L'ordre équestre de la province de Hollande n'admettait ni militaires ni gens attachés à la cour du Stadhouder.

b. les magistrats ne la désirent pas;

c. pour vaincre cette antipathie (!) il faudrait des traitements considérables;

d une application générale coûterait énormément, en forçant au remplacement des assesseurs indigènes et de tous ceux pour qui les fonctions judiciaires ne sont que secondaires.

Nous ne voyons pas pourquoi. Au contraire, les fonctions purement honorifiques p. e. de membre du C. d. J. d' Amboina, de Macassar, seront plus recherchées quand elles jouiront du prestige de l'inamovibilité. Il est toujours agréable de savoir qu'on ne peut être renvoyé comme un domestique.

Quant aux tribunaux indigènes, ils ont, selon nous, le plus grand besoin de cette immunité. Elle seule peut en relever le moral. Qn'est-ce que des juges (siégeant dans les tribunaux de circuit) nommés pour un an seulement (art. 100 R. O.); d'autres, ceux des C. d. P., dans la dépendance du résident, qui dresse leur état de conduite et jusqu'à leur arbre généalogique? Les neuf dixièmes au moins se croient obligés de condamner les gens accusés de contravention au monopole affermé de l'opium, ou lésant autrement les intérêts pécuniaires de la « Compagnie ».

Quant aux conseillers de la H. C., leur âge, leur position, leurs antécédents, leur donnent tout de même une espèce d'inamovibilité. On a peine à s'imaginer un G. G. qui les poursuivît, a° 1880.

C'est par le bas qu'il faut, à Java, cimenter le temple de Thémis. II y gagnera sous tous les rapports. Un noble indigène, nommé à vie, étudiera p. e. le C. P. [1] tandis que maintenant il ne vise qu'à échapper à sa corvée;

e. il serait difficile d'employer toujours, comme correctif à une trop grande indépendance, le droit [d'expulsion] des art. 45, 46 et 47 R. G.

Ce dernier argument en dit long; il nous dispense de commentaires.

---

[1] Nous en avons fait l'expérience à Palembang, où la plupart des membres du tribunal sont rétribués et nommés définitivement (ce sont d'ordinaire des gens que l'administration trouve dangereux dans l'intérieur, qn'on aime en quelque sorte à garder à vue).

Dans le débat public, la discussion sur nos trois articles n'a eu de remarquable qu'un changement de rédaction du dernier.

On ne peut dire que depuis 1855 le gouvernement des I. H. ait attenté à l'indépendance de la H. C. Son attitude est plutôt celle d'une froide réserve, affectant de ne pas compter pour grand'chose le tribunal suprême. Ses remontrances, pourtant bien modérées, bien rares, sont écoutées avec distraction. Se plaint il d'un résident, on dirait que cela fait du bien à ce personnage.

Peut être qu'une attitude comme saurait la prendre une Cour d'Europe, ferait du bien. Mais dans les dernières années, l'élément créole, même métis, donc complaisant, s'accroît. Dernièrement, on est allé jusqu'à prier le gouvernement de daigner communiquer des pièces secrètes, afin de bien saisir ses intentions [1].

On laisse à la H. C. des traitements dérisoires; elle n'a aucune influence sur la nomination des juges inférieurs, tandis que par le système de la révision pénale, elle a des éléments d'appréciation à leur égard, plus qu'aucun tribunal suprême; quoiqu'elle comptât dans son sein des personnes comme indiquées pour le poste important de directeur de la justice, on a nommé — la H. C. s'en est plainte — lorsqu'il fallait un génie organisateur, le secrétaire du département, à qui personne ne songeait.

De même sous le rapport des distinctions honorifiques, chose importante dans un pays où, excepté dans l'estime de quelques rares blancs, le gouvernement est Dieu, on peut dire que la H. C. n'est pas gâtée; que son zèle patient, son labeur ingrat et assidu, ne sont point appréciés.

Le lecteur ne s'étonnera pas, après ce qui précède, si nous disons que ce qui manque le plus à la H. C., c'est le savoir.

Depuis peu, elle a une petite bibliothèque, mais comment ces dignes magistrats trouveraient-ils le temps d'étudier? Bien peu de gens à Java, après une journée de travaux professionnels,

---

[1] Affaire Radio; W. R. I. no. 856.

ont le courage de s'attabler le soir devant un in-folio, tout en luttant contre les moustiques. Et puis, à quoi bon? On avance tout de même; lentement, il est vrai, à l'ancienneté; il faut commettre des imprudences pour être laissé en route.

Ce qui frappe surtout, c'est le manque de connaissances, théoriques et pratiques, en procédure, en droit civil et commercial. Ce défaut est si généralement reconnu, que le dernier G. G. avait fait nommer d'emblée président de la H. C, le meilleur avocat de Batavia, à la satisfaction du public et des journaux, satisfaction suivie de déception, lorsqu'on a vu que la jurisprudence n'en devenait pas plus stable.

Sauf ce dernier choix, le gouvernement ne s'adresse pour les vacances que le contingent annuel de la métropole ne suffit pas pour remplir dans la magistrature, qu'aux fruits secs du barreau, qui, après quatre ans d'exercice, sont censés avoir passé l'examen spécial, si difficile (langues indigènes, droit musulman, droit administratif, histoire, géographie et ethnographie des Indes). Quel est l'avocat de talent et de savoir qui voudrait devenir juge sans indépendance, accablé de besogne, et payé si mal qu'on doit s'étonner que les magistrats à Java ne soient pas tous criblés de dettes?

Le seul remède économique (et agissant vite) serait d'envoyer d'Europe des jurisconsultes expérimentés. En Hollande, les traitements de Java semblent énormes; plusieurs se laisseraient tenter. Celà vaudrait mieux que les primes à des jeunes gens sortant de l'école.

Les gens arrivés à Java passé 40 ans n'ont plus le caractère bien souple. Il serait difficile de les employer dans bien des postes, surtout ceux dans lesquels ils seraient en contact avec l'élément indigène; mais n'oublions pas que la révision pénale par la H. C. n'est devenue sérieuse et vraiment bienfaisante que depuis que M. Pels Rycken [envoyé avec le grade de conseiller ayant 10 ans de service comme tel, donc le maximum du traitement, 1400 florins par mois], se fût brouillé avec tout ce qui était Gouvernement.

Mais, pour toutes ces matières, nous renvoyons le lecteur à notre commentaire sur l'art. 102 R. G.

Article 96.

Sauf la disposition de l'art 100, la délivrance d'un mandat de dépôt contre un fonctionnaire judiciaire emporte de droit la suspension de ses fonctions.

Le premier projet [1], copiant l'art. 19 R. O. J., se bornait à dire que l'ordre d'arrestation comportait de droit la suspension provisoire du fonctionnaire en question.

Cette disposition, à sa place dans un R d'O. J., comme on le remarqua dès l'abord [2], ne fut attaquée que pour le mot *provisoire*, qu'on trouvait de trop [3] et qui, de fait, constituait un pléonasme Enfin, le gouvernement ajouta [4] les mots «sauf la disposition de l'art. 100." On voulait éviter un conflit; donc, l'ordre d'arrestation suspendrait des fonctions, dès que l'autorisation de l'exécuter, voulue par l'art. 100, aurait été donnée.

Nous avons traduit les mots du texte «*bevel tot gevangenneming*" par le terme de procédure pénale usité en France. Il nous semble que l'article que nous commentons, ainsi que ceux au milieu desquels il se trouve, ne parlent que de mesures *judiciaires.*

Quant à un ordre d'arrestation donné en vertu des art. 45, 46, 47 ou 86, nous doutons qu'il puisse avoir pour effet la suspension La chose aurait valu la peine d'être prévue.

Notre article nous semble incomplet encore sous un autre rapport. Il a été rédigé dans un temps où, même pour l'Européen, la prison préventive était normale pour tout fait pouvant être puni d'un an de prison. Maintenant que la détention préventive pour les Européens est devenue absurde pour tout crime ne

---

[1] K. I, 15.
[2] K. II, 127.
[3] K. II, 143, 283.
[4] K. I, 100; II, 531.

pouvant être puni de 5 ans de travaux forcés au moins, le cas pourra se produire où un juge continue d'exercer, quoique sous l'imputation d'un vol simple p. e.

Comme il y a d'ailleurs des cas, où cette continuation serait de la plus haute inconvenance, même la peine étant minime (p e. contre la violation du secret des lettres, art. 127 C. P. E., voir à l'art. 87 R. G.) il nous semblerait désirable que la H C. fût déclarée compétente pour prononcer la suspension à chaque ordonnance en matière pénale.

Article 97.

Le jugement condamnant un fonctionnaire judiciaire à une peine afflictive ou infamante, prononce en même temps sa destitution.

Le gouvernement avait d'abord proposé un système tout à fait différent

L'art. 93 [1] du premier projet, copié dans l'art. 20 R. O. J. disait:

«La condamnation, passée en chose jugée, d'un magistrat à «une peine afflictive ou infamante, aura pour conséquence sa des-«titution immédiate.»

Ce fut sur la demande faite dans les sections [2], qu'on adopta le système actuel, celui de la loi sur l'organisation judiciaire en Hollande

Sont réputées infamantes par l'art. 389 C. P. E. les peines de mort, des travaux forcés et *du bannissement.*

L'article que nous commentons est donc fort incomplet. Un coupable de vol simple ne pourra être destitué, sauf son renvoi du service de l'état. Mais l'article a surtout besoin de modification depuis que l'art. 20 C. P. E. a introduit des peines corol-

---

[1] K. I, 15; II, 20.
[2] K. II, 134, 287.

laires, dont la première est l'interdiction de toutes fonctions ou charges publiques.

Aux I H., où des contraventions aux intérêts des monopoles affermés peuvent mener à des condamnations si graves, notre article est d'ailleurs absolument mauvais et insuffisant. Il va sans dire, que nous ne trouvons pas que sa place soit dans le R G.

Article 98.

La H. C. juge, en matière civile, en première instance:

1°. toutes actions intentées au G. G.;

2°. toutes actions intentées à l'Etat, sauf celles ayant trait aux impôts et aux fermes.

Cependant, toutes actions réelles doivent être portées devant le juge ordinaire.

La première catégorie d'affaires se trouve mentionnée dans tous les R. G., depuis celui proposé en 1803 Son art. 59 [1] ajoutait que les conseillers des Indes ne jouiraient pas de ce privilège; mais le R. G. du roi Louis [2] et celui de 1815 [3], l'étendaient aux «nobles seigneurs», comme on les appelait alors, même dans l'intimité. Ce dernier règlement, qui, on le sait, n'a jamais été introduit, leur assimilait sous ce rapport tous les fonctionnaires des deux premières classes, demeurant dans le ressort de Batavia.

En 1818, les commissaires généraux [4] n'exceptèrent que S.

---

[1] Myer, p. 302.

[2] Art. 18; M. p. 365.

[3] Art. 23; M. p. 379.

[4] Art. 47; M. p. 411.

E. et les conseillers des Indes du commun des mortels [1]; il en fut de même en 1827 [2] et en 1830 [3].

Celui de 1836 qui, sans celà, se caractérise par la tendance très prononcée de rendre l'autocratie du G. G encore moins douteuse, étonne par son art. 44 [4], portant que le G. G. et les conseillers des Indes pourront être cités en matière civile devant les tribunaux ordinaires.

Le R. O. J. promulgué en 1847, contient une violation de ce principe du R. G., par lequel il aurait dû être dominé, s'il ne peut être dit en découler. Son art. 159 est pareil à notre art. 98 R. G. actuel, quoique ce dernier ait simplifié un peu les termes du paragraphe 2°.

Le privilège est donc restreint à Son Excellence, et les actions réelles en sont exceptées, pour les mêmes raisons d'utilité qui dès la L. F. de 1815 ont fait mettre cette réserve à l'article qui [5] reconnaît un forum privilégié au Roi et aux princes du sang.

En proposant pour la première fois un R. G. à la Chambre, le ministre puisa, nous l'avons dit, dans l'art. 159 R. O. J.

L'article proposé ne fut changé en rien dans le cours des négociations. Tout en observant que c'était une disposition de procédure, à sa place dans un code de droit formel, plutôt qu'un principe à énoncer parmi les bases de l'administration de la justice, à proclamer dans une loi pour ainsi dire fondamentale [1], on ne fit pas d'opposition sérieuse La remarque, qu'il était singulier que S. E serait jugée par des juges qu'elle aurait nommés, ne valait pas la réponse un peu aigre [2] du ministre: tous les souverains, et notamment notre gracieux seigneur sont dans le même cas.

---

[1] Mais l'art. 61 R. P. C. E. de 1819 étendit le privilège aux présidents et conseillers de la cour même et aux résidents et autres chefs d'administration, demeurant dans le ressort de Batavia.

[2] Art. 48; M. p. 445.

[3] Art. 53; M. p. 479.

[4] M. p. 509.

[5] 161 de la L. F. actuelle.

[6] K. II, p. 127.

[7] K. II, p. 288.

Le privilége, on l'avouera, a été sérieux; il n'est plus qu'honorifique Il y a eu un temps, où certainement la H. C était meilleur juge que le C. d. J. de Batavia; il y a 25 ans, les gens ayant fait leur droit n'abondaient pas encore dans ce dernier tribunal [1]. Maintenant, les choses ont changé. Le privilége se réduit à ceci, que S. E. payera son avoué, le greffier et les huissiers un quart de plus [2] que les autres plaideurs; qu'elle n'aura le droit d'appel que quand il s'agira de plus de 10,000 florins, privilège qu'aucune personne du métier n'estimera bien haut, sachant combien les procès ont de surprises.

Gageons d'ailleurs, que, si S. E. avait le choix, elle préférerait avoir pour juges des fonctionnaires d'un rang moins élevé, presque inconnus de lui, que les conseillers de la H. C., que l'âge et la position peuvent lui rendre bien plus familiers

Que le privilège ne s'étend pas aux actions réelles, celà prouve qu'il n'a pas de raison d'être.

Dans les affaires de la première catégorie, celles qui lui sont personnelles, les exploits destinés au G. G. sont faits à la personne du résident de Batavia ou à son bureau [3].

Nous de connaissons point d'exemple de procès civils intentés à Batavia au G. G

---

[1] En 1840 (R. N. I. II, 416), M. HOOGEVEEN, depuis huit ans procureur général près la H. C. des Indes (alors le poste civil le plus important et le plus difficile des Indes, après celui de G. G.), reçut *honoris causa*, la grade de docteur en droit, si répandu en Hollande, que la loi l'exige maintenant pour le plus mince juge de paix, et à cette époque, même pour les substituts au greffier d'un tribunal de 1e instance. La Commission de 1803 proposait (MYER, p 212) d'adjoindre à chaque C. d. J. un *avocat-aviseur*

[2] Art 8, 24, 38, 45, 46 du Tarif des frais en matière civile (B. d. L. 1851 no. 27). Il est temps que cette inégalité cesse; rien ne la motive, et les procès sont assez chers comme celà. Quant aux greffiers, ils ne devraient pouvoir porter en compte que des frais de copies

Près des C. d J. ils ont, étant aussi conservateurs des hypothèques, des revenus au moins triples ou quadruples des conseillers, ce qui, aux colonies, où fort peu de magistrats ont quelque fortune, cause des jalousies inutiles, et rend les juges solliciteurs. Celà nuit à l'indépendance de leur caractère, la seule qu'ils puissent avoir.

[3] Art. 6, 1o. R. P. E.

L'art. 159 R. O. J indique la seconde catégorie des affaires dont parle notre texte, avec quelques mots de plus:

«toutes actions, par lesquelles le gouvernement de l'I H., «comme représentant l'Etat, est cité comme défendeur, excepté «celles qui concernent les impôts et les fermes»

Aux Indes, l'expression «gouvernement de l'I H., comme représentant l'Etat» est en usage même parmi les gens qui savent qu'on ne peut citer un représentant, et que c'est l'Etat lui-même qui est défendeur dans ces procès. Le législateur de la métropole, dont émane le R. G., n'a pas commis cette hérésie; il a simplement parlé de l'Etat

Toutes affaires concernant les impôts et les fermes sont du ressort des tribunaux ordinaires; lors des négociations parlementaires, le ministre l'a reconnu [1].

On considère l'Etat comme un Européen, et, puisque le gouvernement est fixé jusqu'ici à Batavia, c'est le C. d. J. de cette ville qui est juge de ces affaires difficiles.

On peut se demander, si le *forum* privilégié de l'Etat peut être changé, au moyen d'une demande reconventionnelle, et si l'Etat peut être appelé en garantie par-devant un autre tribunal européen [2]. La première question a été résolue négativement par l'art. 244 R. P. C. E.:

«Le défendeur peut former une demande reconventionnelle «en toutes causes, excepté: . . . . . .

«2°. lorsque le juge saisi de la demande conventionnelle est «incompétent pour connaître du litige, ou, lorsqu'il l'est, eu égard «à la personne contre laquelle la demande reconventionnelle «serait formée, d'après les art 94 et 159 du R. O. J.»

Mais l'Etat peut parfaitement être appelé en garantie; les art. 70 et suivants R. P. C. E., qui traitent de la matière, n'exceptent aucun privilégié. L'art. 76 est décisif:

---

[1] K. II, 139, 283.

[2] Le R. P. I. ne connaît pas d'appel en garantie, ni de demandes reconventionnelles.

«Ceux qui auront été assignés en garantie, seront tenus de «procéder devant le tribunal où la demande originaire sera pen- «dante, bien qu'ils dénient être garants; mais s'il appert *claire-* «*ment* [1] que la demande originaire n'a été formée que pour les «traduire hors de leur tribunal, ils y seront renvoyés.»

Quoique le gouvernement de l'I. H. soit le principal commerçant du pays, on ne peut se servir contre lui du bénéfice de l'art. 310 R. P. C. E., qui permet d'assigner, en matière commerciale, pardevant le juge dans le ressort duquel:

1°. le défendeur est domicilié;

2°. la convention a été conclue;

3°. la marchandise a été livrée;

4°. le payement aurait dû s'effectuer;

le tout au choix du demandeur.

Pourquoi? Parce que le gouvernement nie sa qualité de commerçant: il prétend ne faire que du monopole et non du commerce; ce qui est parfaitement faux, quoique subtil. Mais les tribunaux se rangent à son avis.

Le gouvernement est cité dans la personne ou au domicile du chef de département en cause [2].

Nous ne connaissons aucun exemple d'un procès intenté à Batavia, sous l'ancien régime, à la Noble Compagnie. On la considérait, à ce que nous supposons, comme domiciliée en Hollande; et là, elle en a eu en masse.

Mais ce qui est bien curieux, c'est que le R. G. actuel est le premier qui ait admis la possibilité que l'Etat (hollando-indien) pût être assigné en justice. Les autres n'en parlent pas.

Seul, l'art. 71 de l'Instruction proposée en 1803 [3] pour la H. C. y pourvoit:

«La cour jugera, en première instance, toutes actions tant «pétitoires que possessoires, dans lesquelles des collèges ou fonc-

---

[1] *„Duidelijk"*; sauf ce mot, l'art. est identique avec l'art. 181 du code de procédure civile français, qui porte: *s'il paraît par écrit, ou par l'évidence du fait.*

[2] Art. 6, 2°. R. P. C. E; Art. 64 R. G.

[3] MYER, p. 306.

«tionnaires, administrant les intérêts financiers ou domaniaux de «l'Etat en Asie, sont assignés en cette qualité comme défen«deurs; ainsi.que toutes questions entre ces colléges ou foncti«onnaires en la dite qualité, comme demandeurs, et des parti«culiers comme défendeurs, si ceux-ci se sont soumis par des «contrats, ou autrement, à la juridiction de la cour.»

Cet article a été transcrit littéralement dans l'art. 60 du R. P. C. E. de 1819. Et, comme ce règlement émanait des commissaires généraux, qui promulguaient aussi le R. G., il était assez égal de traiter de la matière dans l'un de ces A. L. G. ou dans l'autre.

Il nous reste à dire, comment se fait l'exécution des condamnations prononcées contre le gouvernement.

On aurait tort de croire qu'il s'empresse de payer, une fois le jugement devenu inattaquable. Le désordre de l'administration civile des finances occasionne des retards révoltants. Il y a peu [1], on a pratiqué p. e. une saisie sur des lingots d'étain, en magasin à Batavia, en vertu des art. 72 et 73 de la loi sur la comptabilité (B. d. L. 1864, no. 106):

72. Dans l'I. H. il n'est permis qu'avec l'autorisation préalable du juge de saisir:

a. des deniers de l'Etat, des titres ou papiers de valeur, se trouvant entre les mains de l'administration ou de tiers;

b. des deniers dûs à l'Etat par des tiers;

c. des objets meubles, marchandises et mobiliers, soit en possession ou à l'usage de l'Etat, soit se trouvant entre les mains de tiers; et

d. des immeubles ou des droits réels, appartenant à l'Etat.

De même en Hollande, lorque la saisie a lieu pour une créance, à charge du budget de l'I. H. ou sur des deniers et des biens administrés par ou pour le département des colonies

73. Cette autorisation doit être demandée, si la saisie doit

---

[1] R. N. I. XXVIII, p. 232.

être pratiquée en Hollande, au Haut Conseil; si elle doit être pratiquée aux Indes, à la Haute Cour des Indes.

Le ministère public est entendu sur la requête.

L'autorisation n'est point accordée, s'il n'appert point sommairement de la valabilité de la créance.

Elle indique les biens qui pourront être saisis.

Les objets qui, par leur nature ou leur destination, *doivent être estimés n'être* [1] point dans le commerce, ou qui par une loi ou un A. L. G., ont été déclarés ne pouvoir être saisis, ne sont point compris dans cette indication.

Article 99

Le vice-président et les membres du C. d. I. et les autres fonctionnaires qu'indiquent des A. L. G., sont justiciables de la H. C. pour crimes et contraventions, commis pendant le temps d'exercice de leurs fonctions.

Les personnages jouissant de ce privilège, peu important tant que la H. C. elle-même ne sera pas indépendante, ainsi qu'on l'a remarqué à la Chambre [2], sont, d'après l'art. 165 R. O. J., modifié en 1870 (B. d. L. n°. 175), enfin en 1878 (B. d. L. n°. 3):

a. le vice-président [3] et les membres du C. d. I.;

b. le secrétaire général et les secrétaires [4] du gouvernement, ainsi que celui du C. d. I.;

---

[1] Traduction littérale.

[2] K. II, p. 137.

[3] Le G. G. est président, mais préside rarement, si ce n'est pour exercer une pression „morale." Voyez l'art. 30 al. 3 et 4 R. G.

[4] La Secrétairerie générale, où l'on rassemble les fonctionnaires les plus intelligents, est une institution comme il n'en existe qu'en pays d'autocratie. C'est un instrument de despotisme centralisateur d'une rare perfection, et dont les lumières étaient d'ordinaire plus grandes que celles des départements, avec lesquels il y a une rivalité continuelle, et qui seulement depuis peu d'années ont tâché de recruter des gens capables. Depuis, la Secrétairerie générale a perdu un peu de sa prépondérance.

c. le président, les vice-présidents, les conseillers, les membres du ministère public, le greffier et ses substituts, tant de la H. C., que de la H. C. militaire;

d. les chefs des directions générales *civiles* [1];

e. le président et les membres de la *Chambre générale* des Comptes [2];

f. les gouverneurs et les résidents;

g. les présidents, les vice-présidents et les membres (aussi du ministère public) des C. d. J.;

h. les juges de circuit;

i. les présidents de C. d. P., en tant qu'ils ne le sont point en vertu de leurs fonctions administratives.

Même ceux qui n'occuperaient que temporairement ces positions jouiront du même privilège. Le gouvernement l'a déclaré expressément [3].

A propos de quelques-unes de ces catégories, nous avons des remarques à faire.

Le président et les conseillers de la H. C. civile, son greffe et son parquet, sont de droit membres de la H. C. militaire. Il n'y a de différence que pour les avocats-avoués qui ne le sont qu'auprès de la H. C. civile [4], et pour les huissiers, qui *peuvent* être nommés pour les deux [5].

Les membres représentant l'armée de terre, seront aussi justiciables de la H. C. civile, même s'ils étaient en activité de

---

Cependant, les G. G. ayant un caractère faible sont d'ordinaire complètement sous son influence.

Le secrétaire général le suit partout; il a été nommé plaisamment le Grand-Vizir.

[1] 1o. finances; 2o. justice; 3o. instruction, cultes et industrie; 4o. gouvernement intérieur; 5o. travaux publics civils.

[2] Cette cour, pas plus qu'en Hollande, n'a de ministère public. Voir la note p. 161.

[3] K. II, p. 139, 283.

[4] La H. C. M. les charge de la défense des pauvres diables plaidant devant elle en appel des jugements de conseils de guerre. De quel droit, nous ne savons. Nous supposons que les avocats ne protestent pas, par pure charité envers des malheureux qui n'ont jamais de défenseur en première instance et qui ont été jugés en secret. Voir à l'art. 76 R. G.

[5] Art. 193 al. 3 R. O. J.

service, ce qui n'arrive plus, les travaux de la H. C. M. ayant triplé depuis peu d'années.

Pour les membres appartenant à la marine royale, d'après l'instruction provisoire de 1814, qui comme loi hollandaise prime certainement le R. d'O. J. des Indes, ils sont justiciables de la H. C. M. de Hollande, siégeant à Utrecht.

Quant aux gouverneurs et aux résidents, on aurait mieux fait d'employer une autre expression, p. e. celle de chefs de provinces. D'une part, il y a des résidents qui sont sous les ordres d'un gouverneur (ceux de Tapanouli, et du Haut-Padang); d'autre part, il y avait plusieurs fonctionnaires avec le titre inférieur d'assistent-résident (il ne reste plus que celui de Billiton) ne relevant que du G. G.

Maintenant, il y a une difficulté. L'art. 99 R. G. ne distingue pas. Ces personnages sont justiciables de la H. C. pour tous crimes et contraventions, commis pendant le temps qu'ils occupent leur position privilégiée.

Mais l'art. 165 R. O. J. fait deux réserves.

Les présidents, conseillers et membres du ministère public près des C. d. J. dans les possessions extérieures (à Padang, Macassar, Amboina, Banda et Ternate) seront poursuivis pour toutes contraventions par-devant les juges ordinaires.

Les greffiers près des cours et leurs substituts, et les personnes indiquées ci-dessus sous les numéros *b. d. e. f. g. h.* et *i.* seront poursuivis par-devant les juges ordinaires pour ce qui est passible de 200 florins d'amende et de 8 jours de prison (combinés ou non), avec ou sans confiscation.

Il nous semble que ces deux réserves ont cessé par la généralité des termes dont se sert notre art. 99, quoique l'arrêté de 1878 (B. d. L. no. 3) maintienne la disposition, en abaissant seulement le taux des contraventions jusqu'à 100 florins.

Certes, il est assez singulier que la moitié de l'art. 165 R. O. J., auquel renvoie l'art. 99 R. G., soit détruite par ce dernier; mais nous ne concevons point d'autre interprétation, sinon que le R. G., postérieur et émanant d'un législateur supérieur, prime le R. O. J.

Preuve de plus qu'on n'a jamais bien compris dans les sphères législatives coloniales, qu'un changement dans la L. F., le R G., taillait de la besogne au législateur des A. L. G. qui doivent découler des R. G. remplacés.

La possibilité qu'un indigène devînt p. e. secrétaire du gouvernement [1] ou membre de la Chambre générale des comptes n'a point été prévue.

La procédure se trouve aux art. 247 à 253 R. P. P. E.

En elle-même, elle ne présente de remarquable que ceci, qu'il y aura toujours une instruction, même pour la plus mince contravention.

Mais ces dispositions ne s'appliquent, d'après l'art. 247 R. P. P. E. que:

«aux crimes ou contraventions qui sont à la connaissance de la H.
«C en première instance, d'après les préceptes du R. d'O. J.»

Il n'y a donc point de procédure indiquée, ce nous semble, pour les affaires que le R. O. J. n'attribue point à la H. C., et dont celle-ci ne connaît qu'en vertu de l'art. 99 R. G.

Dans ces vingt dernières années, nous ne connaissons point d'exemple de poursuites intentées contre ces privilégiés [2].

L'histoire en offre de nombreux exemples. Voici quelques détails empruntés à la thèse de feu M. L. C D. VAN DIJK:

1°. ANTOINE VAN DEN HEUVEL, commissaire aux Moluques, rappelé à Batavia, se permit contre le G. G. et le C. d. I. des propos tels, qu'il fut fustigé publiquement, et eut la langue percée par un poinçon d'argent. — 1636.

2°. FRÉDÉRIC COYET — 1662 — gouverneur de Formose, à cau-

---

[1] Il y en avait un second commis à la secrétairerie générale: on ne savait trop qu'en faire. Mais le temps où un indigène sera secrétaire du gouvernement est encore bien éloigné.

[2] L'affaire d'un avocat-général, qui avait souffleté un indigène, a été étouffée. Si elle avait eu lieu dans les premiers temps de l'introduction du C. P. E., la jurisprudence d'après laquelle le plus mince soufflet, coup de pied, etc., constitue un *crime*, n'aurait probablement point prévalu.

se de la reddition de cette île, eut le glaive passé sur la tête, *poena mortis proxima* du temps, et fut ensuite envoyé en exil aux Moluques, après trois années de la plus dure captivité à Batavia.

Tous les historiens sont d'accord sur l'iniquité de cette condamnation. Le stadhouder GUILLAUME III obtint pour lui en 1674 la permission de revenir en Europe. Mais le jugement ne fut point rappelé.

3°. PIERRE GOODSCHALCK, gouverneur de Djapara (à Java) avait été condamné par le C. d. J. de Batavia — nous ne savons pourquoi: il n'est question que de «plusieurs crimes scandaleux» — par défaut. Les Etats-Généraux s'intéressèrent à lui; et il paraît avoir arrangé son affaire avantageusement et à l'amiable avec les directeurs de la Noble Compagnie.

4°. PIERRE VUYST, gouverneur de Ceylan.

Ce monstre, qui avait torturé lui-même des innocents, sous prétexte de conseil de guerre, a été mis à mort à Batavia en 1732, après trois ans d'emprisonnement. Nous avons parlé plus haut de la pression gouvernementale exercée sur les juges dans cette affaire.

5°. I. D. VAN CLOOTWIJK, gouverneur de Macassar, avait été condamné en 1758 à Batavia pour corruption de la justice pénale, prévarication.

Ayant réussi à s'échapper, il tâcha d'obtenir, en Hollande, un rappel de la sentence, ce qui ne parait pas lui avoir réussi.

6°. C. VAN TEYLINGEN, gouverneur de la Côte de Coromandel, accusé de violences et de péculat, réussit à gagner le territoire anglais. On ne sait si le roi d'Angleterre a accordé l'extradition que sollicitaient les directeurs de la Compagnie hollandaise.

Nous avons passé les personnages dont parle l'auteur, qu. n'étaient pas dans une position aussi élevée. Tous ces procès donnent une bien triste idée de l'administration de la justice sous la Noble Compagnie.

Quant aux deux gouverneurs généraux, THIERRY (DIEDERIK) DURVEN et ADRIEN VALCKENIER, nous renvoyons le lecteur à l'art. 101.

Article 100.

Le cas d'arrestation provisoire en flagrant délit excepté, aucun mandat de dépôt ne peut être exécuté, et, en cas de forfaiture, aucune poursuite ne peut être dirigée contre les fonctionnaires dont il est question au précédent article, qu'après autorisation du G. G, donnée de la manière et sur le pied indiqués par A. L. G.

Sous l'ancien régime, nous trouvons plusieurs exemples de conseillers des Indes arrêtés d'une manière ignominieuse:

Le G. G. Valckenier en fit arrêter (et conduire à bord d'un navire en partance) trois, le baron d'Imhoff et M. M. de Haeze et van Schinne. Devenu G. G. lui-même, le baron d'Imhoff fit jeter dans un cachot le conseiller des Indes Elzo Sterrenberg.

La commission de 1803 proposa [1] que les Conseillers des Indes ne pourraient être emprisonnés qu'en guise d'arrêts militaires, sur l'ordre du G. G. L'instruction du roi Louis, de 1807, copie cette disposition [2], ainsi que les R. G. de 1815 [3], de 1818 [4], de 1827 [5], et de 1830 [6].

Tous ces règlements, à commencer par celui proposé en 1807, disent ensuite, qu'un mandat d'arrêt étant obtenu, le procureur général demandera au G. G. de le faire exécuter, et que S. E. ne pourra refuser.

Ce n'est que le R. G. de 1836 qui, après avoir dit [7] simplement, que le vice-président et les membres du C. d. I. sont justiciables de la H. C. pour tous crimes (il n'est point question des contraventions, qui se jugeaient alors au civil) commis pen-

---

[1] Art. 29 de la „Charte"; Myer, p. 235

[2] p. 366.

[3] p. 379.

[4] p. 411.

[5] p. 445.

[6] p. 478.

[7] p. 509.

dant la durée de leur fonctions, leur attribue (au civil) les tribunaux ordinaires.

On le sait, ce R. G. avait pour but de reléguer le C. d. I. au second plan, de borner son rôle à donner des avis, que le G. G., plus autocrate que jamais, était libre d'écarter; en un mot, de supprimer une barrière gênante pour l'introduction du systême qu'on allait établir pour l'avantage pécuniaire de la métropole.

D'après le premier projet présenté à la Chambre [1], l'ordre d'emprisonnement ne pouvait être mis à exécution qu'après que le G. G. eût été à même de pourvoir à l'exercice des fonctions de la personne à arrêter; et, en cas de fortaiture, il fallait son autorisation.

Ce projet allait déjà beaucoup plus loin que les R. G. précédents. Il étendait le privilège à tous les fonctionnaires nommés dans l'art. 165 R. O. J., auquel le ministre renvoyait [2].

A la Chambre, on fit de l'opposition [3]. D'abord, le G. G. ne devait pas avoir la faculté de rendre illusoire le mandat d'emprisonnement. On voulait, du moins, fixer le temps qu'aurait S. E. de pourvoir aux fonctions.

Mais surtout, l'alinéa 2 fut désapprouvé.

Le ministre défendit l'article proposé [4]; les seules modifications apportées furent que l'autorité judiciaire n'aurait plus besoin d'attendre qu'il fût pourvu aux fonctions remplies par la personne à arrêter, et le renvoi à des A. L. G., qu'on trouve maintenant dans notre article.

Voici les paragraphes du R. O. J. qui s'y rattachent. [Nous avons déjà parlé de l'art 165, page. 258].

166. Le cas d'arrestation provisoire en flagrant délit excepté, aucun ordre d'emprisonnement ne peut être exécuté contre les fonctionnaires dont il est question au précédent article, avant que

---

[1] Art. 87; K. II, 14.

[2] K. II, 19.

[3] K. II, 139.

[4] K. II, p. 284.

le procureur général [1] ait porté l'affaire à la connaissance du G. G, afin que les mesures pour continuer la poursuite sans détriment pour le service de l'Etat soient prises par celui-ci.

167. Immédiatement après réception de la communication, à faire par le G. G., que les mesures nécessaires sont prises, et à défaut de ce, quatre semaines après que le rapport dont il est question à l'article précédent aura été fait, le procès a son cours.

168. Contre les fonctionnaires, énumérés à l'art. 165, aucune poursuite ne peut avoir lieu pour crimes, commis par eux dans l'exercice de leurs fonctions, qu'après autorisation du G. G.; cependant le procureur général est tenu, même avant d'avoir reçu cette autorisation, de prendre d'office toutes les informations convenables, de recueillir et de faire recueillir tous les renseignements possibles.

Notre article a modifié ce système, en ce que le procureur général ne pourrait plus passer outre, si, après 4 semaines, l'autorisation du G. G. ne venait pas.

C'est donc un pas en arrière.

Nous ne croyons pas, que sous l'empire du R. G. actuel, aucune espèce de ce genre se soit jamais produite.

L'art. 168 R. O. J. exige l'autorisation du G. G. pour chaque poursuite à raison de crime commis dans l'exercice des fonctions.

L'art. 100 R. G. emploie une autre expression, «*ambtsmisdrijf*», qui a servi dans la traduction hollandaise du C. P. Napoléon à rendre le mot de *forfaiture.*

On aurait tort, croyons-nous, d'en induire que dorénavant l'autorisation doit être exigée seulement pour les crimes compris d'ordinaire sous cette appellation.

Rien n'autorise à supposer que le législateur ait voulu déroger à ce qui existait en vertu des art. 165 à 168 R. O. J.

---

[1] Près de la H. C. Il n'y en a pas d'autre, le ministère public auprès des C. d. J. ne portant que le titre d'officier de justice, usité en Hollande pour les tribunaux de première instance.

Remarquons encore que ce mot, «*ambtsmisdrijf*» (forfaiture), ne figure point dans les codes des I. H

Article 101.

Pour crimes et contraventions, le G. G. et son Lieutenant sont justiciables en Hollande, savoir: pour forfaiture, du Haut Conseil des Pays-Bas; pour autres crimes ou contraventions, au lieu de la résidence du gouvernement en Hollande, du juge compétent selon la législation holl ndaise.

Le G. G. Thierry (Diederik) Durven avait été rappelé après avoir gouverné de 1729 à 1732 Il supplia les Etats-Génèraux [1] d'en demander la raison aux XVII. Mais ceux-ci démontrèrent que l'affaire était purement politique, et qu'il leur était permis de rappeler leurs fonctionnaires, si haut placés qu'ils fussent.

Durven, qui a laissé, du reste, la réputation d'avoir été le représentant le plus méprisable de la Noble Compagnie aux Indes; qui est accusé par les historiens de toute espèce de prévarications et de cruautés, obtint que les Etats-Généraux déclarassent que le rappel n'avait pas entaché son honneur. Il dut se contenter de cette satisfaction.

Le seul G. G. qui ait été poursuivi au criminel, a été Adrien Valckenier [2] qui, e. a. a fait assassiner plus de dix mille Chinois en 1740. Voulant retourner en Europe, cet homme violent, de peu d'esprit, vaniteux, brutal (le portrait est des contemporains), fut arrêté au cap de Bonne-Espérance et ramené à Batavia, tandis que le baron d'Imhoff, qu'il avait fait arrêter et envoyer en Europe avec deux autres conseillers des Indes, était déjà de retour comme gouverneur général.

---

[1] Van Dijk, p. 78.
[2] Ibid. p. 82.

Le procès eut lieu à Batavia, par devant le C. d. J., qui jugeait alors tous les employés de la Compagnie [1]. Les pièces, comme tant d'autres, ont disparu. Les procédures commencèrent en 1742; l'acte d'accusation portait la date du 13 mars 1744; la défense (de 12.244 articles), celle du 15 décembre. La réplique (contenant 1875 paragraphes) est du 12 octobre 1745; la réponse définitive (duplique) du 6 juin 1747.

Le 19 juin 1751, après plus de huit ans de prison préventive, l'accusé mourut, et fut enterré avec pompe, sans qu'il y eût eu de sentence. Dans l'intervalle avaient eu lieu de graves dissensions entre le C. d. J. et le gouvernement de Batavia. Nous en avons parlé plus haut, page 236.

Le procès se termina par une déclaration du C. d. J. (ordonnée par les XVII): «que les procédures criminelles entamées autre-«fois par *l'office fiscal* contre M VALCKENIER, sont éteintes et «complètement abolies par sa mort." Cette déclaration, contraire aux principes alors en vigueur, a fait que la fortune colossale de l'accusé n'a point été confisquée.

Nous ne savons, quelle a été l'impression faite sur l'indigène par le procès intenté au ci-devant Grand Seigneur [2], qui, du reste, n'exerçait encore, à Java, son pouvoir immense que sur un territoire bien restreint. On ne savait rien p. e. de la topographie du terrain, situé à deux lieues de Batavia.

La commission de 1803, quoiqu'on vécût dans des rêves d'égalité, s'attache à démontrer combien est pernicieuse une poursuite pénale à Java de l'incarnation de l'autorité européenne.

Elle propose donc un article 28, conçu ainsi:

«Dans aucun cas le G. G. ne peut être poursuivi aux Indes; «aucun procès de quelque nature qu'il soit, ne peut lui être «intenté pour crime, commis dans l'exercice de ses fonctions ou «non. Mais le président de la H. C, ainsi que le procureur «général, seront autorisés et tenus, lorqu'il leur appert claire-

---

[1] „Ce tribunal peut juger et condamner le général même." TACHARD, voyage à Siam; Amsterdam, a⁰. 1689, p. 134.

[2] *Touan besaar*. Les souverains indigènes de Sourakarta et de Jogjokarta qualifient S. E. de grand-père; le résident qui les surveille, de père.

« ment, que le G. G. s'est rendu coupable de haute trahison ou « de quelque crime en dehors de ses fonctions, et qu'ils sont « d'opinion que l'affaire est de nature à ce que l'autorité informe « à son sujet, d'en donner avis ensemble, ou, en cas d'opinions « différentes, chacun en son nom, au pouvoir exécutif de la ré- « publique batave, afin que ce dernier puisse disposer comme il « lui semblera convenable. Pour des crimes de cette nature, si « le pouvoir exécutif est d'avis de poursuivre, et pour tous autres « qu'il aurait commis aux Indes pendant ou après ses fonctions, « et qui seraient découverts plus tard, le G. G. sera justiciable « de la cour nationale de la république batave."

Le roi LOUIS ordonna [1] qu'aux Indes il ne serait entamé de procédures criminelles contre le G. G. que sur ordre royal.

L'art. 24 du R. G. de 1815 renvoie pour toutes actions de cette nature à l'art. 105 de la L. F. de 1814, qui n'exige point d'autorisation royale.

Le suivant, celui de 1818 [2], se borne à défendre les poursuites aux Indes, sans plus.

Celui de 1827 [3] renvoie au H. C. des Pays-Bas, d'après les art. 177 et 178 de la L. F. de 1815.

En 1830 [4], on revient au texte de 1818; de même en 1836 [5].

Dans le premier projet, présenté à la Chambre, il était dit [6]: « le G. G. est justiciable pour crime ou contravention commis « dans ou en dehors de l'exercice de ses fonctions, du Haut « Conseil des Pays-Bas."

« Cette disposition est aussi applicable aux commissaires géné- « raux et au Lieutenant G. G."

Le ministre motivait l'article proposé en renvoyant à l'art. 159 L. F., étendu pour ne point léser la dignité des lieutenants du Roi; ce qui aurait l'avantage de maintenir ce qui existait.

---

[1] Art. 19 de l'instruction pour le G. G. et le C. d. I.; MYER, p. 365.

[2] P. 411.

[3] P. 444.

[4] P. 478.

[5] P. 508.

[6] K. I, 14.

L'art. 159 L. F. (de 1848) dit:

« Les membres des Etats-Généraux, les chefs de départements « ministériels, les gouvernement généraux ou hauts fonctionnaires « qui sous un autre nom sont investis d'un pouvoir égal dans les « colonies ou les possessions de l'empire dans d'autres parties du « monde, les membres du conseil dEtat et les commissaires du « Roi dans les provinces, sont justiciables pour forfaiture du « Haut Conseil des Pays-Bas, à la poursuite soit de la part du « Roi, soit de celle de la 2e Chambre."

L'art. 160:

« La loi indique, quels autres fonctionnaires et membres de « collèges supérieurs, sont justiciables du Haut Conseil pour « forfaiture ».

A la Chambre, [1] on remarqua fort justement, que les dispositions relatives du code de procédure pénale, datant de 1838, étaient fondées sur l'art. 177 de la L. F. de 1815, exigeant l'autorisation expresse des Etats-Généraux, disposition abolie en 1848, sans qu'on ait modifié le code de procédure, ce qui rendrait les poursuites difficiles.

Il y avait encore des membres qui, méconnaissant le principe, voulaient que pour les contraventions, le G. G. fût justiciable des tribunaux ordinaires; d'autres qui désapprouvaient l'extension du privilège à TOUS crimes ou contraventions, etc., etc.

Sauf un changement de rédaction, le gouvernement ne tint aucun compte de toutes ces observations, comme partant d'un principe trop étroit.

Chose singulière, dans un pays où l'on n'a point osé prévoir le cas où un prince du sang devrait être jugé au pénal, il y avait des gens qui voulaient que le gouverneur général, ce personnage quasi-divin, forcé à s'isoler dans sa grandeur, à treize lieues de Batavia, ce Roi des Rois dont la puissance doit être limitée à cinq ans pour ne point devenir, dangereuse, aille se justifier devant un chétif tribunal qu'il nomme et révoque selon son bon plaisir.

---

[1] K. II, 140.

La discussion orale — chose rare pour le chapitre traitant de la justice — a été intéressante. D'abord, il était clair que les commissaires généraux devaient disparaître de l'article projeté, cette institution n'ayant pas été goûtée de la Chambre, dont elle mettait en danger les conquêtes sur le pouvoir législatif colonial.

Mais les débats roulèrent surtout sur ce que l'article projeté ne cadrait pas avec la L. F. en vigueur, celle de 1848, qui ne veut plus de *forum privilegiatum* que pour les cas de forfaiture.

Le ministre proposa enfin la rédaction actuelle, qui sauvegarde le grand principe, que le G. G. ne pourra être jugé *aux Indes. Il le sera en Hollande,* là où réside le gouvernement; pardevant le H. C. pour forfaiture; toute autre poursuite lui sera intentée comme à un simple bourgeois de la Haye.

Malheureusement, l'expression fort satisfaisante du projet: «crime ou contravention commise dans l'exercice de ses fonctions» a été alors remplacée par celle de forfaiture,«*ambtsmisdrijf*», qui a le double inconvénient de n'être point assez générale, ayant été employée par le C. P. de Napoléon, encore en vigueur en Hollande, pour les seuls articles 121, 122, 126, 127, 166, 167 et 183, et de ne point figurer au C. P. européen des Indes.

Car c'est celui-ci qui devra avoir prévu les faits punissables commis par le G. G. pendant son séjour aux I. H. Mais il est fort douteux que le juge en Hollande puisse jamais appliquer le C. P. (colonial) pour les Européens.

L'art. 1 du Code de procédure pénale de la métropole dit: «Nul ne peut être poursuivi au criminel ni condamné à une «peine, que de la manière et dans les cas prévus par la *loi*».

D'abord, le C. P. européen est un simple arrêté royal. Ensuite, et voici un argument qui nous semble encore plus concluant: il n'a jamais été promulgué *en Hollande.*

Résumons: le G. G. ne pourra jamais être poursuivi: le M. P. aurait à demander 1°. une autorisation que la Chambre ne pourrait accorder; 2°. l'application d'une loi pénale qui n'est pas en vigueur dans le ressort du juge de la métropole.

Le cas de complicité n'a point été prévu. Il présenterait des difficultés graves. L'art. 6 R. O. J. des I. H.:

«Lorsque des personnes soumises, à cause de leur *nationalité* «[1], de leur rang ou de leurs fonctions, à la juridiction de tri- «bunaux ou de juges d'un rang différent, sont impliquées dans «la même affaire, elles sont justiciables ensemble, tant au civil «qu'au criminel, de la plus haute de ces autorités judiciaires», n'est point applicable aux tribunaux de la métropole.

Article 102.

La H. C. contrôle la marche régulière et la terminaison des procès, ainsi que l'observation des lois et autres A. I. G. par tous juges et tribunaux.

Elle peut annuler et priver d'effet des actes judiciaires, dispositions et jugements, quand ils contreviennent aux lois ou autres A. L. G., d'après les règles établies à ce sujet.

L'alinéa 1 n'est qu'une copie un peu amplifiée de l'art. 162 L. F. Mais pour connaître la manière dont il est appliqué, traduisons l'art. 157 R. O. J.:

«La H. C., comme tribunal suprême, surveille l'administration «de la justice dans toute l'I. H., et est chargée de veiller à ce «que cette administration ait lieu convenablement et sans délai."

«Elle surveille attentivement les faits et gestes des tribunaux et «juges, et peut, à cet égard, dans l'intérêt du service, faire les «observations et les réprimandes qui seront jugées nécessaires «et utiles, et ce tant par lettre circulaire que par missive spéciale."

«La H. C. peut exiger un rapport, des considérations et un «avis de tous juges et tribunaux, tant civils que militaires, ainsi «que du procureur général et des autres membres du ministère «public; elle peut en même temps requérir la production ou «l'envoi des pièces."

---

[1] „*Landaard.*" Il vaudrait peut-être mieux traduire ce mot par *caste*.

„L'al. 2 de l'art. 23 est déclaré applicable dans ces cas" [1].

Dans un Etat bien organisé, il y a deux contrôles sur la magistrature.

L'un, qui appartient naturellement au tribunal suprême, veille à ce que la procédure et les sentences des juges et tribunaux inférieurs soient conformes aux lois.

On ne saurait trop louer le soin que prend la H. C à ce que les tribunaux observent les formes et interprêtent la loi d'une manière sensée. Bien souvent nous avons vu des missives assez vertes, dans lesquelles telle omission, tel abus était blâmé, même dans les cas où il n'y avait pas de nullité.

Ces lettres circulaires, comme on peut le croire s'adressent surtout aux tribunaux indigènes [2].

Lorsqu'en 1871 et 1872 (B. d. L. nos 39 et 40; 130 et 131) la révision des jugements criminels, par une malheureuse économie, a été rendue facultative [3] pour les condamnations, et abolie

---

[1] Art. 32: „Tous collèges judiciaires sont tenus de faire un rapport, de donner „des considérations et d'émettre leur avis, lorsqu'ils en auront été requis par ou „de par le G. G."

„Cependant, si l'affaire est déjà soumise à l'autorité judiciaire requise, pour être „décidée, ou s'il est à prévoir que tel sera la cas, cette autorité peut s'en tenir à „un simple rapport."

[2] Feu M. GAYMANS, dans son travail: de Landraden op Java en Madoura, regtsprekende in zaken van misdrijf (Les Conseils du Pays à Java et à Madoura, jugeant au criminel), Batavia, 1874, en reproduit plusieurs. Il serait bon de les réunir, en malais, sous une forme un peu littéraire, pour l'édification des indigènes.

[3] Dans le livre de M. GAYMANS on trouve, p. 70, une circulaire du procureur général du 4 août 1872. Il y dit aux djaksa son opinion (il n'a pas d'ordres à leur donner) sur les cas où ils devront demander révision. Voici la liste:

1. si le tribunal n'était pas constitué légalement;
2. si l'avis du grand-prêtre ou du djaksa n'a point été demandé;
3. si le jugement n'a pas été prononcé en public;
4. s'il n'a point été signé par tous les membres et le greffier;
5. s'il n'est point pourvu de motifs; si le crime n'est point exprimé, ou si l'article de la loi pénale n'est point cité;
6. si tous les points d'accusation n'ont pas été jugés;
7. incompétence réelle ou admise à tort dans le jugement;
8. si une peine trop légère ou illégale a été prononcée;
9. si le jugement a déclaré à tort, qu'il y avait non-lieu.

Ils *peuvent* le faire lorsque:

10. il y a eu acquitement au lieu de non-lieu; ou le contraire;
11. la preuve n'est pas valable, p. e. a été établie par des déclarations non assermentées;
12. le condamné a été frustré *notoirement* (!) de son droit de défense.

pour les acquittements, la faculté de faire des observations, même dans les cas non sujets à révision, a été expressément réservée à la H. C. [1]. Elle en fait, heureusement, un ample usage.

Quoique l'erreur soit essentiellement humaine, on peut dire que la H. C. s'acquitte bien de sa surveillance; malheureusement, elle est peu secondée par le gouvernement dans ses louables efforts.

Il en est tout autrement de l'autre contrôle, plutôt administratif, et qui, en Prusse p. e., si nous sommes bien renseignés, est exercé de par le ministre de la justice.

Personne ne prend garde, si les séances ouvrent régulièrement, ou si l'on attend deux ou trois heures; si les jugements et autres actes sont écrits avec une encre et sur du papier résistant à l'action du temps, du climat et des insectes; si l'on emploie du papier timbré; si les nombreux registres prescrits par la loi sont tenus (et reliés) convenablement, par les fonctionnaires du ministère public, les greffiers et les huissiers [2]; si les actes passés au greffe, les jugements et la feuille d'audience, les actes notariés et de l'état civil, les régistres hypothécaires etc. sont signés [3] dans les délais légaux, et convenablement reliés et rangés; si tous les jugements sont présents [4]; si les sommes consignées au greffe peuvent être produites et si l'on peut encore en préciser la destination [5]; si les pièces de conviction [6]

[1] Art. 282, al. 2 R. P. P. E.; applicable, d'après l'art. 301, aux jugements indigènes.

[2] De fait, ces derniers sont maintenant sans aucun contrôle, surtout les extraordinaires, résidant ailleurs que dans les trois grandes villes de Java.

[3] Nous connaissons des tribunaux, où l'on signe tous les mois; d'autres où quantité de signatures manquent dans les registres. La signature n'a presque jamais lieu dans les délais légaux.

[4] Voyez l'introduction à notre commentaire sur l'art. 75 R. G. — B. d. L. 1854 n°. 29.

[5] Qu'on n'oublie pas l'action des termites (fourmis blanches), et du climat en général sur les sacs et leurs étiquettes. Des sommes sont quelquefois volées; ainsi p. e. au greffe d'un C. d. J., où, il y a peu d'années, une somme importante, 16000 florins croyons-nous, consignée lors d'une expropriation, a disparu:

[6] Beaucoup de pièces de conviction, surtout les saucisses contenant l'opium de contrebande, sont volées. Nous en avons eu des exemples saillants, à Tagal et à Samarang.

sont présentes ou ont été remises à qui de droit; si les greffiers (ainsi que les avoués et les huissiers) appliquent le tarif actuel des frais ou des tarifs d'autrefois, ou se font payer pour leurs actes en matière de contravention, ce qui est illégal; si le mobilier est présent [1]: toutes les petites choses de la justice enfin, qui, ensemble, contribuent à en rendre la marche régulière et imposante, et ainsi à la rendre grande et respectable.

Tout celà ne se fait pas, et devrait être fait par des inspecteurs spéciaux sous les ordres du directeur de la justice, dont une simple tournée ferait déjà beaucoup de bien.

Cela ne se fait pas en Hollande, où la magistrature est recrutée dans la petite noblesse et la haute bourgeoisie, et s'arroge des privilèges comme toute classe gouvernante. Nous ne savons pas si les différents tribunaux n'ont rien à se reprocher à cet égard en Hollande: ce que nous savons pour l'avoir vu, c'est que peu de tribunaux aux Indes sont absolument irréprochables sur ces points.

On nous répondra que c'est aux présidents à veiller à tout celà [2]. Ceux qui connaissent les us et coutumes de la magistrature, savent bien que cette surveillance est illusoire; on ne sévit pas contre ses amis et collègues, et à Java, les présidents sont bien trop occupés pour se mêler de ces vétilles, si même ils avaient l'esprit de suite nécessaire pour réformer les *petits* abus, et pour maintenir intacte l'organisation des petites choses, ce qui est rare dans des gens ayant quelques talents judiciaires et très occupés.

Et les tribunaux indigènes! que de peine n'a-t-on pas à obte-

---

Tout ce qui a trait aux pièces de conviction a été très peu réglé. Nous ne connaissons aucune action intentée pour les réclamer, ou pour dédommagement des avaries qu'elles avaient subies, qui ait été suivie d'effet. Voir ce qui a été dit à ce sujet à l'art. 77 R. G.

[1] Le C. d. J. de Batavia p. e. avait une argenterie très massive, datant du siècle dernier. Il n'en reste que fort peu. — Nous connaissons un tribunal (celui de Palembang, en 1869) qui a fait de vains efforts pour obtenir un cachet et une caisse pour les consignations et autres deniers à verser par les parties.

[2] L'art. 52 R. O. J. les charge spécialement de surveiller les greffiers et leurs substituts.

nir que le résident ou l'assistent-résident daigne seulement siéger: convaincu que toutes ses négligences comme juge seront interprétées par le gouvernement comme autant de preuves de son zèle d'administrateur, sachant que jamais, au grand jamais, personne n'a été destitué pour fautes ou excès judiciaires, il se moque des registres comme du reste.

Il faut des inspecteurs *spéciaux*; mais nous plaignons d'avance les malheureux que peut-être un jour on chargera de ces fonctions: ce seront les gens les plus détestés de notre classe, car qui dit colonie dit abus.

En fait de surveillance, reste celle sur la marche régulière et la terminaison des procès.

Les procès civils se terminent d'ordinaire assez rapidement: ce n'est que par-ci par-là que nous avons vu un C. d. J. remettre six ou sept fois le jugement dans une affaire civile, ce qui, du reste, est impardonnable, les décisions ne se donnant pas à huitaine, comme en France, mais à trois, et, la plupart du temps à six semaines. Ce n'est qu'un mauvais pli.

Hâtons-nous cependant de dire que nous ne parlons que des tribunaux européens. Quant aux C. du P. — et que dire des tribunaux indigènes inférieurs! — on ne sait même jamais quand l'affaire commencera. Il y a des assistents-résidents qui pendant des années n'ont pas fait appeler un seul procès civil. La procédure civile devant les tribunaux indigènes est encore dirigée (suivant le système qui met les justiciables en tutelle) par le juge ou plutôt par le greffier (métis); celui-ci fixe le jour qu'il lui plaît, ou n'en fixe pas du tout.

L'installation de présidents jurisconsultes a déjà amené un changement heureux dans ce triste état de choses.

Les procès criminels durent beaucoup trop. Les juges d'instruction ne sont pas contrôlés. Tel attend paisiblement pendant six mois un compte rendu d'experts en comptabilité; tel autre, se voyant refuser par la banque de Java des pièces de conviction, n'ose pas sévir contre une institution si respectable, et préfère laisser l'accusé pendant quatre mois de plus en prison préventive. Du reste, le ressort des C. de J. est beaucoup trop étendu. De là des retards effrayants.

La plupart de ces inconvénients seraient évités, si la H. C. envoyait de temps en temps un commissaire inspecteur. Mieux encore, si la loi, comme en Autriche et en Belgique, ordonnait la mise en liberté de l'accusé après un certain laps de temps. L'acharnement naturel aux juges d'instruction ferait presser les choses.

Plusieurs de nos clients ont passé trois années et davantage en prison préventive. Encore, si ce temps était retranché de droit, comme en Belgique p. e., sur la durée de la peine! La H. C. a la *faculté* [1] de compter la prison préventive en tout ou en partie comme peine, mais ne le fait que rarement, même si elle a été prolongée sans la faute du condamné, p. e par une demande en révision (de la part du ministère public) restée sans résultat, par la paresse d'un greffier, ou par l'ordre de la H. C. de recommencer le procès, pour une raison quelconque.

L'abus de la prison préventive est affreux à Java, même depuis qu'elle a été rendue (pour l'Européen) facultative en bien des cas. Elle provient en partie de la légèreté que comporte la jeunesse et l'inexpérience de beaucoup de magistrats.

Si l'on pouvait appeler des jugements qui l'ordonnent, le mal ne serait plus si grand. Mais il n'y a pas même de recours en cassation, comme en Hollande. Les requêtes, tendant à faire presser l'instruction, ne sont que fort rarement honorées d'une disposition.

Posons en principe que dans une île, avec une bonne police des ports, la prison préventive n'est presque jamais nécessaire. D'ailleurs, le métis et l'indigène ne s'échappent que rarement. Ils se trouvent plus malheureux hors de Java qu'en prison; sans compter le peu d'énergie de ces races.

Il y a même de nombreux exemples d'Européens qui s'étaient enfuis à Singapore, le port le plus rapproché de l'Inde anglaise,

---

[1] Art. 296 R. P. P. E. Maintenant que la révision est abolie pour les acquittements et facultative pour les autres cas, le pouvoir de mettre en compte la durée de la prison préventive, devrait être attribué aux juges de première instance.

et qui, n'y trouvant pas de subsistance, sont revenus à Batavia, de plein gré, se constituer prisonniers.

Faisons encore remarquer que dans le C. P. E. (la chose a l'air d'une naïveté du législateur), être envoyé en exil hors de l'I. H pour 5 à 10 ans est une peine plus grave que celle de la prison simple, quoique par simple mesure politique, on puisse être expulsé des Indes pour toute sa vie. La détention préventive est donc un contresens dans toute affaire ne pouvant aboutir à une condamnation aux travaux forcés.

Comme partout dans les pays civilisés, on peut s'adresser à la H. C., si le ministère public n'est pas diligent pour poursuivre en matière pénale, ou si des tribunaux ou juges *européens* refusent de faire droit, ou tardent à le faire.

Tels les art. 179 et 177 du R. O. J.

Pourquoi seulement des tribunaux européens, demandera-t-on? Le législateur a parfaitement compris, que si la H. C. devait juger «*par évocation*» les affaires dont la décision est retardée d'une manière indue par des tribunaux indigènes, elle n'aurait que celà à faire, et n'y suffirait pas. Pour prévenir la trop rapide croissance de ce rameau, on a préféré arracher la racine. En Orient, tous les législateurs, même européens, se valent; et le nôtre, qui a rendu les tribunaux indigènes souverains pour trainer les affaires civiles, est bien parent du fameux Conseil d'Etat chinois, qui, offusqué de ce que l'Empereur avait pris pour maitresse une actrice, défendit simplement aux femmes de monter sur les planches.

Alinéa 2.

Passons à la faculté de casser, accordée à la H. C.

Enfantée par l'ordre des choses moderne, la juridiction en cassation ne saurait être applicable aux tribunaux siégeant dans les possessions hors de Java et de Madoura [qui sont restées en grande partie sous l'ancien régime) Seule, la Côte occidentale de Sumatra fait exception depuis 1875.

L'art. 145 R. O. J. dit expressément, à la fin, que le recours en cassation n'est pas recevable, quant à présent, contre les jugements dans les « possessions extérieures; » et le présent de 1848 continue en 1878, très peu de personnes de la direction de la justice, de la H. C. et à la Secrétairerie générale connaissant les possessions extérieures et leurs organisations singulières, toutes différentes entre elles, autrement que par ouï-dire.

La procédure en cassation est à peu près la même partout. A notre point de vue, elle n'offre de remarquable que ceci, que l'indigène qui, devant ses propres tribunaux, ni même devant les C. d. J. jugeant en appel, n'a point besoin du ministère d'avoué [1], est obligé de s'en servir lorsque le jugement a été rendu en appel par un C. d. J.

Le recours dans l'intérêt de la loi n'a lieu que très rarement, parce que:

1°. depuis 1864 [2] le M. P. européen peut se dispenser d'assister aux séances civiles;

2°. le M. P. indigène est trop borné d'esprit et trop amateur du repos;

3°. il n'y a pas de loi civile ou commerciale codifiée pour les ndigènes; quel texte prétendrait-on donc être violé?

4°. on trouve peu attachants ces tournois judiciaires, où manque l'intérêt pécuniaire;

5°. l'opinion des jurisconsultes hollandais est généralement défavorable au moyen de cassation au civil.

En matière civile, l'emploi par les parties du pourvoi en cassation est rare: des jugements de tribunaux européens dont la valeur dépasse 500 florins, il y a appel à la même H. C.

Elle connaît en cassation des jugements civils:

---

[1] Devant les tribunaux indigènes, les avoués postulant auprès des tribunaux européens ne sont que de simples fondés de pouvoir. Le Système algérien des vékil est inconnu. Mais l'indigène s'aperçoit de plus plus de la valeur des services du jurisconsulte européen, et, comme nous avions dernièrement l'honneur de répondre à S. M. le premier Roi de Siam, un cinquième à peu près des revenus de barreau européen provient de la population indigène proprement dite. Ce n'est pas encore grand'chose, mais il y a progrès.

[2] B. d. L. n°. 52.

1°. des C. d. J. contenant règlement de juges;

2°. idem en dernier ressort (jusqu'à 500 florins en 1e instance, et en appel des C. d. P. au-dessus de ce taux);

3°. des C. d. P. au-dessous de *f* 500.

En matière correctionnelle, de tout ce qui n'est pas susceptible d'appel, et ne regarde pas simplement les juges de police.

La cassation a lieu (art. 171 R. O. J.), pour:

1°. négligence de formalités , prescrites à peine de nullité;

2°. application défectueuse ou violation de la loi;

3°. excès de juridiction;

4°. incompétence.

Dans les deux premiers cas, dit l'art. 173 R. O. J., la H. C. prononcera toujours sur le fond.

Mais une autre loi, rédigée par des personnes différentes il est vrai, mais provenant cependant du même pouvoir législatif, nous apprend bien autre chose: l'art. 427 du R. P. C. E. dit que, si la décision définitive dépend de faits ou de points de droit, qui n'ont pas été résolus par le juge contre la sentence duquel on s'est pourvu, la H. C. lui renvoie l'affaire, afin de décider, ayant égard à l'arrêt.

Ce systême est suivi même quand il ne peut servir qu'à rendre la justice plus coûteuse; p. e. lorsque le premier juge a refusé le défaut demandé.

La H. C. accorde le défaut, mais pour savoir si les conclusions du demandeur ne *semblent* pas injustes, elle renvoie. Sauf meilleur avis, elle pourrait trancher aussi cette question, croyons nous.

En cas d'incompétence, la H. C., dit l'art. 175 R. O. J., *renvoie les parties au juge compétent*. Malheureusement, la H. C. considère ces mots comme dictant seulement la formule de l'arrêt; de sorte qu'après on est à peu près aussi édifié qu'auparavant. Et il y a tant de compétences et d'incompétences, tant de tribunaux, de classes sociales ayant chacune des juges différents!

Si la H. C. casse pour négligence de formalités, prescrites à peine de nullité, elle ordonne une nouvelle instruction, à commencer du dernier acte dans lequel la nullité a été commise. Elle peut la faire elle-même, ce qui est presque sans exemple, ou bien la faire faire par le premier juge (ce qui d'ordinaire ne sert à rien,) ou bien *si la chose est absolument nécessaire* par un autre tribunal de rang égal.

Nous ne connaissons aucune espèce de cette dernière décision, qui est à la mode en Hollande mais qui serait fort chère à Java, où le moindre procès criminel coûte énormément.

A ce propos, nous nous rappelons des arrêts dans lesquels, comme acte nul, était considéré le jugement seul ou le délibéré. On renvoyait donc les pièces et le procès-verbal au C. d. J. pour refaire son thême; singulière méthode, inapplicable souvent, p. e. si la composition du Conseil avait changé, ou si les juges arguaient de leur défaut de mémoire.

Le jugement, voilà ce que la H. C. méconnait souvent, fait un tout avec les débats et le délibéré dont il est le résultat.

Dans les espéces 2° et 3°, au criminel, la H. C. peut ordonner un supplément d'instruction. Nous n'en connaissons pas d'exemples.

Article 103.

Des A. L. G. indiquent les cas où les arrêts de la H. C. en matière civile sont sujets à appel par-devant le Haut Conseil des Pays-Bas, et la procédure à suivre à l'égard de cet appel.

La permière fois que cette singulière institution se trouve mentionnée est dans le célèbre rapport de 1803 [1].

Ce rapport, peu flatteur sur le compte de la magistrature indo-hollandaise du temps, comme nous l'avons dit, proposait d'abolir la révision des procès civils à Batavia; et de remplacer ce moyen de procédure, en permettant appel à la Cour nationale en Hollande des décisions de la H. C. des Indes, dès que la valeur du litige s'élèverait à plus de cinq mille écus, 12.500 florins.

L'appelant [2] aurait à donner caution, et à consigner une amen-

[1] Myer p. 210.
[2] P. 309.

de de 600 ducatons d'argent, soit 1890 florins.

Au criminel, il y aurait appel à la même cour en Hollande, des jugements portés par la H. C. des Indes en première instance, contre des accusés européens, c'est-à-dire: les hauts fonctionnaires, les accusés de haute trahison, les propres «suppôts» de la H. C.; les habitants de la résidence isolée qu'on lui destinait, et dans toutes affaires, «périmées et restées sans correction».

Du reste, tout ce que ferait la H. C. des Indes «Bataves» serait soumis à la cour nationale [1], qui recevrait les rôles d'audience, un rapport annuel; et le registre secret des avis du président et des conseillers. Si elle s'apercevait d'un manque d'intégrité *ou de capacité* dans l'un de ces messieurs, elle ferait au pouvoir exécutif de la république batave telles propositions qu'elle jugerait convenables.

Jamais on n'a soumis la H. C. des Indes à une tutelle aussi étroite, mais des propositions de 1803 il est resté dans l'air ce principe-ci, que la cour ne devait point être absolument souveraine.

Les premiers R. G. cependant ne parlent point de ces appels. Au contraire, l'art. 78 de l'instruction pour la H. C. des Indes, publiée par les commissaires généraux en 1819 (B. d. L. no. 20) dit que la cour juge en dernier ressort, tant au civil qu'au criminel, sauf révision par elle des causes civiles, qui auraient été appelables, jugées par un tribunal inférieur.

Le R G. de 1830 est le premier à entrer dans la voie jugée nécessaire au commencement de ce siècle. Son art. 45 [2] dit: Les « cas dans lesquels, quant aux affaires civiles, il y a appel à la « Haute Cour des Pays-Bas, de jugements portés dans les colonies, « seront indiqués par les institutions judiciaires dans la métropole». L'art. 37 [3] du R. G. de 1836 dit la même chose.

Au criminel, il n'en a plus jamais été question.

Dans le premier projet de loi, notre article était déjà pareil à la rédaction actuelle, sauf que le mode de procédure y était dit

---

[1] P. 249 et 309.
[2] P. 477.
[3] P. 508.

devoir être réglé par le Roi [1].

Le gouvernement [2] se fondait sur ce que l'art. 91 de la loi sur l'organisation judiciaire en Hollande donnait au H. C. des Pays-Bas la connaissance, en appel, de jugements portés en matière civile par les cours de justice dans les colonies et possessions du royaume dans d'autres parties du monde. Il s'en rapportait aux art. 159 et 160 R. O. J., qui indiquaient ces cas quant aux Indes orientales, tandis que la procédure était réglée par l'arrêté royal de 1850 (B. d. L. des Indes, 1851 no. 4) [3].

A la Chambre [4], quelques membres ne voulaient point cet appel trop limité. Leurs adversaires ne voyaient de raison à l'appel en Hollande que tout au plus pour les arrêts de la H. C. des Indes en première instance, dont nous avons parlé à l'art. 98 R. G.

Mais on trouvait assez généralement que la procédure, comme destinée à avoir lieu dans la métropole, devait être l'objet d'une *loi*.

D'autre part, on alléguait que régler cette procédure était une fonction attribuée au Roi par l'art. 91 de la loi sur l'organisation judiciaire dans la métropole. On ne comprenait pas que ceci était une conséquence naturelle de la plénitude du pouvoir législatif colonial du Roi en 1838.

Les membres qui auraient trouvé les dispositions proposées plutôt à leur place dans des lois sur l'organisation judiciaire et sur la procédure civile, furent éconduits [5], comme d'ordinaire.

Le rapport des sections, d'avril 1854 [6], s'occupe d'abord de l'institution en elle-même. Quelques membres y voient une garantie contre des mal-jugés de la part de juges, dont l'indépendance n'est point égale à celle des juges en Hollande. D'autres lui sont contraires.

---

1 K. I, 14.

2 K. II, 20.

3 Ce règlement n'offre rien de saillant. Les délais d'ajournement ont été un peu raccourcis en 1872, B. d. L. no. 12.

4 K. II, 141.

5 K. II. 269.

6 K. II, 440.

On fit beaucoup d'opposition. Mais, comme répondit le gouvernement [1], on ne disait point, quels griefs soulevait l'appel en Hollande.

L'article proposé, dans lequel le pouvoir qui promulguerait la procédure fut laissé indécis, passa sans qu'on fût allé aux voix. L'institution fut donc perpétuée.

Il serait difficile de la justifier. Sans nécessité aucune, elle ravale la H. C des Indes. On ne voit pas, pourquoi le H. C. des Pays-Bas, formé sur la présentation d'un corps politique (la Seconde Chambre des Etats-Généraux) donne plus de garanties quant aux capacités judiciaires que la H. C. des Indes, accessible à l'ancienneté.

S'il s'agit de garanties d'indépendance, on n'a qu'à les accorder à la H. C. des Indes [2].

Remarquons que les procès les plus importants, les plus difficiles, ceux qui concernent les impôts et les fermes, ne sont jugés qu'à Batavia en première instance, par le C. d. J; en appel, par la H. C. des Indes; et espérons qu'à la première révision du R. G., notre article disparaîtra.

Il a donné lieu à bien des plaintes, et c'est l'un des griefs le plus souvent mis en avant dans la magistrature indo-hollandaise, que cet état de minorité d'une cour composée seulement d'une quiuzaine (tout au plus) de conseillers, le président et les vice-présidents compris, et qui cependant travaille plus qu'aucune cour de justice connue. En 1875 [3]:

la 1e Chambre a rendu:

---

[1] K. II, 531.

[2] Surtout, à la rétribuer de manière à ce que ses membres puissent tenir leur rang dans le monde, chose importante dans un pays comme Java. Douze mille florins par an sont un traitement dérisoire, à Batavia. Aussi, il y a une vingtaine d'années, le président et deux conseillers furent licenciés, mis à la retraite: on s'était plaint dans les Chambres du peu de relief que leurs dettes nombreuses et criardes ajoutaient à la dignité du corps. On disait bien autre chose encore, mais plus bas.

[3] D'après la statistique R. N. I. XXIX, p. 369.

106 arrêts en appel			au civil.
4	»	» première instanse	
2	»	» révision	
30	»	» cassation	
3	»	» appel	au criminel.
22	»	» cassation	

Ensemble 167 arrêts; sas compter 31 dispositions sur simple requête.

La 2e Chambre connut de 1495 affaires pénales, dont 833 en révision; les autres pour contrôle seulement.

La troisième s'occupa de 8752 affaires pénales (toutes indigènes) et en jugea en révision 3158, les autres 5594 étant seulement soumises à son contrôle.

Enfin, pour le bouquet, 1223 avis au gouvernement, émis par la seule 1e Chambre, ce qui, soit dit en passant, est certainement un mauvais système, excepté pour les recours en grâce.

Article 104.

Les jugements, portés par le juge en Hollande et les mandats délivrés par lui, ainsi que les grosses d'actes authentiques y passés, peuvent être mis à exécution dans l'I. H.

De même, les jugements ou mandats donnés ou délivrés par le juge dans l'I. H., ainsi que les grosses d'actes authentiques, y passés par-devant des officiers publics européens, auxquels est attribuée même autorité qu'aux jugements, peuvent être exécutés en Hollande.

Cet article était bien plus court dans le premier projet, qui se bornait à dire [1]:

«Les jugements portés par le juge en Hollande et les mandats «édictés par lui, peuvent être mis à exécution dans l'I. H.

[1] K. I. 15.

«De même, les jugements et mandats, portés par le juge dans «l'I. H. ou édictés par lui, peuvent être exécutés en Hollande.»

Un article pareil ne se trouvait dans aucun des R. G. antérieurs [1]. On le proposait maintenant, parce que tout doute devait cesser sur ce point, doute à l'appui duquel venait l'art. 118 de la L. F. de 1848, et qui existait avant son établissement [2].

La disposition proposée était donc excellente.

Dans les sections de la Chambre, on demande [3] s'il ne valait pas mieux indiquer la manière dont ce principe serait appliqué, p. e. par un *exequatur*. Puis, si cette réciprocité aurait lieu entre les colonies aux Indes occidentales et les possessions dans l'archipel Polynésien? Ensuite, si le principe s'appliquerait aux jugements prononçant des peines? Celles-ci, disait-on, diffèrent aux Indes et dans la métropole. Enfin, on croyait que la disposition proposée devait être étendue aux actes authentiques en forme exécutoire, assimilés par l'art. 436 du code hollandais de P. C. aux jugements.

Cependant on trouvait [4] que la chose devait plutôt figurer dans les règlements de procédure civile et pénale que dans une loi pour ainsi dire fondamentale, qui devait se borner à poser des principes généraux.

Le gouvernement [5] donna à l'article la rédaction qu'il a conservée depuis, n'accordant l'exécution en Hollande des actes authentiques passés aux Indes qu'autant qu'ils l'auraient été pardevant un officier public européen. Seul, celui-ci présenterait des garanties suffisantes. Le règlement des formes d'exécution devait

---

[1] K. II, 21.

[2] Cet article disant: „La loi fondamentale et les autres ont seulement force de loi pour le royaume en Europe, à moins que le contraire n'y soit exprimé", était lui même une nouveauté, en 1848. Comme l'autorité judiciaire en Hollande émane du Roi, dont les pouvoirs sont définis par la L. F., le ressort du juge hollandais n'allait pas plus loin que celui de cette loi, qui n'a jamais été déclarée applicable aux colonies.

[3] K. II, 143.

[4] K. II, 127.

[5] K. II, 287.

rester au législateur qui s'occuperait de la procédure en général, mais la disposition elle-même devait prendre racine dans la loi proposée, puisqu'elle devait avoir force de loi dans la métropole [1], et qu'elle figurerait au B. d. L. hollandais [2].

Quant aux Indes occidentales, il n'y avait point d'urgence comme pour les Grandes Indes.

On oubliait que quelques mots de plus auraient appliqué plus complètement, donc plus logiquement, le principe de l'unité du pouvoir judiciaire, exercé au nom du Roi des Pays-Bas.

Personne n'a pensé à aller plus loin, à étendre la disposition de notre article aux jugements consulaires

Du reste, leur légalité avant la loi de 1871 «contenant le «règlement de la compétence des officiers consulaires pour dres«ser des actes civils, et de l'autorité judiciaire consulaire» [3] était bien douteuse.

Relevons encore quelques incidents des négociations parlementaires.

Il est vrai, disait le gouvernement, à qui l'on avait fait cette objection, qu'aux Indes il y a des peines inconnues en Hollande; mais le contraire est aussi vrai; l'emprisonnement cellulaire, p. e.

La réponse porte à faux, ce système n'étant qu'un mode d'application, non une peine distincte.

Quelques membres de la Seconde Chambre firent remarquer encore [4] que l'exécution des jugements pénaux ne devait point être facultative, mais obligatoire.

Le gouvernement [5] maintint, que les fonctionnaires du ministère public devaient rester les arbitres de cette exécution, doctrine détestable. De fait, on délègue ainsi l'exercice du droit de grâce.

---

[1] K. II, 269.

[2] K. II, 318.

[3] Nous avons critiqué cette loi, entre autres au point de vue, complètement négligé par elle, de la législation coloniale, dans la Gazette hebdomadaire de droit hollandais (Weekblad van het Regt) du 29 septembre 1875, n°. 3762.

[4] K. II, 442.

[5] K. II, 582.

A la discussion orale, M. VAN ECK [1] revint sur l'argument que le second alinéa de notre article, comme destiné à être observé en Hollande, n'était pas à sa place; qu'il faudrait une loi faite pour la Hollande.

Le ministre fit remarquer que la loi qu'on était en train de faire, contenait bien d'autres dispositons qui seraient exécutées en Hollande, comme celles p. e. désignant le H. C. des Pays-Bas pour cour suprême.

L'article passa sans qu'on fût allé aux voix [2].

Il est d'usage de faire exécuter en Hollande certaines condamnations prononcées aux Indes. D'après les arrêtés royaux de 1853, B. d. L. no. 46 et 1856, B. d. L. no. 57, que malheureusement, on n'exécute plus rigoureusement, la peine de la brouette [3] est subie dans la métropole par les condamnés nés en Europe.

On a voulu préserver le prestige européen de la présence à Java de ces débris peu honorables de l'armée. L'expérience prouve d'ailleurs, que les anciens forçats européens ne savent que trop exploiter leur qualité d'Européens aux dépens de l'indigène.

La mesure est excellente. On aurait dû la généraliser, l'étendre aux condamnés à des peines non militaires d'une certaine gravité, par n'importe quel tribunal. Entre autres, cette mesure allégerait de beaucoup le budget, un condamné européen coûtant plus à Java qu'en Hollande [4], rendrait les peines plus sérieuses, et serait un bienfait véritable pour l'indigène.

---

[1] K. III, 730.

[2] Le R. C. de 1849, page 40, parlait d'un projet de loi en préparation, „réglant „la force à accorder aux jugements réciproques." Ce projet paraît s'être fondu dans notre article 104.

[3] Cette peine, inventée par le prince stadhouder GUILLAUME IV pour n'avoir pas à faire exécuter tous les déserteurs, n'emportait pas dégradation militaire; ceci n'est le cas que depuis 1813, *par suite d'une erreur de rédaction.*

Pour les indigènes, la peine est subie de la même manière que les travaux forcés. Elle n'est jamais infamante au point de vue civil, ne comporte pas d'incapacité de témoigner etc. Voir à l'art. 76.

[4] Le condamné européen est assez bien traité aux Indes. Ce qui peint bien la constitution aristocratique de la société, c'est que ces messieurs sont servis en

Les soldats renvoyés du service par mesure disciplinaire, pour mauvaise conduite, sont ramenés de même en Hollande. Plusieurs le sont après quelques années de détention dans la prison militaire de Samarang. Autant valait, ne fût-ce que par économie, les ramener tout de suite en Hollande.

Il n'y a qu'un mauvais côté à ce systême. Il arrive souvent que des soldats, afin de retourner en Europe, commettent des vols de chambrée, qui d'après l'art. 190, interprété à l'aide de l'art. 153, de notre misérable C. P. M., ne peuvent être punis que d'une à trois années de brouette.

Quelques conseils de guerre, connaissant cette tendance, épidémique quelquefois, infligeaient [1] exactement le nombre d'années

---

partie par des forcats indigènes, qui p. e. à la prison centrale de Samarang, font le service des tonnes de nuit des forçats européens. Il est vrai que ce service exige un travail en dehors de la prison, qui ne saurait être exigé d'Européens, sans ravaler la race conquérante.

Autre détail:

Dans l'intérêt sanitaire, autant que celui de la morale, le samedi, à 6 heures du soir, autrefois aussi le mercredi soir, des femmes sont admises dans les chambres et enfermées avec le condamné auquel elles accordent leurs faveurs. A cinq heures du matin, on les fait sortir. On prétend que ces femmes (indigènes ou métisses) sont très friandes des condamnés.

Depuis fort peu d'années, tous les condamnés européens sont astreints au travail; mais il est difficile de les occuper; ceux qui subissent (dans la prison centrale) les travaux forcés font d'ordinaire de la cordonnerie. Depuis peu, ils font des nattes.

En 1865, lorsque nous sommes venus aux Indes, aucun condamné civil, européen ou métis, ne travaillait, si peu que ce fût.

Le genre de travail choisi pour les condamnés à la peine infamante ne paraît pas approprié à un pays où 99 % de la population vont nu-pieds.

D'ailleurs, *le métier* de cordonnier n'était pas enseigné; tout le temps on faisait faire la même chose au condamné. En sortant, il n'en savait point assez pour gagner sa vie. Les produits de l'atelier s'écoulaient rapidement dans les magasins et les hôpitaux militaires, surtout depuis la guerre d'Atjeh.

Les condamnés à la prison simple recoivent des occupations conformes à leur ancien genre de vie. On s'en tirait comme on pouvait, en leur faisant faire des écritures, ou bien on n'observait pas le règlement, soit en leur faisant faire aussi de la cordonnerie, soit en les laissant inactifs, se perfectionner seulement dans divers jeux de cartes, chinois ou autres. Depuis quelques jours, ils confectionnent des habits.

[1] Depuis peu d'années, seulement, tous les jugements de conseils de guerre, excepté en campagne, passent en révision à la H. C. M. C'étaient surtout les conseils non soumis à ce contrôle qui appliquaient ainsi la loi.

que le coupable aurait eu à servir encore, s'il n'avait point commis le crime; d'autres admettaient des circonstances atténuantes afin de pouvoir appliquer une peine n'emportant point la dégradation militaire, et après laquelle le soldat rentrait dans les rangs. Quelques commandants même [1] appliquaient simplement des peines disciplinaires, le maximum des coups de rotin p. e., le coupable étant d'ordinaire dans la seconde classe de discipline.

Il va sans dire que tous ces moyens n'ont jamais produit grand'chose de bon, et que la seule manière d'engager le soldat à finir son temps avec honneur, est de le bien traiter, de l'empêcher de s'ennuyer dans une société qu'il ne comprend pas, de le faire manger à l'européenne, ce qui prévient la nostalgie dans la plupart des cas, et de le moraliser par l'admission, comme aux Indes anglaises, de sa femme. Beaucoup a déjà été fait par le département de la guerre, mais ce dernier point a été totalement négligé jusqu'ici, et les « enfants de soldat » continuent à être l'une des classes de la société qui donnent le plus de tracas au gouvernement et à la justice; la classe des métis, qui s'éteindrait sans celà, est perpétuée par eux.

Quoique nous devrions nous borner à expliquer les lois existantes, faisons remarquer combien peu cadre avec l'exécution en Hollande de la peine de la brouette, infligée à des militaires nés en Europe, le décret du G. G., en conseil de 1822, publié au B. d. L. en 1849 no. 48, qui rabaisse le maximum de cette peine, qui est de 15 ans, à 10 ans pour les Indes.

Ce décret aurait dû être retiré, du moins depuis que l'arrêté royal de 1853, B. d. L. no. 46, fait que les condamnés blancs subissent leur peine en Europe, en tant qu'ils y sont nés.

Quant aux métis et aux indigènes, on ne voit pas pourquoi le maximum des peines militaires n'atteindrait que la moitié de celui des peines civiles. Encore une preuve du désarroi de la législation militaire aux Indes, comme en Hollande.

Passons à la justice civile.

---

[1] S'appuyant du reste sur un ordre général (parfaitement illégal) du commandant de l'armée du 9 septembre 1847 no. 3.

Un exequatur n'a point été prescrit; on n'a donc besoin que de quelques légalisations, tout au plus

Il est clair qu'on devra suivre les formes du ressort où l'on exécute; mais il peut se produire de graves difficultés. La contrainte par corps, prononcée en Hollande, sera-t-elle aussi de 5 ans, exécutée aux Indes? le sera-t-elle, exécutée en Hollande, mais prononcée aux Indes d'après la législation des Européens, donc seulement pour trois ans? Doit-on, dans ces cas, appliquer un principe de droit pénal, et s'en tenir à l'emprisonnement le plus court?

Ces questions, qui seraient venues à l'esprit de tout homme pratique, connaissant les affaires et la législation aux Indes, n'ont surgi chez aucun membre ni de la Chambre ni du gouvernement. On n'a point compris qu'il fallait poser des principes pour les cas où il y aurait conflit entre les deux législations.

On aurait dû prendre des dispositions (et même les étendre au droit à appliquer) comme celle de l'art. 18 al. 2 de l'arrêté royal de 1850 (B. d. L. 1851 no. 4), contenant le règlement pour l'appel de la H. C. des Indes au H. C. des Pays-Bas: «Des «contestations, nées sur ou à l'occasion de l'exécution, la H. C. «des Indes connaît lorsque l'exécution a lieu aux Indes; lorsqu'elle «a lieu en Hollande, c'est le H. C. des Pays-Bas, sauf les cas «dans lesquels la loi attribue juridiction.»

«Des décisions de la H. C. dans de tels litiges, il y a appel «au H. C. des Pays-Bas.»

Quels sont les: «actes authentiques, passés aux Indes pardevant des officiers publics européens, auxquels même force est «attribuée qu'aux jugements?»

L'art. 440 R. P. C. E., suivi en cela par l'art. 221 R. P. I., nomme: les actes hypothécaires et les obligations notariées.

Les premiers sont reçus, aux Indes, par la même autorité qui délivre les titres de propriété territoriale [de la propriété pleine et entière, à l'européenne, sans que la qualité d'Européen, d'indigène ou d'assimilé à ces derniers, fasse une différence pour leur compétence]: là où réside un C. d. J., un juge commissaire, assisté du greffier; ailleurs, le résident (autorité territoriale suprême) assisté de son secrétaire. La forme n'a rien de bien spécial, sinon que les indigènes, Chinois, etc. doivent être assistés de leur chef de quartier, qui signe l'acte comme garantissant l'identité de son administré [1].

Mais l'art. 440, *non suivi en cela par l'art.* 221 *R. P. I.* (qui ne parle pas de décisions arbitrales), nomme encore: les décisions, déclarées exécutoires, d'arbitres, comme ayant même force que les grosses de jugements.

Notre article n'en fait pas mention. Comme ce ne sont pas des jugements, portés par *le juge*, ces décisions ne pourront donc être exécutées en Hollande, sur l'exécutoire du président colonial, ni, aux Indes, sur celui du président hollandais. Il faudra donc instruire l'affaire à nouveau: les deux présidents ne sont compétents que lorsque la décision a eu lieu dans le ressort de leurs tribunaux respectifs [2].

Pour les «actes authentiques, passés aux Indes par-devant des officiers publics européens, auxquels même force est attribuée qu'aux jugements,» disons que l'al. 2 art. 440 R. P. C. E. (non suivi encore par le R. I.), porte: «Le G. G. peut, lorsqu'il le «juge à propos, étendre les dispositions de cet article à tous «actes authentiques."

Jusqu'ici (ordonnance coloniale, 1853, B. d. L. n°. 86, art. 8) cette faculté n'a été exercée que dans l'intérêt pécuniaire du gouvernement, en faveur de cette triste source de revenus que procurent les fermes, surtout celle de l'opium, qui donne lieu à tant

---

[1] Cette formalité, prescrite par un R. de 1834, et payée un florin au chef de quartier, n'a pas été jugée nécessaire en 1860 pour les actes notariés. Si la personne qui comparaît devant eux ne leur est point connue, les notaires doivent faire attester son identité par deux témoins. Nous croyons que l'ancien système, la présence du chef de quartier, valait mieux. Les deux seuls cas venus à notre connaissance, où la personne ayant comparu n'était pas identique avec celle dont le nom était inséré dans l'acte, ont eu lieu avec des actes notariés.

Le R. de 1834 sur les transcriptions de propriété et les inscriptions d'hypothèque, est extrêmement mauvais. Il serait à désirer que des conservateurs spéciaux fussent chargés de ce service, qui laisse énormément à désirer. On en a souvent parlé, mais des influences personnelles l'ont empêché jusqu'ici.

[2] Art. 634 R. P. C. E.; art. 639 C. P. C. hollandais.

de dispositions spéciales, ébranlant par les racines tenaces et malfaisantes du lucre [1], l'édifice de la justice, respectable cependant, si vermoulu qu'il soit.

Il s'agit des contrats passés pardevant notaire entre le gouvernement et les adjudicataires des fermes.

Or, ces contrats sont tellement compliqués, ils sont si souvent la cause de procès, que le gouvernement ne perd que trop souvent, que le bénéfice de l'exécution immédiate ne leur aurait certainement pas été accordé, s'il ne s'agissait pas des fermes.

Mais la seule ferme de l'opium devait produire en 1877, 16,344,860 florins, sur un budget de recettes (aux Indes) de 85,140,204.

Les grosses de ces contrats pourraient, d'après la loi, être exécutées en Hollande.

Finissons, en donnant, à propos d'actes authentiques, une esquisse de l'organisation du notariat aux Indes. Il est essentiellement européen.

---

[1] Qu'on nous permette de donner ici un exemple, combien la fiscalité peut corrompre les lois: L'art. 188 du C. P. Cr. hollandais, copié de l'art. 322 du Code d'instruction criminelle français, énumère parmi les témoins qui ne pourront être entendus sous serment, à moins que le procureur général et l'accusé n'y consentent expressément:

„4°. les dénonciateurs, dont la dénonciation est récompensée pécuniairement par la loi."

Cette disposition ne se retrouve plus dans l'art. 145 R. P. C E., ni dans l'art. 265 R. P. I. Cette classe odieuse a été remplacée dans les lois de la colonie, par: „les esclaves émancipés par l'un des accusés."

De fait, sur 100 poursuites pour fraudes des lois sur les fermes, les condamnations sont fondées 95 fois sur le dire de dénonciateurs. Ceux-ci, généralement, n'ont d'autres moyens de subsister que leur état d'espion et de témoins vagabonds. Ils sont payés par le fermier; en grande partie, en opium. C'est un métier assez lucratif, quoiqu'on y attrape des coups de temps à autre.

Autre exemple:

La contrainte par corps en matière civile ou commerciale n'a lieu qu'exceptionnellement contre des personnes ayant 65 ans révolus aux Indes, 70 ans en Hollande; le débiteur atteint-il cet âge, il peut demander son élargissement.

Aux Indes, on se sert peu de la contrainte par corps contre les personnes soumises à la législation européenne.

D'ordinaire seulement contre les Chinois, qui font le détail de ce que les maisons de commerce européennes leur ont vendu en gros. Mais il est fort rare qu'un débiteur reste 3 ans en prison (le maximum à Java; en Hollande, il est de 5 ans).

Bien souvent nous nous sommes demandé: le Javanais ferait-il un bon notaire?

Si notre conviction intime, fondée sur une étude approfondie et une expérience personnelle assez longue, est que l'indigène est un mauvais juge, et complètement incapable de remplir les fonctions de défenseur ou du ministère public; en revanche nous

---

Seul, le gouvernement nourrit toujours quantité de ces pensionnaires.

Or, il advint qu'un Chinois autrefois riche, nommé TAN KAM LONG, avait été écroué à Batavia pour le reliquat d'une ferme. Ses 65 ans accomplis, M. Keuchenius, notre illustre confrère, demanda son élargissement, qu'il obtint après beaucoup de difficultés de procédure suscitées par la partie adverse, le gouvernement.

Mais tout aussitôt le G. G. sentit la nécessité de promulguer, sous approbation ultérieure du Roi, l'ordonnance coloniale du 18 novembre 1875, ". d. L. no. 249, portant que la faveur légale accordée à la vieillesse, ne pourrait être invoquée par les anciens fermiers ou leurs cautions (les cautions sont obligées bien plus fortement dans la législation spéciale des fermes, que d'après le droit commun: H. C. 24 janvier 1878; R. N. I. XXX, p. 177).

N'aurait-il pas mieux valu exclure de la concurrence p. e. tous les gens âgés de plus de 50 ans? Le gouvernement n'est pas sans savoir que les soi-disant fermiers ne sont la plupart du temps que des hommes de paille.

Ces deux exemples, que nous pourrions multiplier, peignent bien l'esprit de la domination hollandaise à Java.

On ne saurait croire combien des institutions pareilles démoralisent, surtout le juge indigène.

Depuis 1842, les membres européens du ministère public n'ont plus de quote-part aux amendes, mais les Djaksa s'en font toujours de jolis émoluments. La complaisance de beaucoup d'eux et même de plusieurs fonctionnaires européens envers les fermiers est extrême. Ainsi, à Pékalongan, en 1875, le fondé de pouvoirs du fermier posait des questions comme s'il faisait partie du C. d. P., quoique ni au criminel ni au correctionnel, devant aucun tribunal indigène, existe le système de la partie civile. Les pièces de conviction y étaient scellées et gardées par . . . . . le greffier, non!

Le résident européen? encore moins. Par le fermier lui-même, qui tâche naturellement de terroriser la population indigène et chinoise autant que possible.

Deux acquittements que nous avons eu le plaisir d'obtenir à Pékalongan, en faisant sentir l'immoralité de ces usages, y ont fait justice de l'abus, *pour le moment.*

Depuis que le gouvernement tâche de rendre plus productive encore la ferme de l'opium, la complaisance officielle a grandi. Au lieu p. e. de faire eux-mêmes les perquisitions domiciliaires dont ils sont requis par les fermiers, les résidents laissent cette besogne à des employés subalternes, des métis presque toujours corruptibles, aux gages du fermier.

Malheureusement, les tribunaux, même européens, ne se constituent pas assez souvent gardiens de l'inviolabilité du domicile, et interprètent les lois qui la garantissent de manière à ne plus rien garantir du tout.

croyons que les éléments d'un notariat indigène se trouvent dans la petite noblesse. Jamais un indigène n'aura l'indépendance de caractère, le courage de braver à la fois, s'il le faut, les tracasseries des fonctionnaires et l'impopularité dans le public européen, ami des abus profitables; l'éloquence, le zèle continu dans l'étude d'une science aussi aride que le droit, jamais il n'aura ces qualités qui font la gloire du barreau européen et qui rendent cette carrière si difficile à Java.

En revanche, la placidité de son caractère, son amour de la forme, l'exactitude méticuleuse qui en font un excellent copiste, un bon arpenteur, un dessinateur topographe sans égal, nous semblent lui indiquer sa place parmi les notares.

Mais il vaut mieux, avant de traiter des notaires de l'avenir, parler de ceux du présent.

Le grand KOEN, fondateur de Batavia, en nomma déjà en 1620. Depuis, il y en a eu dans les trois villes principales de Java: jusqu'à 4 à Batavia, 2 à Samarang, 3 à Sourabaya. Pour être nommé, il fallait seulement avoir 25 ans, avoir passé un examen peu sérieux, et prouver par un certificat de l'autorité locale qu'on savait le malais, la langue courante des affaires entre Chinois et Européens, et des indigènes habitant les 3 grandes villes. Quant à la connaissance du soundanais ou du javanais, idiomes autochthones de Java, il n'en a jamais été question, encore moins de celle du chinois. Seulement, l'ancien règlement [1] semble supposer que les notaires savaient le chinois: il exige l'emploi d'interprêtes seulement si les comparaissants parlent des langues étrangères autres que les idiomes indigènes ou le chinois.

Partout ailleurs, le notariat était exercé par le secrétaire de la résidence, ou par l'assistent-résident.

Comme surtout les secrétaires de résidence, quoique assez maigrement payés, sont surchargés de besogne, en 1863 et en 1865 [2] le gouvernement s'avisa de créer une multitude de petites charges de notaire. C'était un progrès; le public (non européen

[1] Compte rendu de 1849, p. 66 (édition Kemink).
[2] B. d. L. nos 170 et 16.

du moins) ne parle pas à un fonctionnaire aussi haut placé (pour lui) qu'un secrétaire ou un assistent-résident, aussi librement qu'à un notaire. Ces messieurs n'avaient souvent que des connaissances très restreintes, n'ayant passé qu'un examen encore plus facile que celui dont nous parlions plus haut, et auquel nous n'avons jamais vu refuser qu'un seul candidat, qui copiait simplement quelques brouillons d'actes, préparés d'avance.

Enfin, le prestige nécessaire aux autorités coloniales diminuait par l'exercice de ces fonctions humbles quoique utiles.

Tel Arabe, mené en prison, interpellait aussitôt l'assistent-résident qui en donnait l'ordre, pour faire dresser une procuration générale [1]. Un Européen, dit-on, fit protester par l'assistent-résident-notaire de Buitenzorg contre une mesure de l'assistent-résident-fonctionnaire.

Bref, on créa trente charges nouvelles.

Malheureusement, à la plupart on attacha les fonctions de maître du bureau des ventes, sacrifiant ainsi un petit monopole afin d'améliorer la position des notaires. Leur charge eût été probablement trop maigre pour les faire subsister.

De là nombre de débâcles.

On n'avait jamais été bien sévère dans le choix des notaires. Un procureur du Roi, p. e., destitué pour avoir laissé des prévenus 2 ans en prison sans s'en inquiéter, faisait encore un bon notaire, gagnant à peu près 3000 florins par mois.

Plus tard, ce fut pis. On nomma des gens notoirement obérés de dettes, de vieux fonctionnaires reconnus incapables, des ivrognes, des officiers en retraite etc. Enfin, la chose allait mal. On voyait des créances sur des notaires offertes en vente dans les journaux, d'autres dont les meubles étaient toujours saisis; tel autre enfin, condamné pour plusieurs faux.

Tout celà venait 1°. de ce que les revenus du notariat ne suffisaient souvent pas à faire vivre les notaires, gens trop neufs et point assez intelligents pour comprendre la société javanaise, et se faire des revenus supplémentaires avec leur connaisance des

[1] Le fait nous a eté communiqué par M. N. D. Lammers van Toorenburg, l'assistent-résident en question.

lois, assez restreinte d'ordinaire, mais ayant cependant de la valeur dans un pays où, sur un million d'hommes, il y a un seul avocat, obligé encore de résider dans l'une des trois grandes villes; 2°. de ce que, en faisant crédit, au bureau des ventes, ils n'étaient pas payés.

Ne faisait-on pas de crédit, pas d'affaires. Et il était souvent si difficile de le refuser, aux Européens p. e., aux chefs indigènes désirant témoigner de leur respect en achetant à des prix fous les meubles d'un fonctionnaire parvenu à un grade supérieur.

En faisait-on, il fallait beaucoup de circonspection, une connaissance étendue de la société commerciale indigène et chinoise; il fallait surtout une certaine pression *douce*, qu'avaient pu exercer les fonctionnaires, en refusant p. e. un passeport à quiconque devait encore quelque chose, même à terme, au bureau des ventes. (Autrefois, on allait jusqu'aux coups de rotin, et ce temps n'est pas bien loin derrière nous).

Nombre de fois, le gouvernement, qui en 1847 déjà s'était porté caution des promesses, souvent exagérées ou fictives, des bureaux des ventes, dut payer, ce qu'il ne fit souvent qu'en rechignant, et seulement après avoir perdu nombre de procès de cette nature.

Depuis, le notariat et le bureau des ventes ont été rendus aux fonctionnaires dans quelques endroits. La situation est maintenant celle-ci: dans les villes importantes, il y a trop peu de notaires [1]. Ils gagnent donc beaucoup et n'en sont pas moins chers, n'étant pas obligés comme les greffiers et les huissiers de spécifier les frais au pied de chaque acte ou copie [2].

Par contre, dans l'intérieur, la plupart ont de la peine à joindre les deux bouts. Il est donc rare qu'ils prennent moins que le tarif.

Leurs services, extrêmement utiles, sont trop chers *pour l'indigène*. Leur clientèle ne se compose la plupart du temps que de Chinois, d'Arabes et d'Européens.

---

[1] A Samarang p. e, où il se fait un grand commerce, il n'y en a que deux.

[2] On peut demander la spécification, enfin la taxation par le président du C. d. J. Ce moyen, partout assez illusoire, est très rarement invoqué, la plupart des clients craignant d'irriter un personnage d'une position si élevée.

Cependant, ce serait un grand progrès si l'indigène faisait dresser un acte authentique à chaque occasion importante. Une politique sage devrait avoir pour but de lui faire franchir ce degré de civilisation, comme l'a fait en France l'ordonnance de Blois.

La preuve par témoins donne moins de résultats sérieux en pays malais que partout ailleurs, la fourberie étant le trait le plus saillant du caractère de ces peuples, et le serment ne donnant aucune garantie de véracité. En effet, l'indigène s'en fait parfaitement délier par le prêtre, quelques instants après, moyennant une petite rétribution; en droit musulman, il suffit d'émanciper un esclave. Chose singulière, maintenant, entre indigènes et en leur faveur, la preuve par témoins est admissible, quelle que soit la valeur du litige.

Le notaire européen est trop cher, disions-nous. Il vit en Européen; il lui faut, dans l'intérieur, *au moins* 400 florins par mois, et il n'a pas de pension de retraite. Mais, si même ces messieurs pouvaient abaisser volontairement leur tarif, les indigènes ne pourraient assez profiter de leur ministère; il n'y a dans la plupart des provinces qu'un seul notaire, et telle province compte un million et demi d'habitants. Devoir recourir à un notaire est donc souvent, pour l'indigène, une grosse affaire et un long voyage.

Il faudrait tâcher d'en avoir à bon marché, c.-à.-d. des indigènes.

Comme avec 100 florins par mois l'indigène, même le petit noble, vit mieux que l'Européen avec 500, le tarif pourrait être certainement réduit au tiers, et même au quart de celui du confrère européen.

Que si on voulait objecter que l'indigène ne saurait avoir l'intelligence requise, nous prétendons le contraire. Le gouvernement leur fait même étudier la médecine (ce qui est absurde), dans une école spéciale, et ne font-ils pas l'office de procureurs du Roi?

Le tout est d'avoir une bonne organisation. Un corps de notaires, élevés dans une école spéciale, avec un stage s'il le faut, et surtout un contrôle permanent et *sérieux*, serait un véritable service rendu à la société indigène, rendrait plus facile dans bien des cas la tâche du juge, et la justice indigène au civil bien moins illusoire.

On dira encore que des actes, rédigés en javanais, langue très difficile, ne seraient pas d'une bien grande utilité au juge européen.

Dans tous les cas, mieux vaut un acte en javanais, que pas d'acte du tout.

Enfin, on pourrait parfaitement, comme mesure transitoire, prescrire que les actes passés pardevant les notaires indigènes seraient reçus en caractères européens et en malais, [1] langue connue des Européens, de la noblesse indigène, des Chinois et des Arabes, et, du reste, pas plus difficile à apprendre pour le Javanais et le Soundanais, que ne l'est p. e. l'italien pour un Français.

Restent les qualités morales. Des personnes compétentes, avec lesquelles nous avons discuté la question, doutaient p. e. si le notaire indigène serait assez indépendant pour garder le secret professionnel. Souvent, nous disait-on, le client indigène ou chinois, dans l'intérieur, après qu'un acte a été passé à son profit, fait un petit cadeau aux clercs du notaire, qui ont été témoins, afin d'assurer le secret, surtout envers les nobles Javanais, grands emprunteurs. On n'aurait pas grande confiance dans un notaire qui serait dans la dépendance de ces nobles, leur parent ou allié.

Nous leur avons répondu, que le client ne serait jamais forcé de recourir au notaire indigène; c'est à lui de savoir — et il le saura facilement, comme vivant dans la même sphère — s'il a confiance en lui. Dans le cas contraire, il peut toujours s'adresser au titulaire européen.

Du reste, l'expérience que le public de Java a eu des notaires européens n'est pas faite pour l'avoir rendu difficile. Et en ces choses, vouloir le mieux tout de suite, c'est être l'adversaire déclaré du bien.

---

1. Cette mesure a été prise par le Gouvernement pour les livres de ses fermiers.

Appendice.

Il nous reste à donner un aperçu des différents tribunaux et de la manière dont se jugent les procès.

Commençons par l'indigène.

Ses juges sont:

1. le tribunal de district, composé du chef, avec des assesseurs ayant voix délibérative. Au civil, la valeur des litiges ne peut dépasser 20 florins. Au pénal, ces tribunaux ne jugent que les injures orales; ils peuvent imposer 3 florins d'amende, sans contrainte par corps;

2. celui de régence, composé du régent ou de son vizir (*patih*), avec des assesseurs pareils; puis un djaksa et un prêtre.

Ils jugent a) en appel des jugements de tribunal de district; b) les affaires de 20 à 50 florins; c) les contraventions passibles de 10 florins d'amende ou de 6 jours de prison au plus.

Dans toutes ces affaires — exception assez curieuse à la règle: *actor sequitur forum rei* — il faut, pour établir la compétence, que le demandeur ou le plaignant soit indigène dans le sens strict; dès qu'un Européen, un Chinois ou un Arabe est intéressé dans l'affaire, le C. du P. (toujours présidé par un Européen) peut seul en connaître.

Ces deux catégories de tribunaux n'existent point dans la province de Batavia.

Ces affaires y sont aussi jugées par

3. le résident ou assistent-résident, juge de police des indigènes jusqu'à 3 mois de travaux forcés et 100 florins d'amende.

Jugements sans appel, et qu'on exécute même s'il y a recours en grâce. Cette juridiction est pour les gens désirant continuer à Java le système d'exploitation, l'ancre de salut. Tout a été dit là-dessus. Après les tribunaux de prêtres, c'est le fléau le plus terrible de l'indigène.

Les décisions sont simplement inscrites, sans jamais être motivées, dans un registre, que la H. C. peut faire exhiber quand elle le juge à propos [1]. Elle se garde bien de le faire, sachant parfaitement que ses efforts n'aboutiraient à rien. Le gouverne-

[1] Art. 110 et 111 R. R. O. J.

ment est ancré sur le «rôle de police,» où l'on condamne les gens soupçonnés de frauder ses monopoles, et tandis que tout homme de bien devrait lutter contre cette institution barbare, on est plus enclin à en étendre les attributions qu'à le contenir dans des bornes au moins légales, sinon justes.

Sur ce même «rôle de police» sont couchées les décisions du Résident, déférant une affaire au C. d. J. ou au tribunal de circuit.

Depuis l'introduction des R. généraux de police, le pouvoir de ces fonctionnaires n'est plus arbitraire de droit. Il l'est toujours de fait. Le gouvernement en abuse. Irrité de nombreux acquittements de prétendues contraventions au monopole de l'opium, il a abaissé (B. d. L. 1876 n°. 24) la pénalité de manière à ce que la plupart de ces contraventions sont maintenant du ressort du «rôle de police» au lieu de relever de ces C. du P., auxquels on a octroyé ou va octroyer, bien à contre-cœur, des présidents jurisconsultes européens. Au point de vue fiscal, cette mesure a encore l'avantage de rendre impossible l'appel aux C. d. J., qui quelquefois acquittent les inculpés, et en tout cas, modèrent le zèle des C. du P. quant au taux de la peine.

On voit des abus scandaleux du «rôle de police». Pendant un an ou deux, le public de Samarang a été témoin des agissements éhontés d'un juge de ce genre, qui, en suivant aveuglément les indications du fermier de l'opium, s'est fait une jolie fortune. Il était la terreur de ses justiciables, indigènes et Chinois. Lorsque enfin ses infâmes pratiques ont été dévoilées, il a été mis honorablement à la retraite. Le M. P. (européen) s'est gardé de le rechercher.

Le nombre d'affaires jugées au rôle de police est immense et augmente encore, grâce à la facilité des communications et au nombre des Européens présents dans l'intérieur. Ceux-ci, par leur simple présence, stimulent les fonctionnaires indigènes à faire leur devoir.

Surtout dans les grandes villes, la tâche est au-dessus des forces d'un seul homme. Ainsi, lorsque nous sommes arrivé à Java, en 1865, l'assistent-résident de police de Batavia ne poursuivait l'interrogatoire que pour les gens qui répondaient négativement à la question *trima salah?* (Reconnaissez-vous votre faute?). L'accusé avait-il le malheur de répondre «*trima*» (je la reconnais), la réplique était p. e. «*tiga boulan*» trois mois. (C.-à-d. de travaux forcés).

D'autres faisaient mieux, jugeant les affaires sur l'inscription faite sur le rôle par le djaksa. Ainsi, un assistent-résident près de Batavia signait des rôles de police comme s'il avait été juger dans un district un peu éloigné, ainsi que son devoir le comportait. Un avocat-général opina à ne point le poursuivre; car, n'ayant point fait son droit, il n'avait pu savoir ce qu'il faisait. Ajoutons, pour le lecteur européen, que le monsieur qui avait eu l'esprit de ne pas faire son droit, était neveu du gouverneur général.

4. Nous voici arrivé au Conseil du Pays, que l'art. 94 R. O. J. qualifie de juge ordinaire de l'indigène.

Il connait en appel des jugements de tribunaux de régence, et en première instance:

a. des actions civiles dépassant 50 florins;

b. des crimes, excepté de ceux entraînant la peine de mort ou celle des travaux forcés de 5 à 20 ans:

c. des contraventions aux monopoles et aux impositions; enfin

d. de tout ce qui, d'ordinaire, serait de la compétence des tribunaux de district et de régence, lorsque

I il y a d'autres que des indigènes dans le sens strict impliqués dans l'affaire;

II ces tribunaux n'existent pas [sauf à Batavia, ou elles sont jugées au rôle de police], p. e. à Ambarawa, où l'on se passe de régent.

Autrefois, avant 1848, ces C. du P. étaient juges des Européens dans certains cas; ils le sont encore, de par les vieilles lois maintenues e. a. pour ce qui regarde les impôts, pour quelques-unes de ces matières, dans les provinces où ne siège point un C d. J.

Mais celà est l'exception. Le C. du P. est le type de l'organisme inventé à Java pour juger l'indigène. C'est une transaction curieuse entre trois principes que le pouvoir ménage plus ou moins, mais toujours habilement: le droit européen, représenté par le président; la coutume indigène, qui veut que les deux membres soient des nobles Javanais; le droit musulman, dont on se borne à laisser exposer les dispositions par le prêtre.

Il y a 88 de ces fribunaux à Java; 53 en sont présidés maintenant par 38 présidents spéciaux, jurisconsultes européens; mais la tâche semble si peu rétribuée que le gouvernement ne sait plus où en prendre. Un de ces emplois, payé 600 florins par mois (800 dans les grandes villes), est vacant depuis bientôt un an; c'est à Muntok, capitale de l'ile si productive de Banka.

Pour donner au lecteur une idée de cette organisation, nous lui offrons la réduction d'une photographie de M. M. Woodbury et Page à Batavia, qui nous ont gracieusement permis l'emploi de cette planche, unique dans son genre.

La scène se passe à Patti, chef-lieu de la résidence de Djapara, dans la pendoppo (appendice de la maison, ouvert de trois côtés), du régent indigène.

Le Hollandais pansu et satisfait qui préside, en habit à collet brodé, est le résident. Sa figure indique assez qu'il n'a jamais mis les pieds dans une école de droit; à côté de lui, le Code est ouvert; devant lui, des pièces de conviction: à sa gauche, l'agent de police, prêt à accomplir ses ordres, dépasse curieusement la table de la moitié de la tête. Derrière, le parasol d'or plein, emblème du pouvoir suprême.

A la droite du résident, d'abord, le maitre du logis, ayant derrière lui le parasol indiquant son grade; habillé modestement, coiffé d'un simple mouchoir cachant sa chevelure

Ensuite, le second membre, chef de district ou sous-collecteur d'impôts probablement. Celui-là est « collet monté » dans le sens littéral, comme il convient à un Javanais posé, et porte l'affreux couvre-chef de cérémonie, noir à galons d'or nommé *Kopjah.*

À sa droite, le capitaine chinois; l'air préoccupé de ce qu'on ne verra point ses deux oreilles, ce qui fera qu'il n'enverra jamais ce dessin à ses amis et connaissances en Chine, où l'on supposerait que l'autre lui a été coupée pour quelque méfait.

Il sera consulté dans tout ce qui regarde les Chinois, fera prêter serment aux témoins de cette nationalité, etc.

Derrière lui, un agent de qolice, dans le singulier costume qui nous a été légué par l'ancien régime; habit à pans très courts et à grand collet, pieds nus, mais pantalon européen; le tout de drap bleu à larges galons jaunes, qui du temps de leur fraîcheur titiennesque, amenaient l'épithète de « serin" sur les lèvres.

Enfin, toujours à droite, quelques gens de la suite de ces messieurs, qui ont été ainsi disposés par le photographe, mais qui d'ordinaire se tiennent à une distance plus respectueuse. L'excroissance qu'on supposerait au personnage du milieu, est produite par le *kris* qu'il porte caché par un mouchoir de couleur, nous ne savons trop pourquoi.

Devant l'homme qui a l'air si convaincu de sa dignité est accroupi l'accusé. Derrière lui, un suppôt [1] de prison qui veille sur lui, car la loi exige que l'accusé comparaisse devant ses juges libre, sans entraves

Passons à gauche.

D'abord, un métis, habillé coquettement, faisant fonctions de greffier. Pauvre diable, entièrement dans la dépendance du résident, au bureau duquel il est la plupart du temps expéditionnaire. Son talent consiste à rédiger les procès-verbaux de manière à ce que la H. C. ne puisse casser; quelques-uns sont passés maîtres dans l'observation des formes..... sur le papier.

Comme l'influence de ces métis est toujours trop grande, qu'ils se font de petits revenus illicites, et que d'ailleurs ils ne méritent aucune confiance comme rédacteurs de procès-verbaux (d'ordinaire ils se bornent à traduire en un hollandais de leur cru, les interrogatoires couchés par écrit, en malais, par le djaksa qui fait l'instruction); comme d'ailleurs il fallait une espèce de stage pour former les futurs présidents jurisconsultes des C. du P., le gouvernement en a remplacé quelques-uns par de jeunes docteurs, fraîchement débarqués, et qui, dans les commencements, ont certainement beaucoup fait rire les indigènes [en cachette, s'entend]. Malheureusement, peu de jeunes magistrats hollandais ont le goût d'aller aux Indes. En 1878, il n'en est arrivé que cinq, tandis qu'il en faudrait cinquante; on est donc revenu aux greffiers métis.

---

[1] Nous avons vu une fois ou deux que ce cornac soufflait ses réponses à l'accusé; fait, d'ailleurs, sur lequel nous avons attrapé aussi l'un des membres indigènes, à Pékalongan.

Toujours à gauche, le djaksa, l'air ennuyé. Il en sait long sur l'affaire, ayant fait l'instruction. La veille encore, il a répété avec l'accusé et les témoins, afin que le maître européen ne se mît pas en colère si le procès-verbal, qu'il a devant lui, ne cadre pas exactement avec les dires des accusés et des témoins. Il va quelquefois un peu loin dans cette voie; la bonne volonté qui avait suppléé dans une affaire d'empoisonnement, au vert-de-gris devant servir de pièce de conviction, a eu du retentissement.

Jusqu'ici, c'est le seul dont les fonctions soient rétribuées.

Derrière lui, trois jeunes gens, accroupis, ayant devant eux ce qu'il faut pour écrire. Ce sont des parents, des hobereaux, faisant fonction de copistes, et apprenant ainsi le droit et la manière d'administrer la justice.

A gauche de ce petit état-major, quelques témoins déjà entendus.

Le dernier personnage occupant un fauteuil est intéressant. Dans les cas rares où un jurisconsulte européen s'est chargé de la défense, c'est celui-ci que l'on soigne, en tâchant de voir s'il suit le raisonnement, s'il entre dans le système exposé.

Ce Javanais est coiffé d'un turban, et porte une robe de drap, à la mode arabe. Celà indique qu'il a fait le pélerinage de La Mecque. Du coup, il lui est venu des connaissances en fait de « lois religieuses," de droit musulman. Il juge la question à ce point de vue, mais les tribuaux forcent la note; on demande même l'avis de ce brave homme au sujet de gens qui ne sont pas de la communauté musulmane, d'infâmes Chinois p. e.

Le législateur a supposé, à tort selon nous, que l'avis de ce prêtre est essentiel. Au contraire, il est parfaitement superflu; le Javanais conprend très bien maintenant, que, même si l'on a tué un infidèle, on doit être puni; que l'amputation de la main ou du pied n'est plus tolérée depuis lontemps, etc. A quoi sert un avis qu'on ne peut suivre?

Cependant, la présence des « panghoulous" a du bon. D'ordinaire, ils motivent leur opinion, et plusieurs d'entre eux ont des idées plus lucides, notamment quant à la preuve, que les membres ordinaires. Nous en avons connu d'assez forts.

Cependant on pourrait supprimer cette comédie et nommer membres effectifs les panghoulous capables, comme on fait par ci par là, hors de Java.

Nous disons comédie. On pourrait étendre l'appellation à toute cette juridiction, surtout pour les C. d. P. encore présidés par les fonctionnaires administratifs. Que le lecteur juge:

Les membres du Conseil savent que le résident désire que l'inculpé soit puni de plus de 3 mois de travaux forcés. Sans celà, il ne se donnerait pas la peine de siéger; il aurait «terminé" l'affaire au rôle de police. Pour eux, celà suffit. Habitués dès leur naissance à ramper, physiquement et moralement, leurs efforts se bornent à deviner les intentions de leur chef. Le sentiment du devoir leur est inconnu; on n'a qu'à ouvrir le Rapport colonial qui vient de paraître, pour en lire l'aveu sans détour. L'homme le plus indépendant du groupe est encore le capitaine chinois; il est vrai qu'il a besoin à tout moment du résident, car le propre de l'aristocratie (purement financière) chinoise à Java est qu'elle aime à la folie les monopoles affermés.

Homme d'affaires, il connaît les avocats européens, dont il est respecté comme client de premier ordre, tandis que les chefs indigènes ne sont presque jamais notés de nos confrères que comme débiteurs récalcitrants.

Selon notre ferme conviction, on devrait supprimer les membres indigènes. Un seul jurisconsulte européen, auquel on adjoindrait un aviseur indigène, pourvu qu'il ne fût pas fonctionnaire, suffirait; comme ministère public, les contrôleurs, employés inférieurs mais européens.

La langue judiciaire est *le malais*; elle n'est connue, les trois grandes villes exceptées, que de la noblesse indigène et de nos domestiques, et sert de langue d'affaires entre Européens, Chinois et métis. La petite noblesse, surtout dans l'intérieur, l'ignore d'ordinaire. Pour les accusés, pas un sur dix ne l'entend.

A l'encontre de toutes les ordonnances et de tous les règlements, le ministère public sert d'interprête. Interrogé *en javanais* par le djaksa, le témoin et l'accusé répondent naturellement comme ils ont répondu à l'interrogatoire préalable fait par le même personnage. Voilà le débat oral devenu inutile.

Le personnage le plus important — le croirait on? — est le greffier.

Ce sera lui qui rédigera, *en hollandais*, le procès-verbal, base de la *révision*.

Cette institution a été imaginée d'abord pour remédier à la trop grande cruauté des tribunaux indigènes, ainsi que l'a démontré M. MYER, alors procureur général, dans un excellent rapport [1] du 31 mai 1850. Elle avait pour but d'empêcher que la condition de l'accusé ne fût aggravée.

Depuis 1848, cette tâche s'est agrandie; la H. C. dut, dès lors, veiller à ce que justice fût faite, tant contre l'accusé qu'en sa faveur. Cependant, ce n'est que depuis la vice-présidence de M PELS RYCKEN, vers 1864, que la révision est devenue une institution parfaitement sérieuse.

Ce magistrat ne se contenta plus d'un rapport, mais exigea que chaque conseiller lût les pièces. Sans se préoccuper des larmoiements sur le sort des accusés dont la détention préventive se prolongeait ainsi, la H. C. commença alors à casser et à renvoyer des jugements pour chaque nullité, substantielle ou non couverte.

Toute naturelle en Europe, la chose parut monstrueuse à Java.

Depuis, il y a toujours deux courants dans la magistrature: l'un, qui a les préférences administratives, se montre bonhomme, disant qu'il ne faut pas y regarder de si près, que l'indigène n'a pas besoin d'une justice idéale, etc. Ce parti, avouons-le, compte plutôt les martyrs que les prophètes du droit. Les autres, peu nombreux, veulent justice avant tout, et ne considèrent point un acquittement comme une défaite du juge.

La H. C. est divisée en 3 Chambres, jugeant à 5, à 4 et à 3 conseillers, le président ou le vice-président compris. La première juge les affaires civiles; la seconde s'occupe *entre autres* de la révision des jugements de tribunaux européens et des juges de

---

[1] R. N. I. XXIX, p. 213 et 73.

circuit; la troisième est condamnée à réviser les milliers de jugements prononcés par les C. d. P. de Java et de Madoura seulement.

Jamais tâche humble, abrutissante, écoeurante même, ne fut accomplie avec plus d'abnégation.

On se sent pénétré de respect pour la patience de gens qui lisent pour la trente millième fois [1] que Kromowongso a vu un buffle gris ou rouge, qu'il savait être à Wiriodikromo, être conduit par Setrowidjoyo; bref, les abigéats qui font les trois quarts de ces affaires et qui font que la 3e chambre porte, entre gens du métier, le nom de kraal des buffles.

Les avantages d'une révision pareille, quoique seulement faite sur pièces, auxquelles les parties peuvent ajouter un mémoire, sont immenses En première instance, les juges indigènes ne sont pas sérieux; beaucoup de présidents européens n'ont point étudié le droit; ceux qui l'ont fait ne continuent d'ordinaire point leurs études dans le terrible isolement de l'intérieur de Java. Le défenseur jurisconsulte est un oiseau rare, qui ne paraît pas en deux cas sur cent. Le vrai refuge de l'accusé est donc le cénacle de Batavia qui, sans passion aucune, complètement à froid, résout les questions de fait et de droit comme des problèmes de mathématiques.

Malheureusement, le personnel est insuffisant pour cet ingrat labeur. Il faudrait au moins trois Chambres pour la révision des jugements des C. du P. de Java. De là est venue une maladie chronique, L'ARRIÉRÉ. Quoique ce mal ne présente pas les symptômes formidablement aigus qu'on peut observer à la Chambre générale des Comptes, où l'arriéré de 1868 p. e. forme une administration distincte de celui de 1869, de temps en temps les éruptions sont terribles; alors on avoue tout d'un coup 1200, 1500 affaires. Le gouvernement a recours à des palliatifs; le président p. e., qui espère passer conseiller des Indes, propose de charger la première Chambre de cet arriéré, ce qui entraîne

[1] D'après un calcul très sérieux, un magistrat qui vient de prendre sa retraite après 30 années de service, dont plus de la moitié dans la H. C., avait connu de plus de 100.000 affaires criminelles. On comprend qu'il ne savait plus le droit pénal.

des inconvénients graves; ou bien le C. d. J. de Batavia, ou quelque autre expédient.

Pour qui a suivi pendant des années les accès périodiques de ce mal, il est clair que la cause en est simplement celle qui du temps de GOETHE avait produit un arriéré de 20.000 affaires en première instance, de 50.000 en révision, au *Reichs Kammergericht* de *Wetzlar* [1]: le personnel était insuffisant dès l'abord.

Au lieu de reconnaître cette cause du mal, le gouvernement a tâché de réduire la révision. On s'est dit que celle-ci ne serait plus si nécessaire, puisque les C. du P. auraient des présidents jurisconsultes; aimant à oublier, que ce progrès ne serait accompli que dans plusieurs années, et que, même maintenant, 1880, il y a des provinces entières [2] où tous les C. du P. sont présidés par des fonctionnaires administratifs; que les présidents spéciaux n'auraient jamais sur les membres indigènes l'influence de leurs prédécesseurs, représentants directs du pouvoir européen; enfin qu'ils étaient pour la plupart jeunes et inexpérimentés.

D'ailleurs, disait-on, les changements d'un acquittement par la H. C. en condamnation sont extrêmement rares.

Bref, en 1871 on abolit (B. d. L. 39) la révision des acquittements, et on la rendit facultative pour les condamnations et les absolutions: le M. P. et l'accusé pourront la demander.

Cette mesure, qui, sous prétexte de tailler l'arbre, en coupe le tronc, a été vivement critiquée par les gens compétents, et nous la croyons pernicieuse sous tous les rapports.

Ni l'accusé ni le djaksa sont capables de juger s'il y a lieu d'espérer la réforme du jugement en révision. L'accusé subit simplement la pression du greffier qui doit lui demander s'il désire la révision, ou il la demande au hasard, comme les soldats.

Dans les premiers temps, ceux qui ont énoncé le voeu que la H. C. aussi s'occupât de leur affaire, ne s'en sont pas trop bien trouvés; mais on a bientôt senti l'immoralité de faire supposer un parti pris.

---

[1] Aus meinem Leben; édition Cotta, Stuttgart 1869; II P. 61 f. Nous en recommandons la lecture aux futurs législateurs de Java.

[2] Bantam; Krawang; Pekalongan; Banjouwangi; Banjoumaas.

Maintenant, dès qu'ils sont condamnés à 6 mois, à un an, la plupart des condamnés indigènes se pourvoient en révision.

La 3ème Chambre d'ailleurs, n'a pas été bien dégrevée d'occupations par cette malencontreuse mesure; les premiers juges sont obligés tout de même de soumettre le jugement et les pièces du procès au contrôle de la H. C.; ce qui mène tout au plus à des réprimandes dont on se moque, comme n'ayant pas de suites redoutables

La procédure par-devant le C. du P. est assez semblable à celle en tout pays civilisé, sauf que le M. P. assiste aux délibérations en chambre du conseil, l'absence normale d'un défenseur et la manière de prêter serment.

Bien différents des Anglais qui, à Singapore du moins, font prononcer à chacun le même serment, les Hollandais se sont toujours attachés à faire sentir au témoin, en employant les formes qu'il regarde comme les plus solennelles, la valeur de l'engagement qu'il prend. Ainsi, en Hollande, les juifs prêtent serment, le chapeau sur la tête, et la face tournée dans la direction de Jéruselem.

Aux Indes, les formes varient beaucoup.

L'art. 14 des D. G. dit: «La prestation de serment exigée soit en «justice soit hors, se fait d'après les lois religieuses et les «usages de la nationalité spéciale de chacun.

«Si ces lois ou usages reconnaissent comme valable plus d'une «façon de prêter serment, le juge décide, en tant qu'il s'agit du «serment judiciaire, de laquelle de ces manières il sera prêté.»

La forme ordinaire pour l'indigène est celle-ci: le prêtre s'approche de lui, et lui tient sur la tête un Qoran, ou plutôt une casaque en toile, censée contenir le livre sacré; l'homme s'accroupit et répète des paroles engageant son salut éternel, etc. Mais comme cette forme est seulement de tradition, qu'aucune loi positive ne la détaille, elle varie beaucoup. Dans quelques endroits, on baise respectueusement le livre sacré; ailleurs, on reste debout; le livre est tenu par un serviteur du prêtre, etc.

Le «grand» serment ne diffère de celui-ci que par l'endroit où il est prêté: dans la mosquée, ou encore mieux, sur le tombeau d'un homme mort en odeur de sainteté, de l'un des personnages p. e. tenus pour avoir les premiers introduits l'islam à Java.

Quant aux Chinois, la chose est aussi peu réglée par la loi que pour les indigènes; et leur serment ordinaire a ceci de particulier que ce n'est pas du tout un serment.

Le témoin sort de la salle des séances avec un officier [ou simplement un interprète] chinois et l'un des membres du tribunal. Arrivé dehors, il prend de la main gauche un pauvre poussin et, sur un tronc d'arbre, lui coupe le cou avec un couperet.

Rien de plus risible que ce spectacle, vu pour la première fois.

On s'est demandé longtemps, comment ce singulier usage, qui ne se retrouve pas en Chine, pouvait s'être introduit à Java.

L'honneur d'avoir résolu la question appartient à notre cher et honoré ami M. le docteur G. Schlegel, professeur de langue et de littérature chinoises à l'université de Leyde.

Dans quelques-unes des sociétés secrètes fondées après la conquête Mandchou, afin de saper les fondements de leur empire, et dont l'influence sociale s'étend bien au delà de la Chine, il est d'usage de célébrer l'entrée d'un nouveau membre e. a. en lui faisant couper le cou à un coq blanc. Ce sacrifice est censé établir la fraternité avec les anciens membres; le coq y symbolise la force, la couleur blanche la pureté; le sang constitue la fraternité.

Nos ancêtres, venus à Java, et commençant à se familiariser avec les Chinois qui s'y trouvaient bien avant eux, ont pris cette cérémonie pour un serment, et lorsqu'ils ont fait comparaître devant leurs tribunaux des Chinois, ils en ont exigé la répétition; depuis, cet usage a été consacré par une pratique de plus de deux siècles.

La consécration religieuse, que nous autres Européens avons l'habitude de regarder comme essentielle, quoique p. e. les pairs d'Angleterre jurent sur leur honneur, manque absolument à cet acte, dès le principe. Cependant, le résultat est assez satisfaisant.

On peut déplorer que la chose ne se fasse pas plus solennellement. Le juge pourrait exiger e. a. que les pauvres poussins que le gouvernement paye ferme 1 florin (5 ou 6 fois la valeur) soient remplacés par de jeunes coqs blancs. Cependant, le Chinois pur sang considère cette cérémonie comme s'il faisait un pacte de fraternité avec le juge, et s'engage envers lui; tandis que l'Indo-Chinois, métis et accoutumé à vivre au milieu des indigènes, comprend la chose à leur point de vue, comme engageant son salut éternel.

Le grand serment est exigé par le gouvernement des chefs (officiers) chinois à leur installation. Quelquefois, le juge le défère dans des affaires civiles importantes. Il est extrêmement rare qu'on le fasse prêter aux témoins. Nous n'en connaissons qu'un seul cas [1].

Il se prête partout différemment. En Chine, il en est déjà question dans le livre des cérémonies [rites] de la dynastie des Tsiou [2]. Le rite est emprunté au serment qu'on y fait prêter aux princes et aux fonctionnaires supérieurs. Le fonctionnaire qui reçoit le serment, fait écrire sur du papier rouge la chose qu'on affirmera, avec des imprécations à la fin. Le tout est lu devant l'idole. Le fonctionnaire appelle quelques voisins de la personne qui va prêter serment, pour y assister, en apportant du vin et des offrandes pour l'idole.

Il faudrait, ce qui ne s'observe jamais à Java, que celle-ci fût spécialement indiquée par le juge. Nous avons l'habitude de requérir que le serment soit répété devant le dieu local.

A genoux, après des génuflexions et des salutations, le *juraturus* répète la formule écrite sur le papier rouge, et le brûle devant l'idole, d'ordinaire en plein air.

Il est d'usage de faire ôter leurs souliers et de faire dénouer la queue aux malheureux qui — suivant la croyance populaire — mourront dans l'année.

Cette cérémonie, à laquelle est présent un juge-commissaire, est accompagnée de nombreux coups de cloche, de prières dites par les prêtres en agitant la sonnette à certains passages; le

---

[1] A Samarang, en 1878. Affaire P. B. Smith.

[2] Tome 36 de l'édition impériale, page 42.

tout rappelle les cérémonies du culte catholique. A Samarang, le casuel des prêtres est de 25 florins.

Chose curieuse, le Chinois de Java considère ce serment comme une très grande humiliation. Dans les affaires civiles, un homme riche ne le prêterait pas pour 10.000 florins. Il nous a toujours semblé que les Chinois redoutaient d'attirer sur eux l'attention du Maître de l'univers. Du reste, il est difficile de pénétrer les véritables motifs de leur aversion, qui peut-être sont de nature complexe.

Revenons à l'organisation judiciaire.

Pour les affaires pouvant entraîner la peine de mort [1] ou celle de 5 à 20 ans de travaux forcés, et quelques crimes spécialement indiqués, il y a un tribunal spécial nommé de circuit (*Regtbank van Omgang*), ambulant. Ce n'est pas le tribunal entier qui circule; seuls, le président et son greffier, jurisconsultes européens, mènent une existence vagabonde. Ils font des tournées, et trouvent à chaque station les membres indigènes, au nombre de quatre.

La procédure est la même que devant les C. d. P.

Ce système de tournées, par lequel a commencé l'immixtion de Européens dans la justice indigène, et qui constituait, dans le temps, un véritable progrès, est vicieux.

Le président ne connaît point les membres; il se hâte d'en finir, afin de ne pas manquer la station suivante.

D'ordinaire, les procès-verbaux sont dressés quand on est revenu chez soi, six semaines après quelquefois.

Trop de degrés de juridiction sont un mal; cela entraîne des déclarations d'incompétence, des conflits, etc., le tout au détriment de l'accusé qui languit dans la détention préventive.

Aussi, l'institution n'a plus de raison d'être, dès que le C. du P. est présidé par un jurisconsulte européen. On est donc en train de fondre ensemble les deux institutions.

---

[1] Conservée aux Indes, où l'on pend bon an mal an une quinzaine de personnes. Le juge peut, en admettant des circonstances atténuantes, n'infliger que 2 ans de travaux forcés hors de la chaîne.

Quoique les membres indigènes doivent être choisis annuellement [1] parmi les chefs les plus élevés en grade et les plus capables, d'ordinaire ce ne sont que des gens de peu. Les fonctionnaires administratifs, présidant le C. du P., ont toujours eu soin de faire siéger à leurs côtés la fine fleur de l'aristocratie indigène.

Pour les tribunaux de circuit, ce faste ne semblait pas nécessaire, et l'on y voit siéger, à Samarang p. e., des gens de la naissance desquels la figure et le costumé donnent une piètre idée.

Les tribunaux de circuit sont encore remarquables par le grand nombre d'acquittements.

Pendant que cet ouvrage s'imprimait, le G. G. a été déclaré compétent (B. d. L. 1879 n°. 106) pour charger les présidents de C. d. P. jurisconsultes de ces fonctions; il y aura 4 membres indigènes au lieu de 2; sans celà, ce sera un C. d. P. ordinaire.

Donc, il ne reste plus que deux juges de circuit, pour la partie ouest de Java. Dans les provinces de Rembang, Sourabaya, Madoura, Pasourouan, Probolinggo, Besouki, Madioun, Kediri et Djapara (B. d. L. 1879 n°s. 141 & 299), le nouveau système est déjà en vigueur.

Passons aux tribunaux constitués pour les Européens:

D'abord, le résident, juge de police, pouvant infliger 100 florins d'amende, ou 8 jours de prison. Partout où il y a des jurisconsultes présidents des C. d. P., on leur a dévolu les fonctions de juge de police pour les Européens. Dès que le maximum de l'amende est de 25 florins, toujours, si le fait est passible de la prison, il y a appel aux C. d. J.

Ceux-ci, composés exclusivement, à Java et à Padang (Sumatra),[2] de jurisconsultes, sont les juges ordinaires de l'Européen.

La procédure civile est presque la même qu'en Hollande; dès que la valeur du litige dépasse 200 florins, le ministère d'avoués

---

[1] Art. 100 R. O. J.

Ceux du C. d. P. le sont pour de bon. C'est un exemple peut-être unique au monde, où le juge inférieur soit moins amovible que celui placé plus haut.

[2] A Macassar, à Amboina, à Banda, et à Ternate, seuls les présidents, greffiers et procureurs du Roi sont „gradués."

est requis. Ceux-ci sont appelés avocats quand ils ont le grade de docteur, mais le titre d'avocat est illusoire. Ils sont dans la dépendance absolue des C. d. J. et du gouvernement; le tarif n'est fait que pour les fonctions d'avoué; comme tels, ils ne peuvent refuser leurs services. On comprend qu'ils ne constituent pas d'ordre, et qu'il n'y a pas de juges suppléants. Celà donnerait du relief au barreau, et les fonctionnaires le jalousent déjà tant, à cause de ses revenus élevés!

Les C. d. J. connaissent, nous l'avons expliqué déjà (à l'art. 75 R. G.), de la plupart des actions civiles intentées aux Arabes, aux Chinois, bref à tous ceux qui ne sont point indigènes dans le sens strict.

Ils connaissent encore, sans distinction de la caste des accusés, de la piraterie, des crimes concernant le butin et les prises, ainsi que de la traite, des crimes et contraventions commises par la voie de la presse, ou ayant trait aux faillites, aux surséances de payements et aux insolvabilités notoires. Ces affaires sont jugées, à raison, au-dessus de la compréhension des juges indigènes.

A Java, les C. d. J. sont généralement surchargés de travail, et leur personnel, qui se fait remarquer par ses trop nombreux changements, est tout à fait insuffisant. Le remède consisterait à en créer de nouveaux, à les dédoubler, pour ainsi dire. Leur ressort est toujours beaucoup trop étendu [1]. Celui du C. d. J. de Batavia comprend p. e. les provinces de Batavia, de Bantam, de Krawang, des Préanger, de Chéribon, les îles de Bornéo, de Banka, de Billiton, de Riouw avec leurs dépendances, ainsi qu'une grande partie de Sumatra.

Ces tribunaux sont chargés des fonctions relatives au droit de famille, exercées en Hollande par les juges de canton [2], institution qu'on ferait bien de créer dans les grandes villes de Java.

---

[1] Voir, quant au C. d. J. de Samarang, sous ce rapport, un article de notre main dans le journal judiciaire hollandais (Weekblad van het regt) 1876. N° 4051.

[2] Semblables aux juges de paix francais, sauf que la loi hollandaise ne connaît pas de tentatives de conciliation, qu'on a élargi leurs attributions au criminel, etc.

Il y a appel à la H. C., dès que la valeur du litige dépasse 500 florins; autrement, on peut se pourvoir en cassation.

Quant à la H. C., il a été donné dans le cours de cet ouvrage tant de détails sur elle, que nous croyons pouvoir nous y référer. Nous avons fourni aussi quelques données statistiques, d'après lesquelles 11.650 causes ont passé en 1876 par cette grande machine judiciaire, dont le gouvernement hollandais graisse si mal les rouages!

Ainsi, le système judiciaire aux Indes hollandaises est composé des éléments les plus disparates et de l'origine la plus diverse. Il est difficile d'arriver à en connaître les détails, sans perdre de vue l'ensemble.

Si notre travail a pu donner une idée de cette difficulté; si, ayant ouvert la voie, il engage les gens compétents à en relever les défauts, à en combler les lacunes, nous serons récompensés de nos peines.

FIN.

ERRATUM.

Page 261; ligne 22, ajoutez: Utrecht, 1847.

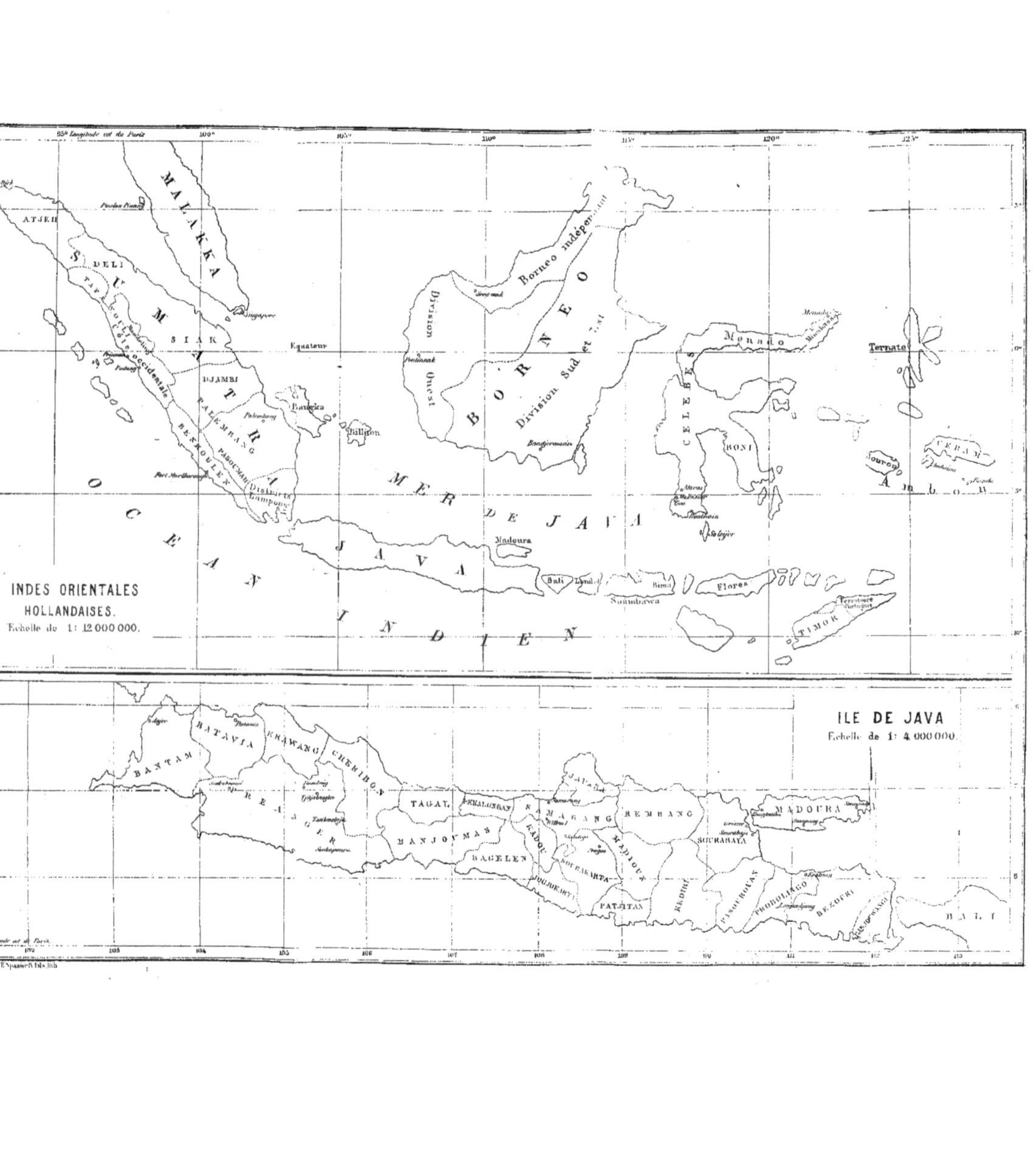
INDES ORIENTALES
HOLLANDAISES.
Echelle de 1: 12 000 000.
MALAKKA
ATJEH
DELI
SUMATRA
SIAK
DJAMBI
PALEMBANG
BENKOULEN
Lampong
Singapore
Equateur
Banka
Billiton
BORNEO
Borneo indépendant
Division Ouest
Division Sud et Est
Bandjermasin
CELEBES
Menado
BONI
Ternate
CERAM
Bourou
Amboine
MER DE JAVA
JAVA
Madoura
Bali
Sumbawa
Flores
TIMOR
OCEAN INDIEN
ILE DE JAVA
Echelle de 1: 4 000 000.
BANTAM
BATAVIA
KRAWANG
CHERIBON
PREANGER
TAGAL
BANJOUMAS
BAGELEN
KADOU
SAMARANG
JAPARA
REMBANG
MADIOUN
SOURAKARTA
DJOKJAKARTA
PATJITAN
KEDIRI
SOURABAYA
MADOURA
PASOUROUAN
PROBOLINGO
BEZOUKI
BALI

www.ingramcontent.com/pod-product-compliance
Ingram Content Group UK Ltd.
Pitfield, Milton Keynes, MK11 3LW, UK
UKHW020129220726
13923UKWH00001B/68

9 782016 205259